BEITRÄGE ZUR KINDERPSYCHOTHERAPIE

Herausgegeben von Gerd Biermann

Band 19

GERALD O'GORMAN

# Der Autismus in früher Kindheit

Entstehung, Symptome, Eigenart, Behandlung
und erzieherische Maßnahmen

Ernst Reinhardt Verlag München Basel

Titel der Originalausgabe:

*The Nature of Childhood Autism*

Copyright 1970 by Butterworth & Co. Limited, London

*Übersetzung ins Deutsche von*
*Fred Prager*

---

**CIP-Kurztitelaufnahme der Deutschen Bibliothek**

**O'Gorman, Gerald**
Autismus in früher Kindheit. — 1. Aufl. — München,
Basel: E. Reinhardt, 1976.
(Beiträge zur Kinderpsychotherapie; Bd. 19)
Einheitssacht.: The nature of childhood autism [dt.].
ISBN 3-497-00732-3

---

ISBN 3 497 00732 3

© 1976 by Ernst Reinhardt Verlag München
Druck von Buchdruckerei Loibl, Neuburg (Donau)
Aufbindung: Ilmgau-Druckerei, Pfaffenhofen
Printed in Germany

# Vorwort des Herausgebers

Die Ratlosigkeit, der sich nicht nur die Eltern autistischer Kinder, sondern auch Ärzte und Erzieher ausgesetzt fühlen, wenn es um eine unmittelbare Hilfe für die Betroffenen geht, rechtfertigt jede Veröffentlichung zum Thema Autismus.

Das Buch des Verfassers, eines bekannten englischen Kinderpsychiaters, unterrichtet über das Wesen dieser Krankheit, die immer noch, was ihre Ursachen, Formen und Behandlungen betrifft, viele Rätsel aufgibt. Vom umschriebenen Krankheitsbild des Kannerschen frühkindlichen Autismus bis zur autistischen Psychopathie Aspergers gibt es zahlreiche schwere kindliche Verhaltensstörungen, die dem autistischen Syndrom zugeordnet werden. Kinderschizophrenie, borderline cases, (die sogenannten Grenzfallkinder) haben mit ihnen als Charakteristicum eine schwerste Kontaktstörung des Kindes gemeinsam.

Aus reicher klinischer Erfahrung gibt der Verfasser einen Überblick über das Wesen des kindlichen Autismus, dem er – bei gleichwertiger Beachtung organischer (biochemischer u. a.) Grundlagen wie früher psychischer Fehlentwicklungen –, instruktive Schilderungen von **17 Krankheitsfällen** zugrundelegt.

O'Gorman beschreibt als wesentliches Kennzeichen des autistischen Syndroms, den Rückzug des kranken Kindes von allen bislang aufgebauten und entwickelten Beziehungen zu seiner Umwelt in ein Eigendasein entmenschlichter Ersatz-Objektbeziehungen, in denen es vor einer unerträglich gewordenen Realität Zuflucht sucht.

Als klinischer Psychiater erfahren in zeitweilig unentbehrlicher Anwendung mildernder Drogen, die bisweilen einen ersten Zugang zum gestörten Kind erleichtern, weiß O'Gorman andererseits um die unerläßliche „sinnliche" Zuwendung zu diesen Kindern, zum Neu-Aufbau ihrer gestörten Objektbeziehungen. So steht neben und über allen Behandlungsmaßnahmen die psychotherapeutische Zuwendung jedweder Form zum autistischen Kind. Es sei nur daran erinnert, was allein im zärtlichen Hautkontakt oder mit Musiktherapie zu erreichen ist.

Verfasser weist mit Nachdruck auf die Notwendigkeit einer intensiven erzieherischen Führung und Beratung, notfalls auch Behandlung der nächsten Bezugspersonen des autistischen Kindes hin. Das betrifft vornehmlich die Mutter in ihrem häufig symbiotisch gestörten Bezug zum Kinde, eine oft unausbleibliche Folge familiären Zusammenlebens.

Die häufig nur begrenzte Hilfe, die dem Kinde selber geboten werden kann, besteht neben einer intensiven Kinderanalyse im Einzelfalle, in Re-Edukation und Training. Sie bestimmen den weiteren Entwicklungsgang dieser Kinder, ob sie in der Familie verbleiben können oder vorübergehend in Heim oder Tagesklinik untergebracht werden müssen. Die Aufnahme des sprachlichen Kontaktes ist ein zentrales therapeutisches Anliegen. Solange diese Barriere besteht, ist es nach O'Gorman auch unmöglich, sich ein Bild von der jeweiligen Intelligenz des autistischen Kindes zu machen, von der generellen Problematik eines IQ-Status ganz abgesehen.

Der in letzter Zeit bei autistischen Kindern angewandten Verhaltenstherapie steht Verfasser kritisch gegenüber, zumal wenn Konditionierungsmaßnahmen Strafcharakter erhalten. An dieser Stelle weist er auf das Wort Sigmund Freuds hin, daß wir das meiste nur aus Liebe tun, und weiter, daß bei derartigen Behandlungsformen die Grenzen zwischen wissenschaftlichem Handeln und Grausamkeit bisweilen nicht mehr zu erkennen sind. Gerade bei den hilflosesten seiner Patienten sollte der Helfer immer seiner Macht als Gefahr bewußt bleiben.

Die Zunahme an autistischen Kindern mit dem zentralen Symptom des Rückzuges aus der Welt und Flucht in eine Scheinwelt entpersönlichter Objekte – ist sie eine Kapitulation, ein innerer Protest gegen das Aufwachsen in einem mehr und mehr technisierten Dasein, mit seiner Verarmung an echten mitmenschlichen Kontakten anzusehen? Die Schicksale emotional frühgeschädigter Kinder, aber auch die erfolgreiche Umerziehung autistischer Kinder auf weltanschaulicher z. B. anthroposophischer Basis scheinen diese zu mindestens anzudeuten.

Möge das Buch des Verfasers dazu beitragen, die so notwendigen Informationen über das Krankheitsbild des kindlichen Autismus zu bereichern und zu der Schaffung jener Einrichtungen wie Heime, Tageskliniken und Schulen beitragen, die für eine sinnvolle und erfolgreiche Behandlung autistischer Kinder unentbehrlich sind.

Kärnten, Sommer 1976　　　　　　　　*Gerd Biermann*
　　　　　　　　　　　　　　　　　　Institut für Psychohygiene
　　　　　　　　　　　　　　　　　　– Heinrich Meng Institut –
　　　　　　　　　　　　　　　　　　des Erftkreises

# Inhaltsverzeichnis

1. Kapitel: Was ist Autismus im Kindesalter? . . . . . . 9
   1. Psychosen der Kindheit . . . . . . . . . . . . . 12
   2. Das schizophrene Syndrom – die »neun Punkte«, oder »Kennzeichen« . . . . . . . . . . . . . . . . . . 13

2. Kapitel: Kindheits-Schizophrenie . . . . . . . . . 21

3. Kapitel: Abwehrmechanismen gegen die unerträgliche Realität 29
   1. Abnormale Versuche, die Realität zu meistern . . . . . . 33
      a) Verzerrung der Realität . . . . . . . . . . . 39
      b) Rückzug von – oder Nichtbeteiligung an – der Realität 40
      c) Sind Autismus und Schizophrenie strenggenommen als Krankheiten zu betrachten? . . . . . . . . . 43
   2. Eine Hypothese, die den klinischen Merkmalen Rechnung tragen soll . . . . . . . . . . . . . . . . 46
      a) Die gewandelte Beziehung zur Realität . . . . . . 46

4. Kapitel: Die Aetiologie des Autismus . . . . . . . 48
   1. Organische Faktoren . . . . . . . . . . . . . 49
      a) Konstitutionelle Prädisposition . . . . . . . . 49
      b) Organische Erkrankungen des Zentralnervensystems . . . 52
      c) Autismus der Kindheit und Epilepsie . . . . . . 54
      d) Biochemische Störungen . . . . . . . . . . . 55
      e) Verzögerte Reifung . . . . . . . . . . . . 58
         (1) Psychopathologischer Befund . . . . . . . . 60
         (2) Elektro-physiologische Ergebnisse . . . . . . 60
         (3) Emotionale Faktoren . . . . . . . . . . 60
      f) Psychodynamische Mechanismen – Die Mutter-Kind-Beziehung . . . . . . . . . . . . . . . . 63
      g) Partieller Rückzug . . . . . . . . . . . . 66
      h) Selektiver Rückzug . . . . . . . . . . . . 68

5. Kapitel: Die Symptome des Autismus . . . . . . . 70
   1. Fehlendes Sprechvermögen . . . . . . . . . . . 70
   2. Fehlendes Hörvermögen . . . . . . . . . . . . 71
   3. Vermeidung des Blickkontakts . . . . . . . . . 79

| | |
|---|---:|
| 4. Nichtreagieren auf Tast- und Schmerzreize | 82 |
| 5. Intellektuelle Retardation | 83 |
| 6. Maniriertheit, Eigenheiten und Bewegungsanomalien | 86 |
| 7. Psychosomatische Symptome | 89 |

**6. Kapitel: Das Wesen des Autismus** . . . . . . . . . . 93

**7. Kapitel: Die pseudo-schizophrenen Syndrome** . . . . . 96

| | |
|---|---:|
| 1. Das akut benachteiligte Kind | 96 |
| 2. Pseudo-Schizophrenie bei Zwillingen | 97 |
| 3. Pseudo-schizophrener Negativismus | 101 |

**8. Kapitel: Behandlung, Schulung und Erziehung** . . . . 112

| | |
|---|---:|
| 1. Frühbehandlung | 113 |
| 2. Behandlung körperlicher Schäden | 113 |
| 3. Medikamentöse Behandlung | 113 |
| 4. Elektroschockbehandlung | 114 |
| 5. Psychotherapie und Familie | 114 |
| 6. Mutterersatzfiguren | 116 |
| 7. Vorschultraining | 120 |
| 8. Die Anfänge der Erziehung | 121 |
| 9. Verhaltenstherapeutische Maßnahmen | 124 |
| 10. Gewöhnung (»Dressur«) | 127 |
| 11. Gruppenbeschäftigung – Gemeinsamkeit (»Teilen«) | 130 |
| 12. Kommunikation | 133 |
| 13. Wutabbau | 133 |
| 14. Schulerziehung | 135 |
| 15. Andere Ausbildungsformen | 136 |

Literaturverzeichnis . . . . . . . . . . . . . . . . . 138

Sachverzeichnis . . . . . . . . . . . . . . . . . . 147

# 1. KAPITEL

# Was ist Autismus im Kindesalter?

Es wäre sehr zweckmäßig, könnte man in einigen wenigen Worten eine präzise Definition des Autismus des Kindesalters geben, um dann auf die Beschreibung seiner Erscheinungsformen und seines Verlaufs einzugehen. Das ist leider bei dem gegenwärtigen Stand unserer Kenntnisse nicht möglich. Über die Beschreibung und Abgrenzung des Autismus wird viel debattiert und herrscht nicht wenig Verwirrung — vor allem deshalb, weil bis heute noch niemand imstande war, eine annehmbare Analyse der Natur dieses Zustands vorzulegen. In der Mehrzahl der Fälle könnten sich die meisten Jugendpsychiater über die Diagnose einigen. Aber es gibt sehr viele Kinder, die der eine Psychiater als autistisch bezeichnet, während mancher seiner Kollegen sie nicht dieser Gruppe zurechnen würde; und es gibt viele Einzelsymptome, die mancher als Äußerungen des Autismus betrachtet, womit andere wieder gar nicht einverstanden wären.

In diesem Buch soll der Versuch unternommen werden, eine Untersuchung über das Wesen des Autismus im Kindesalter durchzuführen. Soll eine Definition zustandekommen, so kann sie erst am Ende dieses Buches stehen. Aber wir müssen dem Leser, der keine großen Erfahrungen mit dem Autismus im Kindesalter hat, einige vorbereitende Begriffe vermitteln über die Art von Kindern, über die wir uns hier auseinandersetzen: und dazu wird es vielleicht das beste sein, wenn wir zwei typische, aber deutlich unterschiedliche Fälle beschreiben.

**FALL NR. 1: MARY**

**Aufnahme im Smith-Spital im Alter von vier Jahren**

**Die Mutter berichtet:** — Ignoriert uns alle; will dem Baby nicht in die Nähe gehen; benützt mich als »Werkzeug«; spielt nicht mit ihren Spielsachen; tut, als wäre sie taub.

**Vorgeschichte:** — Schwangerschaft und Entbindung verlaufen normal. Mutter Rhesus-negativ, es trat aber kein **Icterus gravidarum** auf. Mary war als Baby lebhaft, wurde vier Monate lang brustgestillt, Entwöhnung verlief klaglos. Durchlief alle Entwicklungsstadien normal, allerdings folgten — nach »Mama« und »Dada« mit sechs Monaten — keine weiteren Worte; abgesehen von einigen wenigen — aber angemessenen — Sätzen im zweiten bis dritten Jahr. Die einzige Trennung von der Mutter ereignete sich, als sie 15 Monate alt war, als die Mutter zur Entbindung des Brüderchens auf acht Tage ins Entbindungsheim ging. Mary zog sich zunehmend zurück — angefangen von ihrem 12. Monat, als die Mutter inmitten dieser nächsten Schwangerschaft war, und zunehmend nach der Geburt des Kleinen. Mary wurde sehr erregt, sobald sich die Mutter mit dem Baby befaßte, oder wenn sie es in den Kinderwagen legte; sie wollte sich nicht hätscheln lassen. Gegen den Kleinen und gegen sich selbst verhielt sie sich aggressiv. Oft bumste sie ihren Kopf gegen den Boden, sie entwickelte einen eigentümlichen Gang, schaute verträumt vor sich hin, lächelte ohne Grund. Mit Vorliebe beschäftigte sie sich mit Schaltern, mit Oberflächen und mit Zungensensationen. Sie spielte nicht mehr und ging keine Beziehungen mit anderen Kindern ein. Als sie 2 Jahre, 11 Monate alt war, brachte die Mutter sie zur Klinik. Ein Jahr ambulanter Behandlung brachte keine Besserung.

**Geistiger Zustand:** — Nach der Hospitalisierung gewöhnte sie sich langsam, den Topf zu benützen, lernte selbständig zu essen und sich zu kleiden. Mit der Zeit milderte sich ihre Zurückgezogenheit und sie gelangte zu einer echten, wenn auch episodischen Beziehung mit ihrer Mutter (die sie wöchentlich oder öfter sah) und mit den Betreuerinnen. Aber mit Kindern fand sie kaum Kontakt. Im Alter von fünfeinhalb Jahren fing sie an, gelegentlich zu schielen, vollführte seltsame Handgebärden, vermied Blickkontakt mit Menschen und mit Dingen, die man ihr zu zeigen versuchte. Gelegentlich verfiel sie in Wutanfälle, die von wildem, eintönigen Schreien und Stöhnen begleitet waren. Auf Ansprache reagierte sie nur gelegentlich, obwohl sie offensichtlich normal hören konnte. Zuweilen sagte sie einige unerwartete, aber sinnvolle Sätze; zumeist allerdings gab sie nur kindhafte Laute von sich. Die Untersuchung ihres Zentralnervensystems ergab keine Abnormalitäten.

Die Behandlung hatte zum Ziel, die Mutter-Kind-Beziehung zu fördern sowie Mary und ihre Familie zu bewegen, sich gegenseitig zu akzeptieren. Trotz besten Willens hatte die vom Beruf und dem Rest der Familie beanspruchte Mutter nie genug Zeit für Mary. Diese blieb weiterhin sichtlich eifersüchtig auf ihre Geschwister, aber die Mutter konnte sie nur schwer im Spital besuchen, ohne den anspruchsvollen jüngeren Bruder mitzubringen. Die Toleranz der Familie für Marys Leiden wurde im Laufe der Jahre eher geringer. Bei Besuchen daheim war sie brav, solange sie mit Mutter allein war. Aber sowie sonst jemand heimkam, wurde sie verstört, schrie, zerschlug Gegenstände, entkleidete sich, wanderte in nachbarliche Gärten. Mit Einsatz der Pubertät in ihrem zwölften Lebensjahr wurde sie gewalttätiger, und in den Streichen und Angriffen, die sie verübte, tauchte ein Element berechnender Schlauheit auf. Sie mußte in die Erwachsenenabteilung verlegt werden, wo es rein technisch leichter war, sie zu bändigen. Intensive Beschäftigungstherapie wurde fortgesetzt und sie wurde etwas friedlicher. Aber sie bot das absolut typische Bild schwerer katatonischer Schizophrenie: maniriert, gestikulierend und impulsiv gewalttätig.

**FALL NR. 2: JONATHAN**

**Aufnahme im Smith-Spital im Alter von zwei Jahren, zehn Monaten**

**Die Mutter klagt:** — Spielt auf eigenartige Manier mit seinen Händen; lacht oft und albern ohne Ursache; kneift die Augen zu und sieht ins Licht; will nichts als Backwerk essen; sieht Eltern und Bruder nicht an; wird zunehmend eigenbrötlerischer.
**Geschichte:** — Bis zum elften Lebensmonat machte Jonathan einen ganz normalen Eindruck. Entwicklungsstadien wurden zeitgerecht durchlaufen, aber mit elf Monaten, als die Eltern auf Ferien fuhren, wurde er bei der Großmutter (mütterlicherseits) gelassen; dort schrie er dauernd, tagelang, nächtelang; er reagierte auf niemand und wollte nicht mehr spielen. Seine Eltern ignorierte er bei ihrer Heimkehr. Er hatte etliche für ein elfmonatiges Kind normale Worte gelernt, doch die »vergaß« er, und zur Zeit seiner Aufnahme in die Anstalt sprach er nicht. Als er 15 Monate alt war, wurde sein jüngeres Brüderchen geboren und nun verschlimmerte sich sein Verhalten weiter. Er wurde zusehends manirierter und einzelgängerischer. Zur Zeit der ersten Untersuchung im Alter von 2:5 Jahren war er zurückgezogen und ging mit niemandem Beziehungen ein. Er erwarb allerlei merkwürdige Allüren, z. B. die Gewohnheit, alles durch seine Finger hindurch zu betrachten, und Fratzen zu schneiden. Er schielte gelegentlich (variabler Strabismus), vernachlässigte seine Spielsachen, sah Personen nie an, sondern schien »durch sie hindurch zu schauen«, und zeitweise reagierte er nicht, wenn angesprochen, obwohl er offensichtlich gut hören konnte. Er spielte nicht mit anderen Kindern.
Bei der Aufnahme ins Spital machte er keinen Versuch, zu sprechen. Er ging auf jedermann bereitwillig zu, schloß aber keine emotionellen Bindungen. Nach etwa einem Monat begann er mit dem Personal Bindungen einzugehen. Im Alter von dreieinhalb Jahren entwickelte er gute Beziehungen zum Pflegepersonal und mit Tieren, aber er spielte noch nicht mit Kindern. Mit 3:10 Jahren begann er — einsilbig — zu sprechen, aber mit 4:3 Jahren hatte sich sein Wortschatz nicht vergrößert. In jeder anderen Beziehung machte er stetige Fortschritte. Nun spielte er normal mit anderen Kindern und mit Spielzeug, und verstand alles, was man ihm sagte. Aber er war immer noch außerordentlich ängstlich, und zeitweise zog er sich völlig zurück, besonders angesichts fremder Menschen oder neuer Situationen. Mit 5:3 Jahren äußerte er sich immer noch in einsilbigen Worten, aber ab 5:9 Jahren verbesserte sich seine Sprechweise rasch. Im Alter von 6:6 Jahren verfügte er über ein fast normales Vokabular, freilich artikulierte er immer noch sehr fehlerhaft.
Seine Familie hatte ihn schon seit seiner Aufnahme im Smith-Spital regelmäßig besucht, aber diese Besuche wurden mit der Besserung seines Zustands und mit seiner wachsenden Toleranz für seine jüngeren Geschwister ständig häufiger. Nach drei Jahren intensiven Unterrichts an der Spitalschule verließ er das Spital und wurde an eine normale Grundschule versetzt, wo er sich normal am Unterricht und Spiel beteiligte, wobei er allerdings noch recht ängstlich und beim Sprechen sehr schüchtern blieb. Der Bericht des Psychologen über den nun sieben Jahre alten Jungen lautete: »Er bildet jetzt lange, komplizierte Sätze, wobei er fast alle Sprachformen, einschließlich der disjunktiven Konjunktionen, richtig anwendet.«

Die Intelligenz des 3:1 Jahre alten Kindes konnte mit den üblichen Intelligenztests noch nicht geprüft werden, aber nach der **Vineland Social Maturity Scale** betrug sein Sozialquotient 56. Bei dem sechsjährigen wurde sein geistiges Alter nach dem Merrill-Palmerschen Test auf 6:2 Jahre eingestuft. Mit 7:7 Jahren ergab sich nach dem Wechslerschen abgestuften Intelligenzbestimmungssystem ein IQ wie folgt: Wortstufe – 100; Leistungsstufe – 101; Gesamt-IQ – 101. Seine Leseleistung war sechs Monate verzögert, die Leistung im Zeichnen ein Jahr retardiert. Mit acht Jahren war Jonathan in jeder Hinsicht völlig normal – sowohl in seinen Schulleistungen, als auch in seinen Beziehungen zu anderen Kindern und zu Erwachsenen. Ausgesprochen charmant und ausgeglichen in seinem Wesen, war er auch durchaus imstande, sich in Auseinandersetzungen mit anderen Kindern zu behaupten. Er ist jetzt in der A-Gruppe seiner Grundschulklasse.

## 1. Psychosen der Kindheit

In den Jahren unmittelbar nach dem zweiten Weltkrieg richteten die Kinderpsychiater ihre Aufmerksamkeit in weit höherem Maß als vorher auf die sogenannten psychotischen Erkrankungen von Kindern, oder Kinderpsychosen. Es wurde noch keine präzise und allgemein anerkannte Definition für das erarbeitet, was unter Psychose verstanden wird, aber die meisten Psychiater waren bereit, psychotische Reaktionen im Kindesalter von anderen Arten geistiger Störungen zu unterscheiden. Die dieser Unterscheidung zugrunde liegenden Kriterien schienen oft verschwommen, aber die meisten auf diesem Gebiet bewanderten Praktiker stimmten gewöhnlich im konkreten Fall überein. Schritt für Schritt erwies es sich aber immer deutlicher, daß »Psychose« allein keine ausreichende Diagnose sein kann (*Rimland*). Gewiß, es wäre nicht überraschend, bei Kindern so vielerlei psychotischen Reaktionen zu begegnen, wie bei Erwachsenen. Jeder Psychiater weiß aus Erfahrung, daß der Prozentsatz derer, die er ausschließlich und ohne Vorbehalte in irgendeine der traditionell akzeptierten diagnostischen Gruppen einordnen kann, umso kleiner wird, je größer die Zahl der erwachsenen Patienten, die er zu Gesicht bekommt. Man scheint überhaupt weit weniger geneigt, in Krankheitskategorien zu denken – wie z. B. »Hebephrenie« oder »akute Manie« – außer im Sinn einer Art stenographischen Behelfs zur Beschreibung der hervorstechendsten Merkmale des Falls; sondern denkt eher in Kategorien von Reaktionstypen – ohne dabei zu übersehen, daß der individuelle Patient Eigenheiten zweier oder mehrerer dieser Reaktionstypen zeigen kann. Man findet z. B. daß der Patient in gewissen Beziehungen schizophren reagiert, daß er aber auch bedrückt, »depressiv« ist.

Wenn wir an den Patienten mit der Vorstellung herantreten, daß wir eine eindeutige »Diagnose« stellen müssen – wie wir das z. B. bei einer Lungenentzündung tun — um ihn dann mit Medikamenten, mit Injektionen oder mit einer Operation zu »heilen«, dann werden wir vielleicht nur beschränkte Erfolge verbuchen können. Wir müssen uns klar machen, daß wir dem Patienten zu helfen haben, sich an ein Milieu neu anzupassen, in welchem er schon einen Zusammenbruch erlitten hat. Der Psychiater darf weniger an einen Menschen denken, der an einer »Krankheit« leidet, als vielmehr an einen, der auf Umweltfaktoren reagiert, mit denen er infolge der besonderen und individuellen Natur seiner Erbkonstitution, seines Stoffwechsels, seiner geistigen Anlagen und seiner bisherigen Erfahrungen vorläufig nicht fertig wird.

Gilt das obgesagte für Erwachsene, so gilt es vermutlich auch für Kinder. Nichtsdestoweniger haben die Psychiater den klassischen Methoden der allgemeinen Medizin gemäß versucht, psychotische Kinder in verschiedene klinische Gruppen einzuordnen — »Schizophrenie der Kindheit«, »schizophrenes Syndrom«, »infantiler Autismus«, »Kanners Syndrom«, »hyperkinetisches Syndrom«, »Hellersches«, »Mahlersches Syndrom« — um nur einige zu nennen. Dabei wurde nicht ganz ersichtlich, ob verschiedene Bezeichnungen für den gleichen Zustand vorlagen, oder ob verschiedene Zustände gewisse Züge gemein hatten. Überdies zeigte sich in der klinischen Praxis, daß kaum jemals ein einziger Patient genau in eine der genannten Gruppen und Kategorien hineinpaßt: faßt jeder neue Fall einer Psychose im Kindesalter scheint mit neuen und unterschiedlichen Zügen aufzuwarten. So herrschte also um die diagnostische Situation und um das Verständnis der Psychosen des Kindesalters ein Zustand völliger Verwirrung.

## 2. Das schizophrene Syndrom — Die »neun Punkte« oder »Kennzeichen«

Eine von *Creak* einberufene Arbeitsgruppe schlug im Jahr 1961 gewisse diagnostische Kriterien des von ihnen so genannten *schizophrenen Syndroms des Kindesalters* (»*The Schizophrenic Syndrome in Childhood*«) vor, um das Syndrom zu umreißen und damit eine Grundlage für die Lehre und für die Erforschung der Materie zu schaffen. Die Arbeitsgruppe sprach von einem »schizophrenen Syndrom« und nicht von Schizophrenie, weil nach ihrer Ansicht nicht genügend Beweismaterial vorlag, das die Annahme gerechtfertigt hätte, der von ihnen beschriebene Zustand oder »Reaktionstypus« sei mit der Schizophrenie der Erwachsenen als wirklich analog gleichzusetzen. Die Bezeichnung »Autismus des Kindesalters« wurde von ihnen zu jenem Zeitpunkt als zu eng gefaßt abgelehnt, da es damals schien, es werde mit Autismus nur ein Teil des Syndroms beschrieben. Der Terminus »Psychose des Kindesalters« andererseits wurde als zu weitgehend abgelehnt, weil er sich notwendigerweise auch auf Zustände wie Depression, Störungen in Folge von Kopfverletzungen, oder auf toxische oder infektiöse Zustände erstrecken muß.

Die Arbeitsgruppe formulierte schließlich Kriterien für die Diagnose des schizophrenen Syndroms des Kindesalters, ohne sich in irgendeiner Weise über die Natur des Syndroms festzulegen. Die Kriterien in ihrer revidierten Form sind wie folgt:

(1) Krasse und dauernde Schmälerung der emotionellen Beziehungen zu Personen: Hier inbegriffen ist die sehr häufig anzutreffende Distanziertheit und das leere sich-Anklammern (sogenannte Symbiose) und auch abnormales Verhalten gegenüber den Menschen als Personen, etwa die Tendenz, sie oder Teile von ihnen unpersönlich zu benützen; Schwierigkeit im Umgang mit anderen Kindern und die Unfähigkeit, mit ihnen zu spielen ist eine oft auffallende und anhaltende Erscheinung.

(2) Scheinbar fehlendes Bewußtsein der eigenen persönlichen Identität des Kindes in einem seinem Alter nicht angemessenen Grad; es kann an seinem abnormalen Verhalten sich selbst gegenüber erkennbar sein, in seinem Posieren, der Erkundung und genauen Betrachtung der eigenen Gliedmaßen und Körperteile; häufige gegen sich selbst gerichtete Aggression, die oft zu wirklichen Verletzungen führt, ist oft ein weiteres Zeichen seiner fehlenden Integration (siehe (5)), ebenso die Verwechslung persönlicher Fürworte (siehe (7)).

(3) Krankhafte Absorption mit bestimmten Gegenständen oder gewissen Eigenschaften derselben ohne Bezug auf ihre üblichen Funktionen und Verwendungszwecke.

(4) Hartnäckiger Widerstand gegen Veränderungen im Milieu, und Bemühen um Beibehaltung oder Wiederherstellung eines unveränderten Zustands; oft scheint das Verhalten auf das Ziel gerichtet, einen Zustand perzeptueller Monotonie herzustellen.

(5) abnormale Wahrnehmungserfahrung (in Abwesenheit erkennbarer organischer Abnormalität), erkennbar an übertriebenen, verminderten oder unvorsehbaren Reaktionen auf sensorische Reize, z. B. Vermeidung des Blick- oder Hörkontakts — siehe auch (2) und (4) — oder Schmerz- und Temperaturunempfindlichkeit.

(6) Akute, übertriebene und anscheinend logisch unbegründete Angst: Dies ist eine häufige Erscheinung und wird oft durch Veränderung ausgelöst, sei es im gegenständlichen Milieu, sei es in der Routine, wie auch durch zeitweilige Unterbrechung einer symbiotischen Verbindung zu Personen und Gegenständen — vgl. (3) und (4),

und auch (1) und (2). Augenscheinlich alltägliche Erscheinungen oder Gegenstände scheinen mit furchterregenden Eigenschaften ausgestattet. Andererseits kann angesichts wirklicher Gefahren das ihnen angemessene Gefühl — oder Bewußtsein — der Furcht fehlen.
(7) Die Sprechfähigkeit kann verlorengegangen oder nie erworben worden sein, oder sich nicht über eine frühe Stufe hinaus entwickelt haben. Es mag Unklarheit über persönliche Fürwörter geben (siehe (2)), Echolalie oder andere Sonderlichkeiten im Wortgebrauch, in Ausdrucksweise oder Diktion können auftreten. Worte und Sätze werden manchmal gebraucht, die keinen Sinn ergeben oder nicht der normalen Kommunikation dienen.
(8) Es treten verzerrte Bewegungsmuster auf, etwa ein Übermaß wie bei Hyperkinese, bei abnorm gesteigerter Motorik oder Unbeweglichkeit wie in Katatonie; bizarre Haltungen und ritualistisches Gehaben, so z. B. Schaukeln, Drehen, Kreiseln (des eigenen Körpers oder von Gegenständen).
(9) Gegen einen Hintergrund schwerer Retardierung können Inseln normaler, beinahe normaler oder auch außergewöhnlicher intellektueller Funktionen und Fähigkeiten auftreten.

Nicht all diese Kriterien waren für alle Mitglieder der Arbeitsgruppe ohne gewisse Modifikationen, Einschränkungen oder Zusätze akzeptabel. Vielmehr wurden in den Jahren seit ihrer Veröffentlichung sowohl von Mitarbeitern der Arbeitsgruppe als auch von Außenstehenden Zweifel an der Gültigkeit mancher dieser Kriterien geäußert. Der Autor hält es für zweifelhaft, ob etwa in (1) die Distanziertheit des Kindes sich darauf beschränkt, das Eingehen und die Aufrechterhaltung persönlicher Beziehungen zu vermeiden; vielmehr distanzieren sich diese Kinder, und zeigen mangelndes Interesse sowie mangelnde Beteiligung an der gesamten Realität überhaupt. Sie nehmen wenig Anteil an unserer Welt; sie leben, wie es die meisten der Mütter auszudrücken pflegen, »in ihrer eigenen privaten Welt«. Dieses Phänomen wird gewöhnlich »Rückzug« oder ein »sich-Zurückziehen« genannt, obwohl das Kind oft sich nicht zurückgezogen, sondern vielmehr nie Anschluß an die Realität gefunden, sich nie normal mit der Wirklichkeit eingelassen hat.

Ebenso fällt es schwer, die Beschreibung unter Punkt (2) ohne Einschränkung hinzunehmen, die auf der Annahme der neuerlich von *Goldfarb* unterstützten Meinung *Normans* basiert, denn wenn man Symptome wie Selbstbetrachtung, Selbstverletzung oder den Mißbrauch der persönlichen Fürwörter auf fehlendes Bewußtsein der Grenzen des eigenen Körpers zurückführt, so ist das eine subjektive Deutung des Verhaltens des Kindes, aber keine objektive Beschreibung. *Goldfarb* schreibt viele Kennzeichen der von ihm als schizophren bezeichneten

Kinder »extremer Mangelhaftigkeit des Bewußtseins des Selbst — der Eigenpersönlichkeit« zu. Er beruft sich auf experimentelle Feststellungen, die seiner Behauptung zufolge bestätigen, daß in den Patienten »bedeutende Lücken der Fähigkeit (bestehen), wahrzunehmen, zu unterscheiden, zu lokalisieren und die Bedeutung der körperlichen Wahrnehmungen zu erkennen und sie zu deuten, ihnen Sinn zu verleihen«. Es gibt zweifellos einige Unterlagen für die Existenz solcher Wahrnehmungsschwächen, doch daraus zu schließen, daß sie sich auf den Mangel integrierten und gefestigten Körperbewußtseins gründen, ist eine Annahme, die sich schwerlich ohne weiteres rechtfertigen läßt.

*Goldfarb* ist durch »eine Fülle naturalistischen Beweismaterials« davon überzeugt, daß das schizophrene Kind, weil es den Körper als »zerbrochen, zerfallend und ohne intakte Begrenzungen« darstellt, sich seines eigenen Körpers nicht bewußt ist. Aber ist das so gewiß? Müssen die Wahrnehmungs-Schwächen des Kindes unbedingt bedeuten, daß es sich seines eigenen Körpers nicht bewußt ist? Solche Wahrnehmungsschwächen müßten, so wäre anzunehmen, einer peripheren oder zentralen sensorischen Funktionsstörung entstammen. Mit anderen Worten, seine Unfähigkeit, etwas Gesehenes adäquat wahrzunehmen, muß entweder daher rühren, daß es nicht imstande ist, richtig zu sehen, oder daß es nicht imstande ist, eine sinnvolle Synthese der das Gehirn erreichenden sensorischen Impulse zu vollziehen, oder weil es nicht geneigt ist, richtig zu schauen. Seine eigenartigen Darstellungen von Körpern mögen daher rühren, daß es nicht imstande ist, seinen eigenen Körper oder die Körper anderer Personen richtig wahrzunehmen; andererseits können sie seinem Mangel an Interesse entspringen, Körper oder auch andere Aspekte der Realität genau abzubilden. Ein zurückgezogenes Kind kümmert sich wenig um die Realität und so wird seine Darstellung eines Körpers wenig von einer Überprüfung an der Realität oder an den Reaktionen anderer Menschen auf das, was es zeichnet, beeinflußt werden. Vielleicht liegt dem Kind einfach nichts daran, eine photographisch getreue Darstellung zu geben. Oder vielleicht spielt es einfach mit Verzerrungen des Körpers, wie es die modernen Künstler tun. Schließlich habe *Picasso* und *Henry Moore* etliche ganz merkwürdig verzerrte Körper dargestellt, aber niemand würde behaupten, sie litten an einer Störung der Körpervorstellung, oder gar daß ihre Wahrnehmung des menschlichen Körpers abnormal sei.

Daß die gegen sich selbst gerichteten Aggressionen des Kindes für mangelndes Bewußtsein seiner persönlichen Identität sprechen, dafür gibt es wohl kaum viele Unterlagen. Im Gegenteil, die übertriebene Beschäftigung des Kindes mit dem eigenen Körper und seine Neigung, Befriedigung fast ausschließlich in den Sensationen und Bewegungen seines Körpers zu suchen, ist eines der wesentlichen Merkmale des Syndroms. Man kann sogar behaupten, daß viele psychotische Kinder keine Mühe scheuen, ihre eigene Persönlichkeit unantastbar zu bewahren, indem sie sich sensorischen Reizen und emotionalen Verlockungen der Umwelt verschließen. Der Kommentar der Arbeitsgruppe zum Punkt (2) geht sogar noch weiter in Bezug auf diese Theorie eines mangelnden Bewußtseins der persönlichen Identität, denn dort wird vorgeschlagen, es könnte für die Schwierigkeit, persönliche Beziehungen herzustellen, verantwortlich sein. Diese Annahme scheint viele andere Möglichkeiten zu ignorieren, etwa daß das Kind mit keinen Menschen in Kontakt war, die imstande gewesen wären, adäquate Beziehungen mit ihm zu bilden; oder daß es andere Menschen vielleicht nicht sehen oder hören konnte; oder daß es zu unreif oder zu krank sein könnte, um persönliche Beziehungen einzugehen, oder daß es sich nach traumatischen Erfahrungen in sehr früher Kindheit fürchtet, solche Bindungen zu suchen.

Es ist möglich, daß die anderen von der Arbeitsgruppe einem mangelnden Bewußtsein persönlicher Identität zugeschriebenen Symptome ebenso glaubwürdig dem Eingesponnensein in sich selbst zum Ausschluß des Interesses an der Umwelt zugeschrieben werden könnten. Solch einer anhaltenden Konzentration auf sich selbst könnte etwa eine dauernde Selbstbetrachtung entspringen. Gleiches könnte bei manchen dieser Kinder für die Verwechslung der persönlichen Fürwörter gelten. Auf den ersten Blick erscheint es eine ganz einleuchtende Theorie, diese Symptome dem mangelnden Bewußtsein der eigenen Identität zuzuschreiben — aber ebenso plausibel erscheint die folgende alternative Erklärung: Wenn autistische Kinder anfangen, zu sprechen, tun sie das meistens in Form von Echolalie, das heißt, indem sie Worte und Sätze wiederholen, die sie von anderen Leuten gehört haben. Wenn nun das Kind, in einer Aussage über sich selbst, sagt, »er möchte noch etwas essen«, oder, »du willst nicht schlafen gehen«, so ist das Echolalie: es wiederholt, was es seine Mutter sagen gehört hat. Nun, ein zurückgezogenes, distanziertes Kind kümmert sich nicht viel um unsere Welt mit ihren Konventionen. Darum wird es sich wenig um genaue Grammatik und richtige Wortwahl scheren. Wenn es nicht zu Bett gehen will, sagt es einen Satz, eine Phrase, die seine Wünsche und Absichten wiedergibt, ohne sich viel um die Form zu kümmern. Wenn man längere Zeit und kontinuierlich mit einem autistischen Kind beisammen ist, wird man sich oft an Bemerkungen Erwachsener erinnern, wenn das Kind später solche Bemerkungen, mehr oder weniger in passendem Zusammenhang und mehr oder weniger genau wörtlich wiederholt. Es wäre also denkbar, daß das Kind weniger über persönliche Fürwörter verwirrt, als an ihnen desinteressiert ist.

Auch die Punkte (4), (5) und (6) wurden kritisiert (*Ingram*), weil sie subjektive Interpretationen enthalten. Obwohl die weitaus überwiegende Mehrzahl von Leuten, die solche Kinder behandeln, den darin gemachten objektiven Beobachtungen zustimmen würden, können die in ihnen ausgesprochenen oder angedeuteten Auslegungen nur als überflüssig bezeichnet werden. Müssen etwa unvorhersehbare Reaktionen auf sensorische Reize unbedingt bedeuten, daß eine abnormale Wahrnehmungserfahrung vorliegt? Wie kann der Beobachter beurteilen, daß die Angst des Kindes, gemessen an seinen eigenen Voraussetzungen, übertrieben, unangemessen oder unlogisch ist?

Auch Punkt (9) in seiner jetzigen Form ist als diagnostisches Kriterium für das schizophrene Syndrom fragwürdig; denn obwohl in diesem Syndrom zumeist eine schwere Retardierung gegenwärtig ist, liegt diese auch in vielen anderen Zuständen vor, und außer in Fällen, in denen Inseln von Intelligenz nachzuweisen sind, kann eine intellektuelle Entwicklungshemmung kaum als legitimes Kriterium des schizophrenen Syndroms angesehen werden.

Als wichtigstes Ergebnis der Diskussionen der Arbeitsgruppe vor und nach Veröffentlichung der »Neun Kriterien oder Punkte« ist die Feststellung zu betrachten, daß ein Kriterium, und zwar das erste, in fast jedem Fall zu finden ist. Ja, als Psychiater in aller Welt aufgefordert wurden, die Gültigkeit der neun Kriterien an Kindern zu überprüfen, die sie als »schizophren« oder »autistisch« oder »psychotisch« betrachteten, gab es sehr wenige Patienten, von denen nicht berichtet wurde, daß sie Störungen ihrer emotionellen Beziehungen zeigen, und dieses Kriterium erweist sich als eine unabdingbare Voraussetzung des Syndroms.

Fast immer nimmt die Störung der persönlichen Beziehungen die Form des sogenannten »Rückzugs«, des Fehlens eines normalen Ausmaßes emotioneller Beziehungen zu anderen Menschen an. Nach der an den »Neun Kriterien« wegen ihrer subjektiven Interpretationen geübten Kritik muß zugestanden werden, daß die Entscheidung, daß ein Kind zurückgezogen (oder distanziert) ist, gewöhnlich auf subjektiver Grundlage getroffen wird, d. h., der Psychiater erklärt ein Kind für distanziert, wenn er selbst keinen ausreichenden Rapport mit ihm herstellen kann, wenn er das Gefühl hat, bei dem Kind keine emotionellen Reaktionen erwecken oder fühlen zu können. Für den Autor und für die meisten Psychiater mit einschlägigen Erfahrungen hat sich diese subjektive Beurteilung in der klinischen Erfahrung und im weiteren Verhalten und der späteren Entwicklung in einer großen Anzahl von Fällen bewährt. Aber subjektive Beurteilungen sind schwer zu quantifizieren und zu klassifizieren, und man muß nach einem objektiven Kriterium des Rückzugs Ausschau halten, insbesondere da es immer einige Leute gibt — darunter die Eltern mancher autistischer Kinder — die der Erklärung, daß diese Kinder distanziert sind, nicht beipflichten würden. Tatsächlich läßt sich diese Distanziertheit objektiv feststellen, denn das

Ausmaß, in dem das Kind sich mit seinen Altersgenossen in ungezwungenem Spiel einläßt, sich ihnen zugesellt und an ihren Spielen teilnimmt, kann ganz einfach gemessen werden; tatsächlich stimmt das Ausmaß, in dem das Kind die Assoziierung mit anderen Kindern meidet, mit der Einschätzung des Psychiaters über den Grad seiner Distanziertheit während des ersten Interviews meist genau überein.

Ist Rückzug oder Unbeteiligtsein tatsächlich das wichtigste Symptom, so kann die Symptomatologie als ganzes vielleicht von einem anderen Standpunkt betrachtet werden. Man könnte annehmen, daß der Rückzug von Menschen ein primärer ist, wobei man von der Annahme ausgeht, daß die Neigung des normalen Kindes, sich für die Realität im allgemeinen zu interessieren, von seinen Identifizierungen mit und Beziehungen zu anderen Menschen abhängt, während ein autistisches Kind selbst-absorbiert ist und keine normalen Beziehungen eingeht, sich nicht normal identifiziert und sich daher für die Wünsche, Ziele und Aktivitäten anderer Menschen weder interessiert noch sich an ihnen zu beteiligen wünscht. Jedenfalls scheinen autistische Kinder fast immer vor mehreren oder vor vielen Aspekten der Realität im Rückzug befindlich. Vielleicht wäre es angezeigt, die »Neun Kategorien« beizeiten zu revidieren und die wesentlichen Charakteristika des schizophrenen Syndroms im Kindesalter folgendermaßen aufzuzählen:

(1) Rückzug vor, oder sich-nicht-Einlassen mit der Realität; insbesondere die Unfähigkeit, normale Beziehungen zu Menschen aufzubauen.
(2) Ernstliche geistige Entwicklungshemmung mit Inselchen höherer oder fast normaler oder außerordentlicher intellektueller Funktion oder Fähigkeiten.
(3) Versagen der Entwicklung des Sprechvermögens oder fehlende Weiterentwicklung oder Erhaltung bereits erlernter Sprache, oder Nichtverwendung der erlernten Sprechfähigkeit zwecks Kommunikation.
(4) Abnormale Reaktion auf eine oder mehrere Arten sensorischer (meist auditorischer) Impulse.
(5) Zur-Schaustellung krasser und andauernder Maniriertheiten oder Absonderlichkeiten der Bewegung, Gestik, dabei auch Immobilität und Hyperkinese, aber keine Zuckungen.
(6) Pathologischer Widerstand gegen Veränderung. Dieser kann sich äußern als
   a) Bestehen auf Einhaltung von Ritualen — im Verhalten des Patienten selbst, oder seiner Umgebung.
   b) Pathologische Bindung an gleiche Umgebung, Einrichtung, Spielzeug und Menschen (selbst bei rein mechanischer und gefühlsleerer Bindung an die Person).
   c) Übertriebene Beanspruchung durch bestimmte Gegenstände oder

gewisse Eigenheiten derselben ohne Bezug zu ihren normalen und akzeptierten Funktionen.

d) Heftiger Zorn oder Schreck oder Erregung, oder verschärfter Rückzug, wenn die Unveränderlichkeit der Umwelt bedroht ist (etwa durch Fremde und Außenstehende).

## 2. KAPITEL
# Kindheits-Schizophrenie

Über die Verwendung der Ausdrücke »Schizophrenie der Kindheit« und »schizophrenes Syndrom« in Anwendung auf die Kinder, die unter den genannten Kriterien zusammengefaßt werden, hat es lebhafte Auseinandersetzungen gegeben. Manche Beobachter sind durchaus nicht überzeugt, daß der in diesen Kindern ablaufende Krankheitsprozeß im Grund der gleiche sein soll, der in erwachsenen Schizophrenen vor sich geht. Es ist ja auch ganz verständlich, daß die Eltern der Kinder und andere ihnen nahestehende Personen sehr ungern einen Terminus auf sie anwenden würden, der eine so düstere Prognose in sich birgt, (obwohl in Wirklichkeit die Fortschritte in der Behandlung der als schizophren diagnostizierten Erwachsenen neuerdings ihre Aussichten, ein halbwegs selbständiges und auch erwerbstätiges Leben führen zu können eher besser erscheinen lassen, als dies für die als autistisch diagnostizierten Kinder der Fall ist). Der Psychiater wird sich seiner Sache sicher sein wollen, bevor er die Diagnose stellt, und er wird sich die größte Mühe geben, den Eltern genauestens zu erklären, was er darunter versteht. Das ist besonders wichtig, weil über den Begriff und die Bedeutung des Begriffs Schizophrenie solche Verwirrung herrscht; manche Leute verstehen darunter eine unheilbare Geisteskrankheit, während manch andere, und zwar eher Intellektuelle als Ärzte, den Ausdruck gebrauchen um, wie es scheint, Ambivalenz oder einen bloßen Konflikt im Denken einer Person anzudeuten. Ein Autor ging kürzlich so weit, vorzuschlagen, man solle den Ausdruck »Schizophrenie« wissenschaftlich überhaupt nicht mehr benützen ohne eine ausdrückliche Definition, was man im spezifischen Fall darunter versteht.

Manche Ärzte, die den Ausdruck »Schizophrenie der Kindheit« ablehnen, verweisen darauf, daß Halluzinationen und selbst ausgesprochene Wahnvorstellungen bei diesen Kindern und besonders bei jüngeren Patienten relativ selten sind: sie verweisen auf die gewöhnlich vorliegende verzögerte geistige Entwicklung, im Gegensatz zur Erwachsenen-Schizophrenie, in der heutzutage echte Demenz meist als eher unüblich betrachtet wird; und sie betonen, daß Sedativa mit spannungslösender Wirkung (»Tranquillizer«) in der Behandlung selten wirksam sind —

auch wieder im Gegensatz zur Erwachsenen-Schizophrenie. All diese Gesichtspunkte werden aus der Erfahrung des Autors bestätigt, obgleich Autoritäten wie *Bender* erklären, daß Pharmaka in bestimmten Fällen in der Behandlung wirksam sind. Ja, *Bender* beansprucht bedeutende Erfolge mit Medikamenten wie Chlorpromazin (Megaphen), Frenquel (Azazylonal-Hydrochlorid), Benadryl, Phenergan, und selbst LSD (Lysergsäure-diäthylamid (*Bender* und *Nichtern*); (*Bender, Faretra* und *Cobrinik*). Ähnliche Ergebnisse verzeichneten andere (*Bender*; *Faretra* und *Bender*), obwohl klinische Erfahrungen in Großbritannien mit diesen Medikamenten nicht so günstig gewesen zu sein scheinen. Überdies erklärt *Bender*, daß die elektrische Schocktherapie immer noch die bevorzugte Behandlung bei autistischen Kindern mit akuten und schweren pschotischen Episoden sei und ihnen nicht vorenthalten werden sollte. All dies entspricht natürlich der allgemeinen Erfahrung in der Erwachsenen-Schizophrenie.

Noch niemand hat bisher eine den »Neun Kriterien« der Schizophrenie der Kindheit entsprechende Reihe diagnostischer Kriterien für die Erwachsenen-Schizophrenie vorgeschlagen; würde man aber eine solche Liste aufstellen, so wäre gewiß das häufigste und hervorstechendste Merkmal das gleiche — nämlich die Schwierigkeit, persönliche Beziehungen herzustellen und aufrechtzuerhalten, die Tendenz zur Einsamkeit und Zurückgezogenheit von den Mitmenschen und der Umwelt. Sprechanomalien stünden hoch auf der Liste, besonders ein Versagen beim Gebrauch der Sprache zwecks normaler Kommunikation. Auch die abnormale Reaktion auf Sinnesreize wäre als eine der Gemeinsamkeiten zu betrachten (man denke an die Tendenz vieler erwachsener Schizophrener, Bemerkungen anderer Leute zu ignorieren oder falsch zu interpretieren, oder die Verbrennungen, die man so oft an den Beinen Schizophrener findet, weil sie, wenn man nicht sorgfältig auf sie aufpaßt, zu nahe bei Heizstrahlern zu stehen pflegen). Maniriertes Gehabe und seltsame Bewegungen sind bei erwachsenen Schizophrenen gang und gäbe, und anscheinend übertriebener Zorn, Schreck und Erregung sind bei erwachsenen Schizophrenen so oft wie bei autistischen Kindern anzutreffen. Auch sklavisches Festhalten an einer Routine ist kein ungewöhnliches Charakteristikum der Schizophrenie Erwachsener.

*Rutter* hat die Ansicht geäußert, in der Anwendung auf autistische Kinder sei »der Terminus ›Schizophrenie‹ eine völlig falsche Bezeichnung«. Er meint, daß »die Schizophrenie wohl in der Kindheit einsetzen kann, daß sie aber nur ganz selten vor der Pubertät beginnt«. Diese Ansicht steht natürlich in diametralem Gegensatz zur Meinung der überwältigenden Mehrzahl der Psychiater, die über Erfahrung mit jugendlichen und jungen erwachsenen Schizophrenen verfügen (*Arieti*). Meines Wissens hat früher kein Mensch bestritten, daß bei sehr vielen erwachsenen Schizophrenen eine eindeutige Vorgeschichte morbider vorpsychotischer Persönlichkeit oder Zeichen bevorstehender Schizophrenie in ihrer Jugend oder Kindheit vorliegen. *Rutter* sagt weiter, »im Gegensatz zur Erwachsenen-Schizophrenie geht die Psychose bei Kindern oft mit geistiger Subnormalität einher...«. Es ist natürlich schwer, eine wissenschaftliche Definition für das zu geben, was man unter geistiger Subnormalität versteht, aber wenn die Unfähigkeit, in einem Intelligenztest ein normales Resultat zu erreichen ein wichtiges Merkmal geistiger Subnormalität ist, so muß es wahrscheinlich sehr, sehr viele erwachsene Schizophrene geben, die als geistig subnormal funktionierend befunden würden, wenn man sie einem solchen Test unterzöge, und besonders wenn man die Erwachsenen mitzählte, die sich weigern würden, bei diesen Tests ohne viele Vorbehalte mitzutun; und die vielleicht bei der Bewertung deshalb sehr schlecht abschneiden würden. Überdies steht fest, daß eine bedeutende Anzahl chronischer Patienten in den Anstalten für Geistesschwache psychotische Merkmale aufweisen, deren Mehrzahl man gewöhnlich als »schizophren« einstufen würde.

*Rutter* meint auch, daß bei Kindheits-Autismus »nur selten eine Familiengeschichte von Schizophrenie vorliegt«. Das steht in deutlichem Gegensatz zur Erfahrung am Smith-Spital, wo zur Zeit ein autistisches Brüderpaar hospitalisiert ist, sowie ein anderes Kind, das ebenfalls einen autistischen Bruder hat. Gleichzeitig beherbergte das Smith-Spital ein autistisches Kind nebst seiner sehr aktiv schizophrenen und halluzinierenden Mutter. In der selben Heilanstalt befanden sich zwischen 1963 und 1967 nicht weniger als vier autistische Kinder mit akut schizophrenen Müttern.

Hat man keinen Zugang zur Krankengeschichte und ist man ausschließlich auf Beurteilung des momentanen klinischen Zustands angewiesen, so ist es sehr schwierig, das vormals autistische, nun erwachsene Kind, dessen Zustand sich verschlimmert hat, vom Schizophrenen zu unterscheiden, dessen Krankheit beim jungen Erwachsenen einsetzte und dessen Zustand sich nun auch verschlimmert hat. Weder der Autor noch auch nur einer der von ihm befragten, langjährig mit Schizophrenen erfahrenen Kollegen kann diese Unterscheidung mit Sicherheit treffen. Das wird durch die neueren Arbeiten von *Rabinovitch* und Mitarbeitern bestätigt:

**FALL NR. 3: JILL**

**Aufnahme im Smith-Spital im Alter von 6:6 Jahren.**

**Zusammenfassung:** — Kindheits-Schizophrenie; Familie der Mutter labil; Mutter schizoid; Frühentwicklung normal; Rückständigkeit und Rückzug ab dem ersten Jahr; im Alter von vier und fünf Jahren wurden die Diagnosen »taub« und »rezeptorische Aphasie« gestellt, sie hört aber normal; verzögerte und eigenartige Sprechweise, erste Worte mit vier Jahren, Echolalie vereinzelter Worte und Sätze mit sechs Jahren, eigentümliche Intonation; talentiert im Zeichnen, sonst rückständig; etwas Besserung, zeigt aber viele Merkmale jugendlicher Schizophrenie.

**Die Mutter berichtet:** — Ignoriert Leute und Reden; Wutausbrüche, überaktiv; benützt Menschen als Werkzeuge; zurückgeblieben, spricht nicht.

**Familie:** — Vater war zur Zeit von Jills Geburt 45 Jahre alt, hatte vier Kinder aus früherer Ehe. Seine Familie durchwegs normal. Versucht sehr pflichtbewußt, Jill wie ein normales Kind zu behandeln, aber Kontakt ist nicht sehr innig. Mutter war 23 zur Zeit der Geburt, vorher verheiratet und geschieden. Hat vier Schwestern, die alle zeitweilig in Anstalten für Geisteskranke hospitalisiert waren. Sie ist eine zurückgezogene, schizoide Frau, oft am Rand psychotischer Krankheit, die zur Zeit von Jills Geburt besonders stark zurückgezogen war und die zu ihr noch nie eine herzliche Beziehung hatte. Es ist schwer, mit ihr einen emotionellen Kontakt herzustellen oder ihre volle Mitarbeit zu erreichen. Jill hat einen 21 Monate jüngeren Bruder, der als schwierig, asozial und zurückgezogen beschrieben wird.

**Vorgeschichte:** — Schwangerschaft und Entbindung normal, ohne begleitende Krankheiten. Vier Monate Bruststillung. Jill nahm danach die Flasche und bald später feste Nahrung an. Mit acht Monaten konnte sie selbständig essen und sich ohne Hilfe aufsetzen; mit elf Monaten stehen, mit zwei Jahren gut gehen. Mit zehn Monaten erhielt sie eine kombinierte Schutzimpfung gegen Keuchhusten und Diphtherie. Vater meint, seit damals, als die Eltern auch gleichzeitig geschäftliche Sorgen und häusliche Schwierigkeiten hatten, habe sie angefangen, zurückzubleiben. Sie wurde viel verstörter nach Geburt des Brüderchens, als sie 21 Monate alt war. Mit vier Jahren war sie sauber und trocken, aber mit sieben-einhalb Jahren näßte sie ihr Bett wieder öfters im Laufe einiger Monate. Auf Anrede reagierte sie nicht, gewöhnliche Taubheit wurde ausgeschlossen, doch wurde rezeptive (sensorische) Aphasie angenommen und man vermutete eine »echte angeborene Hörunfähigkeit«. Überdies zeigten sich starke Stimmungsschwankungen und bei Tests brachten die Ergebnisse außerordentliche Streuung. Mit vier Jahren kam sie auf eine Schule für Schwerhörige, mit sechs auf eine Sonderschule für gestörte Kinder, und dann für kurze Zeitspannen in zwei Grundschulen und eine Schule für erziehungsschwierige Kinder.

**Geistiger Zustand bei Aufnahme:** — Jill war überaktiv, zerstreut, besah und beroch alles. Sie verstand aber ignorierte, was man zu ihr sprach, und zeigte Echolalie, aber kein echtes normales Sprechen. Die Kinder ignorierte sie, aber mit manchen Erwachsenen ging sie ganz oberflächliche Kontakte ein, wobei sie sie als Werkzeuge benützte. Oberflächen und ihre Strukturen faszinierten sie; sie war aggressiv, verfiel in Wutanfälle. Mit sieben Jahren begann sie spontan und zwecksprechend zu reden und neigte dazu, die Aufmerksamkeit Erwachsener durch wiederholte Fragen zu fesseln, ohne aber nähere Beziehungen einzugehen. Zu der Hausmutter und dem Autor entwickelte sie langsam eine tiefere Beziehung, blieb aber weiterhin zurückgezogen. Sie ist fürs Zeichnen talentiert und hat Lesen und Schreiben gelernt. Mit zwölfeinhalb Jahren begann sie, in der benachbarten Hauptschule an zwei Tagen wöchentlich dem Unterricht in ihrer Muttersprache (Englisch) und Kunstfächern beizuwohnen, andere Fächer lernte sie weiter in der anstaltsinternen Schule. Schulisch war sie

etwa vier bis fünf Jahre zurückgeblieben. Sie konnte nicht abstrakt denken, konnte Sprache nicht wirksam zur Vermittlung von Gedanken und Wünschen benützen. Sie sprach in eigenartigem, näselndem Singsang. Während einer Phase redete sie von sich in der dritten Person oder mit Vornamen, ohne die Ich-Form zu benützen. An den Rorschach-Test ging sie mit vierzehneinhalb Jahren mit starrer Besessenheit heran und beschränkte ihre Deutungen auf minutiöse Details. Ihre Reaktion auf jeden Klecks beschränkte sich auf die methodische Aufzählung und Schilderung all seiner Teile, fast nie gab es eine Gesamtreaktion. Diese zwanghaften Züge zeigte sie auch in ihrer Alltagsexistenz, klammerte sich an Routine, erlitt plötzliche krisenhafte Anfälle von Panik, in denen sie sich durch ständiges Fragen über Dinge, die soeben oder früher geschehen waren, zu beruhigen suchte. Sie beschäftigte sich ständig mit ihren Körperfunktionen, besonders mit Verdauung und Stuhlgang, besorgt über seine Konsistenz. Die Ergebnisse ihrer Intelligenztests sind in Tabelle Nr. 1 zusammengefaßt. Ihr körperlicher Gesundheitszustand war gut; neurologische Untersuchungen und Überprüfungen waren übereinstimmend negativ, EEG's normal.
Mit achtzehn Jahren spricht sie nasal, monoton; sitzt reglos; geht steif, in eigentümlichem Schritt. Im Gespräch macht sie keine Aussage aus eigener Initiative, antwortet wortkarg, oft nur mit »Ich weiß nicht«. Sie hat keine Pläne und Neigungen für ihre Zukunft, und sie tut nichts ohne Auftrag. Hat man ihr Aufgaben zugeteilt, so arbeitet sie fleißig den ganzen Tag und produziert schöne Näh- und Handarbeiten. Zu den Veranstaltungen des Patientenklubs geht sie, weil man sie dorthin mitnimmt, aber sie beteiligt sich nicht an dem Geschehen und spricht nicht mit den anderen Patienten. Fragt man sie, ob sie einen Freund hat, so nennt sie einen Patienten, aber sie weiß nichts über ihn, als seinen Namen, und sie geht weder in seine Nähe, noch spricht sie mit ihm. Sie hatte zwei oder drei Episoden von Erregtr... mit geringfügigen Wutausbrüchen, anscheinend mit auditorischen Halluzinationen und sagte, sie hörte Stimmen. Sie folgt immer noch Zwangs-Ritualen und ihr Verhalten ist nach wie vor stereotyp.

*Tabelle 1*

| Terman-Merrill-Test | | | Wechsler-Intelligenz-Test für Kinder | | |
|---|---|---|---|---|---|
| Tatsächliches Alter | Geistiges Alter | Intellig. Quotient | Intelligenzquotienten | | |
| | | | Verbal | Leistung | Gesamtskala |
| 6:8 | 2:4 | 37 | | | |
| 7:4 | 3:2 | 40 | | 67 | |
| 7:10 | 3:3 | 39 | | 75 | |
| 8:2 | 3:5 | 42 | | 79 | |
| 9:5 | 4:10 | 56 | | | |
| 10:6 | 5:3 | 58 | | 76 | |
| 11:1 | 5:5 | 58 | | | |
| 11:11 | 6:2 | 62 | | 100 | |
| 13:3 | 6:10 | 61 | 63 | 100 | 74 |
| 14:6 | 7:6 | 57 | 69 | 101 | 83 |

Jills Symptome haben sich im Laufe der Jahre langsam und geringfügig verändert, sie bleiben aber im Grund den Symptomen ihrer Kindheit sehr ähnlich, ebenso den Symptomen typischer Schizophrener, bei denen die Krankheit erst im erwachsenen Leben festgestellt wurde; je älter sie wird und je mehr sich ihr Zustand verschlechtert, desto schwieriger ist es, ihren Zustand von dem Dutzender anderer Schizophrener in psychiatrischen Heilanstalten zu unterscheiden.

Als Beispiel mag der folgende Fall dienen, in dem die Krankheit erst beim erwachsenen Patienten diagnostiziert wurde.

**FALL NR. 4: FRAU C. W.**

Wir sahen die damals 38jährige Frau erstmals, als sie ihre Tochter ins Ambulatorium brachte. Die beiden kamen in Begleitung von Herrn W., der unser Gesprächspartner war, während Frau W. kein Wort sagte. Die Tochter wurde in ambulante Behandlung genommen und kam einige Monate in unregelmäßigen Abständen zur Behandlung. Manchmal brachte Herr W. das Kind, manchmal die Mutter, die aber selten, selbst auf direkte und wiederholte Fragen, irgend etwas sagte. Ihre häuslichen Arbeiten bewältigte sie anscheinend ganz ordentlich, auch waren Mutter und Kind immer ausgesprochen hübsch und addrett gekleidet. Aber in der Behandlung des Kindes ließ sie sich so gut wie garnicht zur Mitarbeit heranziehen und alle Zusammenarbeit in der Behandlung erfolgte mit dem Vater, der erwähnte, seine Frau habe außerhalb ihres Heims kaum Kontakte. Nach einem Jahr wurde das Kind in die Heilanstalt aufgenommen. Danach bekam die Fürsorgerin bei ihren Hausbesuchen nur den Vater zu sehen; Frau W. benahm sich absonderlich, manchmal trampelte sie im Oberstock umher, gelegentlich schleuderte sie ihre Schuhe von oben gegen die Eingangstür. Etwa vier Jahre später starb der Vater und Frau W. stand allein in der Welt. Ihre Tochter besuchte sie nur ganz selten in der Anstalt, obwohl sie öfters ihre Entlassung begehrte. Schließlich schloß sie sich daheim ein, verweigerte der psychiatrischen Fürsorgerin wie auch sonst jedermann, und sogar dem Arzt den Zutritt. Bald fing sie an, die Nachbarn zu beschuldigen, sie verfolgten und verleumdeten sie, und begann, ihnen die Fenster mit Steinen einzuwerfen. Der Amtsarzt mußte sich schließlich gewaltsam Zutritt verschaffen und sie wurde zwangsweise in die Anstalt eingewiesen. Dort hieß es in ihrer Beschreibung: »Schweigsam, einsam, mißtrauisch. Wenn man sie unbeaufsichtigt läßt, macht sie sich davon. Lächelt manchmal vor sich hin.« Die Beschreibung spricht von unmotivierten Launen, ziemlicher Gefühlskälte, Gleichgültigkeit, Unbekümmertheit. Es schien ihr gleichgültig, daß ihr das Kind abgenommen worden war. Über triviale und durchaus nicht lustige Ereignisse oder Bemerkungen brach sie manchmal plötzlich in Gelächter aus. Sie wähnte sich von ihren Nachbarn verfolgt und glaubte, diese ritzten ihre Haut mit elektrischen Funken, die sie ihr vom Fenster gegenüber herüberschickten. Man beschrieb sie auch als unbestimmt, vage, unklar, ihre Affekte als seicht, oberflächlich und unmotiviert. Sie versenkte sich exklusiv in ihre eigenen Gedanken. Ihre Diagnose lautete: chronische Schizophrenie. Ihre Intelligenz lag im Normalbereich. In der Anstalt besserte sich ihr Zustand, doch erfolgte nach ihrer Entlassung ein Rückfall und sie mußte wieder hospitalisiert werden. Dieser Geschehensablauf wiederholte sich mehrere Male. Sie machte keinen Versuch, mit ihrer Tochter in Verbindung zu treten.

Diese Frau W. ist die Mutter Christines (Fall Nr. 7, s. unten). Sie ist typisch schizophren; ihre Tochter ist kein typisch schizophrenes oder autistisches Kind, zeigt aber viele Züge, die denen typisch autistischer Kinder ähnlich sind.

Tatsächlich scheint es viele klinische Ähnlichkeiten in einzelnen Punkten zwischen diesen »autistischen« Kindern und schizophrenen Erwachsenen zu geben. Beiden fehlt der Kontakt mit der Realität, bei beiden besteht der gleiche Mangel an Sympathie und Wärme, das gleiche Unvermögen, Freundschaft zu schließen; ihre Handlungen und Äußerungen zeigen die gleichen Ungereimtheiten, den gleichen Mangel an Folgerichtigkeit, das gleiche zeitweise Versagen von Fähigkeiten, die sie bei anderen Gelegenheiten oder zu anderen Zeiten mühelos einsetzen können; und sie zeigen ähnliche unerklärliche Stimmungsschwankungen. Zugegebenermaßen bestehen auch viele Unterschiede, wie sich ja auch das Denken und Verhalten des normalen Kindes von dem des normalen Erwachsenen unterscheidet. So ist zum Beispiel durchaus zu erwarten, daß die pathologischen Maniriertheiten eines Kindes sich von denen eines Erwachsenen unterscheiden, wie ja auch die Spiele eines Kindes sich von den Tätigkeiten Erwachsener unterscheiden.

Aus diesen Überlegungen ergibt sich im Licht einer großen Anzahl von untersuchten Krankheitsfällen die Folgerung, daß das klinische Bild der Schizophrenie oder des Autismus des Kindesalters als dem Krankheitsbild im Erwachsenen durchaus analog zu betrachten ist — vorausgesetzt, man stellt die Wirkung des schizophrenen Prozesses auf die in Entwicklung begriffene Persönlichkeit und den keimenden Intellekt des Kindes in Rechnung. Es ist zu erwarten, daß die Persönlichkeit umso weniger die Möglichkeit hat, sich zu definieren und zu festigen, je früher der Krankheitsprozeß einsetzt, und daß dementsprechend die Zerstörung der Persönlichkeit und des Intellektes, die vom Krankheitsprozeß verursacht werden, umso schlimmer ausfallen. Diesen Unterschied sehen wir in seiner krassesten Form, wenn wir die Persönlichkeit des starren ältlichen Paranoikers mit der ungeformten und unterentwickelten Persönlichkeit des jungen schizophrenen Kindes vergleichen. Aber je jünger der schizophrene Erwachsene oder Jugendliche ist, desto mehr wird er diesen autistischen Kindern ähneln. Man kann ruhig sagen, es gibt zwischen den beiden keine scharfe Trennungslinie, keine Altersstufe und keinen Punkt in der Entwicklung der Symptomatologie, an dem man sagen kann, »hier haben wir es mit einer Schizophrenie des Kindesalters zu tun und nicht mit einer Erwachsenen-Schizophrenie«.

In der Erwachsenen-Schizophrenie pflegt das klinische Bild dem Alter bei Krankheitsausbruch entsprechend zu variieren; so trifft man zum Beispiel bei älteren Patienten häufiger auf paranoide Reaktionen, während die »einfache« oder »gewöhnliche« Schizophrenie eher bei jüngeren Patienten festgestellt wird. Aber ein sechzehnjähriger Schizophrener unterscheidet sich nicht wesentlich von einem fünfzehnjährigen, ebensowenig unterscheidet sich ein schizophrenes (oder autistisches) Kind von sieben Jahren von einem sechs- oder fünfjährigen — oder selbst von einem zweijährigen. Nichtdestoweniger findet man sich mit einer großen Vielfalt im Krankheitsbild konfrontiert, wie man ja auch den Katatoniker ebenso wie den floriden, dreisten, überschwänglichen Hebephrenen zur schizophrenen Gruppe zählt (*Bleuler*). Es ist ja überhaupt eines der auffallendsten Merkmale der erwachsenen wie auch der jugendlichen Schizophrenen, daß keine zwei Fälle einander genau gleichen. Man wäre fast versucht zu erklären, daß jeder Fall von Schizophrenie ein Syndrom *sui generis* darstellt, und daß sich — obwohl wir alle Schizophrenen ungefähr in gewisse Gruppen einteilen können — die Pathologie in jedem Fall ein bißchen unterscheiden muß, weil sich keine zwei menschlichen Seelen völlig gleichen; nicht einmal in identischen Zwillingen. Unser Irrtum liegt vielleicht darin, daß wir den Autismus im Kindesalter und die Schizophrenie der Erwachsenen als Krankheiten betrachten. Wenn wir uns begnügen würden zu sagen, daß autistische Kinder und schizophrene Erwachsene gewisse abnormale Reaktionsmuster gemein haben, wären diese Auseinandersetzungen vielleicht weniger akut und weniger traumatisch.

# 3. KAPITEL

# Abwehrmechanismen gegen die unerträgliche Realität

*Goldfarb* (1964) hat betont, daß »... die adaptiven Irrungen und Wirrungen jedes schizophrenen Kindes als hochgradig individualisierte Anpassungen an die ganz speziellen Anforderungen seiner psycho-sozialen Umwelt anzusehen sind«. Diese Auffassung scheint mir mit der von mir vorgeschlagenen Annahme übereinzustimmen, man könne den schizophrenen »Rückzug« in jedem einzelnen Fall als einen einer Reihe alternativer oder aufeinanderfolgender oder ko-existenter Mechanismen betrachten, mit denen das Kind versucht, sich seiner Umwelt anzupassen.

Von Zeit zu Zeit wird dem Kind die reale Situation, der es sich gegenüberfindet, unannehmbar oder unerträglich. Angesichts der unerwünschten Realität kann der Mensch auf vielerlei Arten zu reagieren versuchen: Erstens, er versucht, die Situation zu ändern und zu beeinflussen — er ergreift die Flucht, oder er kämpft, oder er versucht durch angemessenes Handeln mit der Situation fertigzuwerden. Zweitens, er kann versuchen, diese oder ähnliche unerwünschte Situationen zu verhindern, indem er die Realität weniger unvorhersehbar gestaltet. Wenn man weiß, wann der Zug abgeht, oder wann der Ehemann zum Abendessen heimkommt, oder unter welchen Umständen der Gegner seinen linken Haken anbringen wird, dann wird das Leben leichter, erträglicher, weniger unvorhersehbar. So sucht also die Frau ihren Mann zu bewegen, jeden Abend zur gleichen Zeit heimzukommen; der Pendler unterstützt die Bürgerinitiative, die auf Einhaltung der Fahrpläne der Vorortezüge dringt; der Boxer sucht die Initiative im Ring an sich zu bringen, um seinen eigenen Rhythmus durchzusetzen und so den Gegner zu hindern, seinen gefährlichen linken Haken anzubringen, bevor er bereit ist, ihn zu parieren. Diese Methoden zur Kontrolle der Realität praktizieren alle normalen Kinder und Erwachsenen. Aber das gestörte Kind benützt sie in einem pathologischen Ausmaß, womit sie zu einem anormalen Mittel der Realitätsbewältigung werden. Denn das Kind versucht, Kontrolle über alle oder fast alle Aspekte der Realität (soweit es von ihnen betroffen wird) zu erlangen, indem es *Rituale durchsetzt* und indem es versucht, jede Veränderung in jedem Aspekt seiner Umwelt, ob Menschen, Spielzeug, Wohnräume oder Möbel, zu unterbinden. Kann es seine Umgebung »monotonisieren«, so daß sich nichts ändert, dann verliert die Umwelt etwas von ihrem Schrecken, wird weniger anspruchsvoll; unter diesen Bedingungen kann es sie mehr oder weniger bewältigen. Schlägt dieser Versuch fehl — und das tut er meist — so sieht sich das Kind zu einer dritten Abwehrstrategie getrieben: Es kann nun versuchen, die Umwelt durch *Verzerrung* annehmbar zu gestalten, will sagen durch Selbstbetrug, Phantasie, Wahn oder Halluzination. So kann es sich die Realität-wie-es-sie-sieht verändern, so daß sie erträglich wird, kann sich vor sich selbst in besserem Licht erscheinen lassen, kann seine Frustrationen beseitigen, seine Wünsche und Sehnsüchte erfüllen oder sein Versagen erklären. Dies ist auch ein normaler Abwehrmechanismus, wenn man ihn nicht zum Exzeß treibt. Nur mit ein wenig Selbstbetrug konnte zum Beispiel ein Großteil der Bevölkerung Großbritanniens 1940 seine Entschlossenheit zum Weiterkämpfen aufrechterhalten. Der gläubige Christ, genau wie der Bekenner des dialektischen Materialismus braucht seinen Glauben — er wird von seinem Glauben getragen — aber beide können sie nicht rechthaben: Einer oder der andere von beiden muß wohl einem nützlichen bißchen Selbstbetrug unterliegen; diesen Prozeß können wir erst dann abnormal nennen, wenn er im Übermaß angewandt wird.

Schließlich, wenn keiner dieser Mechanismen den gewünschten Erfolg bringt und es also nicht vor der unerträglichen Realität schützt und schirmt, bleibt dem bedrohten Kind nur mehr der Ausweg des vierten Abwehrmechanismus — nämlich der Rückzug; der Versuch, die Realität (oder zumindest die Teilbereiche der Realität, die es nicht auf normale Weise oder durch »Monotonisierung« oder Verzerrung beherrschen oder kontrollieren kann), auszuschließen und nach Möglichkeit auf sich selbst zurückgezogen zu leben, sensorische Reize zu ignorieren oder nicht auf sie zu reagieren, und es zu vermeiden, Gefühlsbeziehungen einzugehen. In den folgenden Kapiteln wollen wir versuchen zu zeigen, daß auch der Rückzug ein normaler, von jedermann reichlich in Anspruch genommener Abwehrmechanismus ist, der nur dann als abnormal anzusehen ist, wenn er das biologische Überleben des Individuums gefährdet, wie das im autistischen Kind und beim schizophrenen Erwachsenen der Fall ist. (Dem Erwachsenen steht natürlich noch ein fünfter Fluchtweg offen; in den Selbstmord. Aber auf diese Idee kommt das autistische Kind nicht; denn niemand hat ihm verraten, daß es sich all das ersparen kann, indem es sich die Kehle durchschneidet. Ein Kind kann sich seinen eigenen Tod gar nicht vorstellen, was man daran erkennt, wie Kinder sichtlich furchtlos über die Straße laufen oder an steilen Abhängen herumklettern.)

Sehr oft, und besonders bei als »autistisch« oder »schizophren« diagnostizierten Kindern sind Elemente aller drei abnormalen Prozesse gegenwärtig: Rückzug plus Verzerrung und dazu ritualistische Versuche zur Kontrolle der Realität (und daneben wohl noch versuchsweise und vergebliche Bemühungen um eine normale Bewältigung der Situation); teilweise erklärt das die Vielfalt der Symptomatologie. Manchmal sehen wir ein Kind, dessen Krankheit sich bis zu einem einigermaßen fortgeschrittenen Stadium entwickelt hat, das immer noch versucht, die Realität durch Rituale und durch sein Beharren auf Unveränderlichkeit zu kontrollieren, das in Wutausbrüche verfällt, wenn diese Versuche vereitelt werden, während es gleichzeitig die Realität in seinen Phantasien verzerrt — was sich in Wahnvorstellungen ausdrücken kann — und sich zeitweise mehr oder weniger total von der Realität zurückzieht, die daher seine Gedanken und seine Handlungen nicht mehr beherrschen kann.

**FALL NR. 5: JOHN**

**Aufnahme im Smith-Spital mit 6:3 Jahren.**

**Zusammenfassung:** — Die Eltern waren um die Zeit der Geburt deprimiert, dem Kind gegenüber ambivalent und gespannt; Rückzug, Ritualismus, zwanghafte Maniriertheit; Besserung unter Behandlung.

**Die Mutter berichtet:** — Sprechen unzulänglich; Entwicklung langsam; absonderliche Gewohnheiten, hält sich an Ritualen fest und gerät in Panik, wenn diese gestört werden.

**Vorgeschichte:** — Während der Schwangerschaft war die Mutter deprimiert, von dauerndem Erbrechen geplagt. Normale Geburt, Gewicht 3,4 kg. Mutter 27, Vater 32 Jahre alt. Bruststillung sechs Monate, problemlos. Danach mühelose Gewöhnung an Ernährung mit Löffel und Tasse. Mit 18 Monaten verweigert John feste Nahrung, neue Speisen; besteht auf Einhaltung strikten Rituals bei Mahlzeiten. Dabei blieb es bis einige Wochen nach der Hospitalisierung. Mit einem Jahr setzte er sich auf, mit achtzehn Monaten konnte er kriechen, mit zwei Jahren gehen. Seine Mutter versuchte früh, ihn an den Topf zu gewöhnen, aber bis zu seinem ersten Jahr war er nicht kooperativ. Mit drei Jahren konnte er lediglich »Mama« und »Dada« sagen. Seine Lieblingsbeschäftigung mit 3:6 Jahren war es, Buchseiten umzublättern. Im Alter von 3:9 Jahren beurteilte ihn ein Psychiater so: »geistig zurückgeblieben, sonderbar, egozentrisch, aber nicht zurückgezogen«, und mit 4:1 Jahren: »noch sonderbarer, routinebesessen. Benützt meine Hand, um damit Blocks auf dem Spielbrett zu verschieben, redet voller Ausdruck — aber nur Kauderwelsch. In Erregung gebraucht er richtige Sätze oder Satzteile, aber ohne sinnvolle Beziehung zur Situation. Stößt die Sätze höchst erregt hervor«. Die Notizen im Alter von 3:10 Jahren besagen: »Ich halte John jetzt für psychotisch, aber ungewöhnlich wegen seiner Besessenheit, und nicht sehr zurückgezogen.« Als Viereinhalbjährigen beschrieb ihn der Autor so: »Zurückgezogen, mit merklicher Maniriertheit und Besessenheit. Behandlung daheim wäre möglich, aber die den Vater betreffende Beunruhigung der Mutter spricht dagegen.« Mit 4:10 Jahren: »Starke Anzeichen von Zwängen. Trägt eine alte zerfetzte Strickjacke als Fetisch mit sich umher. Mangelhafte Artikulation, häufige Wiederholungen von Phrasen, Angst vor allem Neuen, eigenartige Gewohnheiten. Der Mutter gegenüber verhält er sich ambivalent und sadistisch; fordert dauernd gehätschelt zu werden. Die Mutter kann ihr Ressentiment nur schlecht verbergen.« Zu diesem Zeitpunkt berichtet die Mutter, er spreche besser, bilde aber immer noch keine richtigen Sätze, stellte auch keine Fragen. Früher habe er nie unter Menschen gehen wollen, jetzt sei er bereit, auszugehen, wolle dann aber immer bald heimkehren. Mit neuem Spielzeug will er nur in Gegenwart der Mutter spielen. Mutter erhält jetzt Zuspruch und Erklärungen vom Hausarzt und vom Autor, der ihn, als er 5:9 Jahre alt ist, so beschreibt: »Nicht mehr so zaghaft, weniger überaktiv, freundlicher, weniger zurückgezogen, zum normalen Spielen besser fähig; noch nicht echt bereit, mit anderen Kindern zu spielen; nur zur Beteiligung bereit, wenn sie die Initiative ergreifen«; mit 6:6 Jahren: »Spielt tagelang allein und mit den gleichen Spielsachen. Benützt weder Messer noch Gabel und will sein Essen nicht kauen. Tags trocken, näßt nachts. Fordert Topf anstatt auf die Toilette zu gehen.« Bei der Aufnahme im Smith-Spital mit 6:9 Jahren war John ein passives Kind, das Erwachsenen widerspruchslos folgte, in Echolalie sprach, aber häufig passende Bemerkungen machte, und Gegenstände benannte, aber nicht versuchte, mit anderen Kindern oder mit angebotenen Materialien zu spielen; sauber, ordnungsliebend, verübelte Störungen seiner Routine. Er hatte buchstabieren gelernt und Interesse am Lesen zu zeigen begonnen. Ende März 1962 war seine Echolalie geringer, er war viel entgegenkommender, war bereit sich hinzusetzen, um zu malen oder mit Erwachsenen Spiele zu spielen. Auf Fragen antwortete er kurz aber richtig. In diesem Stadium kam die Mutter jede Woche einen Nachmittag zur Anstalt und verbrachte die ganze Zeit mit John. Er war noch immer zurückgezogen und sonderlingshaft, aber bedeutend gebessert. Sein geistiges Alter stieg in Tests: Hatte es am 20. 9. 1961 3:3 Jahren entsprochen, so entsprach es am 13. 11. 1961 schon 4:2 Jahren. »In sechs Monaten hat er Funktionsfortschritte erzielt, die 12 Monaten entsprechen.« Am 10. 11. 1961 zeigte das EEG eine stabile alpha-Grundaktivität ohne deutliche Allgemeinveränderungen, jedoch unter Hyperventilation bds. Paroxysmen mit uncharakteristischen Spike-Wave-Komplexen in allen Ableitungen. Spätere EEG's zeigten keine Veränderungen, außer daß die oben beschriebenen Spike-Wave-Komplexe nicht mehr aktiviert werden konnten. Die psychiatrischen Betreuer beschäftigten sich intensiv und erfolgreich mit den Eltern, die mit der Zeit mehr Selbstvertrauen erwarben, Johns Heimkehr dringender wünschten und der Anstalt gegenüber kritischer wurden.

John war im Winter 1965 aus der Anstalt entlassen worden und besuchte eine Sonderschule. Seine Stimme war noch immer eigenartig, sein Benehmen etwas seltsam, aber er stellte Fragen und antwortete sinngemäß, spielte auch gern mit anderen Kindern. Gegen jegliche Feindseligkeit und Barschheit war er immer noch sehr empfindlich und reagierte mit Untätigkeit und Rückzug; aber in der Schule machte er einige Fortschritte, hatte mit zwei Mädchen feste Freundschaft geschlossen und zeigte viel mehr Spontaneität sowie Interesse an seiner Umgebung.

## 1. Abnormale Versuche, die Realität zu meistern

Am leichtesten läßt sich dieser Prozeß beobachten, wenn die schizophrene Abweichung in der Kindheit einsetzt — im Gegensatz zu den Stadien des Kleinkinds, oder des Erwachsenen. Zumeist wird im Frühstadium der Versuch unternommen, die Realität mit normalen Methoden zu ändern oder zu meistern; sie werden zunehmend abnormaler, wenn sie erfolglos bleiben. So werden normale Aggressionen und berechtigter Zorn durch impulsive Gewalt und Wutanfälle ersetzt; normale Ängste weichen blinder Panik. Normale Ordnungsliebe wird übertrieben; normale Routine-Handlungen werden zu zwanghaften Ritualen. Man sieht, wie das Kind versucht, die Umwelt zu monotonisieren, gewisse Aspekte der Realität, die ihm erträglich sind und die es meistern kann, herauszugreifen, und zu versuchen, sein Leben mit ihnen, unter Ausschluß aller anderen Aspekte zu füllen (siehe Fälle Nr. 1, 2 und 6). So wird es etwa ausschließlich mit einem bestimmten Spielzeug, oder ein sich ständig wiederholendes Spiel spielen, oder es besteht bei jeder Gelegenheit auf einer genau gleichen Grußformel, auf genau dem gleichen Wortlaut einer von der Mutter oft gebrauchten Redewendung, auf immer gleichem Essen, auf gleichen Ritualen bei Tisch, beim Waschen, am Klosett, beim Ankleiden. Eine geringe Abweichung kann die wildesten Wutausbrüche, mit Gewalttätigkeit und Selbstverletzungen provozieren. Die unberechenbarsten Elemente der Realität sind die Menschen; und es scheint eine der Funktionen dieser Rituale zu sein, die Menschen, mit denen man zu tun hat, zu kontrollieren und sie an einer Veränderung der Umwelt zu verhindern. Entdeckt das Kind eine Bemerkung oder eine Situation — besonders im Zusammenhang mit seiner Mutter — die beruhigt oder von der das Kind den Eindruck hat, seine Kontrolle über die Realität damit verstärken zu können, so wird es die Bemerkung dauernd wiederholen oder die Situation grenzenlos verlängern. Ein verwandtes Symptom — es zeigt sich bei vielen Kindern, in denen die schizophrene Abweichung weniger betont ist oder später eingesetzt hat — ist die Tendenz, wiederholt die gleichen Fragen zu stellen, auf die das Kind die Antwort weiß.

**FALL NR. 6: PETER**
**Mit 5:5 Jahren im Smith-Spital aufgenommen.**

**Zusammenfassung:** — Psychotische Familiengeschichte, elterliche Beziehungen durch Krieg gestört; Geburt von Krankheit begleitet; Retardierung, unfähig, Beziehungen einzugehen, reden zu lernen; unruhig, wandert rastlos umher, Maniriertheiten, Rituale, Wutausbrüche; EEG weist atypische Zacken und Wellen auf; Behandlung bringt Besserung.

**Fallgeschichte:** — Während der Schwangerschaft war die Mutter mehrere Wochen mit Nephritis und hohem Blutdruck bettlägerig. Sie nahm Pethidin und erhielt bei der Entbindung eine Chloroformnarkose; Zangenhilfe bei der Geburt. Gewicht des Kindes 4,30 kg. Peter litt bald nach Geburt an (leichter) Gelbsucht und die Mutter berichtete, seine Haut habe sich geschält. Er war oedematös, schwitzte stark und weinte dauernd. Diagnose im Krankenhaus: Dehydratationsfieber. Nach 14 Tagen Krankenhausaufenthalt besserte sich sein Zustand, aber er weinte und schrie viel während der ersten fünf oder sechs Wochen, besonders nachts, zum großen Kummer der Mutter. Dann beruhigte er sich allmählich und schlief sehr viel. Zwei Wochen lang wurde er mit abgepumpter Muttermilch genährt, vier Wochen brustgestillt, dann auf Flasche abgesetzt, weil die Mutter die Bruststillung nicht ertragen konnte. Mit 5 Monaten wurde er ohne Schwierigkeit entwöhnt. Er lächelte früh, konnte mit einem Jahr sitzen, mit 2 Jahren stehen, mit 2:3 Jahren gehen. Er kroch nie, sondern blieb reglos sitzen, wo man ihn hinsetzte. Mit vier Jahren fing er an, ruhelos zu werden und umherzuwandern — und legte oft ziemliche Entfernungen zurück. Andere Kinder ignorierte er, die Mutter meinte, er reagiere ungenügend auf sie, obwohl er zu schreien anfing, sowie sie mit anderen Leuten sprach. Besonders fesselnd für ihn waren Wasserspülungen im WC und glänzende Oberflächen.

Bei der Hospitalisierung konnte er nur einige wenige Worte sprechen, sein Gang war unkoordiniert, andere Kinder ignorierte er. Er hatte die Gewohnheit, mit der Oberlippe über Nummerntafeln von Autos zu fahren. Abends wollte er nicht schlafengehen, aber tagsüber war er müde. Ein hohes Maß individueller Behandlung wurde ihm zuteil und er fing an, Beziehungen zum Arzt und der Hausmutter, und später zu anderen Mitarbeitern aufzunehmen. Er begann zu reden, aber mit merkwürdig nasaler Stimme, mangelhaft artikulierend, mit Tendenz zum Stottern; beides hat sich allmählich gebessert. Auf andere Kinder war er sehr eifersüchtig, hatte aber langsam angefangen, mit ihnen zu spielen und Beziehungen einzugehen. Er machte rasche Fortschritte in sozialer Reife, aber es war schwierig, ihn zur Beteiligung an Gruppenaktivitäten zu bewegen. Er suchte die Aufmerksamkeit Erwachsener durch ständig wiederholte gleiche Fragen zu fesseln und bestand auf fester Routine für jede Prozedur, jedes Spiel, jede Begrüßung. Ging es nicht nach seinen Wünschen, so gab es Wutanfälle. Das Grammophon fesselte sein Interesse, und dann Schallplatten. Obwohl er sich in der Schule anfangs wenig Mühe mit dem Lesen gegeben hatte, lernte er nun, auf den Etiketten der Schallplatten die Namen von Liedern und Melodien zu erkennen, das erweckte sein Interesse am Lesen. Mit 7:6 Jahren konnte er ganz gut lesen. Nun entwickelte er einen großen Wissensdurst und arbeitete in der Schule eifrig mit. Mit 10 Jahren kam er in die normale Grundschule, wo er zwar wegen schlechtens Benehmens einige Zeit ausgeschlossen wurde, aber nach einigen Wochen wieder am Unterricht teilnehmen durfte. In der Anstalt hatte er sich nun unter besserer Kontrolle, seine eigenartigen Gewohnheiten traten zurück, seine Sprechweise verbesserte sich und er bestand weniger starr auf seinen Ritualen. Leider regredierte er immer, wenn er mit seiner Mutter beisammen war; in diesen Perioden war die Mutter durch die Krankheit des Kindes offensichtlich sehr beunruhigt. Als Peter zehn Jahre alt war, wurde mit intensiver psychiatrischer Behandlung der Mutter begonnen. Mit elf Jahren wurde er in eine Internat-Sonderschule geschickt, wo er anfangs gute Fortschritte machte. Sein Betragen verschlimmerte sich während der Ferien, in der Schule jedoch war es gut, obwohl man ihn manchmal nur unter Schwierigkeiten zum arbeiten bringen konnte. Er konnte es noch immer nicht ertragen, wenn seine Mutter Interesse für andere Leute bekundete, und versuchte dann, ihre Aufmerksamkeit durch ständige Fragen an sich zu fesseln. In der Schule hatte er mehr Umgang mit Kindern, aber weder dort noch daheim schloß er Freundschaften. Mit 14 Jahren war er in der Schule um etwa drei Jahre retardiert. Tabelle 2 zeigt die Ergebnisse seiner Intelligenztests. Mit sie-

*Tabelle 2*

| Terman-Merrill-Test | | Wechsler-Intelligenz-Test für Kinder | |
|---|---|---|---|
| Tatsächliches Alter | Intelligenz-Quotient | Tatsächliches Alter | Intelligenz-Quotient |
| 4 | 68 | 7 | 67 |
| 6 | 75 | 8 | 65 |
| 7 | 62 | 10 | 76 |
| 8 | 73 | 14 | 76 |
| 9 | 69 | | |
| 14 | 68 | | |

ben Jahren hatte er eine Reihe von Anfällen, die für Petit-mal-Anfälle gehalten wurden. Damals, und auch wieder ein Jahr später mit 8 Jahren, zeigte sein EEG atypische Spike- und Waves-Aktivitäten. Fünf Jahre lang wurden keinerlei Anfälle verzeichnet und mit 14 Jahren wies sein EEG keine Allgemeinveränderungen mehr auf, aber zwei Jahre später zeigte ein weiteres EEG einen kurzen spannungsreichen bilateralen generalisierten Paroxysmus uncharakteristischer Spike-Waves. Etwa um die gleiche Zeit erlitt Peter einen heftigen Anfall — den ersten in sieben Jahren. Seither hat er etwa zweimal jährlich Grand-mal-Anfälle.
Um die gleiche Zeit trat in seinem Verhalten in der Schule eine Verschlechterung ein. Er trieb sich umher, stand mitten in der Nacht auf und leistete weniger Arbeit. Man gab ihm kräftige Dosen Sedativum Melleril, aber in der Folge schlief er sehr viel. Schließlich mußte er — nun 16 Jahre alt — ins Krankenhaus aufgenommen werden. Eine Weile ging er zur Schule, begann aber bald zu schwänzen, und auch zu stehlen. Er mußte in ein verschlossenes Krankenzimmer verlegt werden und arbeitete nur unter Zwang. Er schloß keine echten Freundschaften, war in sich selbst versponnen, auto-erotisch, führte murmelnde Selbstgespräche, war träge und teilnahmslos. Aber er sprach auf ein aktives Beschäftigungsprogramm an, auf individuellen Unterricht, gesellige Aktivitäten, sowie persönliche Beaufsichtigung und Ermutigung durch die Mitarbeiter wie die Mutter bei ihren häufigen Besuchen. Er zeigte soziales Bewußtsein, brannte seltener durch, war weniger maniriert und wurde geselliger. Im schlimmsten Stadium seiner Störung im Alter von 17 Jahren fiel sein IQ (nach W.I.Q.S. [entspr. Wechsler-Bellevue-Test]) auf 53, und der Psychologe fand, es bestehe der »Eindruck einer ausgesprochenen Geisteskrankheit«. Mit 20 Jahren ist er immer noch sehr unreif und außerstande, Beziehungen einzugehen — höchstens solche, die ein fünf- bis sechs-

jähriges Kind mit ihm vertrauten Erwachsenen eingeht. Er interessiert sich für wenig — außer für »Pop«-Schallplatten, hat keine ausgereiften Pläne für seine Zukunft, keine Neigung zur Arbeit. Normale gesellschaftliche Spannungen und Pflichten bedeuten ihm wenig, doch geht er gern zur römisch-katholischen Kirche, wo ihm das Ritual des Gottesdienstes gefällt. Für das weibliche Geschlecht hegt er ein gewisses Interesse, das sich in seinen sexuell gefärbten Bemerkungen über »Pop«-Sängerinnen und über Mädchen mit langen Haaren ausdrückt; gelegentlich umarmt er reifere Frauen recht ungestüm; aber er wagt keine normalen Annäherungsversuche an Mädchen. Er ist kindisch und außerstande, Gefühle und Interessen anderer Leute zu teilen, so daß weder Jungen noch Mädchen bereit sind, sich viel um ihn zu kümmern.

**FALL NR. 7: CHRISTINE**

**Wurde am 22. 11. 1956 im Smith-Spital hospitalisiert.**

**Zusammenfassung:** — Schwer gestörte Persönlichkeit mit schizoiden und hysterischen Zügen; frühreife Entwicklung in der Kindheit; unmerkliches Einsetzen der Erkrankung mit Wutanfällen im Alter von fünf Jahren; umgänglich oberflächlicher, tändelnder Kontakt mit Erwachsenen ohne tiefere emotionelle Beziehung; fünf epileptische Anfälle, abnormales EEG; Durchschnittsintelligenz, schulisch retardiert; Behandlung bringt Besserung, trotz Verlusts der Eltern.

**Die Mutter klagt:** — Wutausbrüche, schlechtes Betragen in der Schule; kuschelt sich im Park an fremde Erwachsene an.

**Familie:** — Bei Christines Geburt war ihre Mutter 30 Jahre alt. Fragen hat sie nie beantwortet, ebensowenig an Christines Behandlung mitgewirkt; schweigt sich bei Gesprächen aus und verweigert den Mitarbeitern der Anstalt und der Kinderfürsorge Zutritt zur Wohnung. Mindestens fünf Jahre lang war sie wiederholt für kürzere oder längere Zeitabschnitte in psychiatrischen Heilanstalten hospitalisiert, sie leidet an chronischer paranoider Schizophrenie (Fall Nr. 4) und hat gelegentlich unregelmäßigen Kontakt mit Christine. Der Vater, ein Techniker, war 40 Jahre alt, als Christine zur Welt kam, und starb, als sie 14 Jahre alt war. Er war immer bemüht gewesen, die Krankheit seiner Frau geheimzuhalten und Informationen zu verschleiern; er hatte vorgegeben, mit dem Kind sei alles in Ordnung. Beide Eltern bestritten Geisteskrankheiten in der Familie, aber ihre Aussagen sind anzuzweifeln.

**Vorgeschichte:** — Christine wurde zum ersten Mal als Sechsjährige wegen »übler Angewohnheiten, Überaktivität und Wutanfällen in der Schule« an uns überwiesen. Sie benahm sich auffallend, entblößte sich, umarmte Erwachsene wahllos, hatte aber mit Kindern keinen echten Kontakt. Jede Schule wollte sie loswerden. Sie war das einzige Kind ihrer Eltern und kam nach achtjähriger Ehe zur Welt. Der Schwangerschaftsverlauf war normal, Gewicht bei Geburt 3,90 kg. Sie wurde nicht brustgestillt, weil die Mutter das Stillen verweigerte. Keine schweren Krankheiten, aber ein epileptischer Anfall vor der Aufnahme. Als Kleinkind war sie ruhig und friedlich, wurde aber ab dem dritten Jahr mutwillig und bekam Wutanfälle. Sie durchlief die üblichen Entwöhnungs-Stadien früh und konnte lesen, bevor sie zur Schule kam.

**Geisteszustand:** — Bei der Aufnahme war Christine äußerlich heiter und gelassen, aber obwohl sie körperlichen Kontakt suchte und sich von Erwachsenen gern herzen und küssen ließ, vermißten diese einen echten emotionellen Kontakt. Ja, ihr anschmiegsames Entgegenkommen war den Mitarbeitern peinlich und rief bei ihnen Ablehnung hervor. Das hat sich im Lauf der Zeit gebessert, weil die Mitarbeiter gelernt haben, sie zu akzeptieren und mit ihr Beziehungen herzustellen, die so eng sind, als Christine es zuläßt; sie ist aber nach wie vor unberührt von den Empfindungen anderer und bringt sie durch demonstrative öffentliche Liebesbezeigungen in Verlegenheit. Sie stellt immer wieder die gleichen Fragen, die allerdings im Laufe der Jahre sinnvoller und angemessener werden. Mit ihrem unaufhörlichen Geschwätz verfolgte sie anscheinend den Zweck, die Aufmerksamkeit der Erwachsenen zu erhalten, von denen sie eine sinnliche Befriedigung anstrebte, ohne eine echte Beziehung aufkommen zu lassen. Mit Kindern ging sie anfangs überhaupt keine Beziehungen ein, später jedoch schloß sie oberflächliche Bekanntschaften — wie überhaupt all ihre emotionalen Reaktionen oberflächlich und leichtfertig erschienen. Ihre Antworten waren oft irrelevant; Auf die Frage, »wie verträgst Du Dich mit Deiner Mutter« mag man z. B. die Antwort bekommen, »Bückling esse ich gern«, oder auf die Frage, »erzähl' mal von Deinem Pappi«, sagte sie, »Mein Pappi ist tot; schau 'mal, ist das dort nicht ein hübscher Hund?« Ein Beispiel ihres mangelnden Empfindens für ihre Umwelt und ihr unangebrachtes Verhalten ist eine Episode in der Schulversammlung an ihrer Mittelschule, wo sie plötzlich die Versammelten aufforderte, die Hausmutter ihrer Krankenanstalt hochleben zu lassen. Natürlich kannte keines der anderen Kinder diese Frau, noch hatten sie eine Ahnung von der Existenz unserer guten Hausmutter. (Was sie natürlich nicht daran hinderte, in die tosenden Hochrufe mit einzustimmen.) Christine lächelte oft und stellte gern Rätselfragen — aber sie hat keinen Sinn für Humor.

**Intelligenztests — Zusammenfassung:** — Nach der Terman-Merrill-Skala schwankte ihr IQ zwischen 93 im Jahr 1955, und 110 im Jahr 1962; Im Wechsler-Bellevue-Test ergab sich immer wieder übereinstimmend ein Wert um 100 herum. Ihre Hauptschwierigkeit liegt immer noch im kritischen Denken. Es fällt ihr schwer, verbale Absurditäten, Paradoxe zu erkennen, und manchmal gibt sie ganz ungereimte Antworten, wenn sie ein Bild deuten oder eine einfache Geschichte zu Ende erzählen soll. Zwischen Bedeutungsvollem und Irrelevantem kann sie nicht unterscheiden.

**Körperliche Gesundheit:** — Ihr körperlicher Gesundheitszustand war immer gut. Sie hatte einzelne epileptische Anfälle in den Jahren 1956, 1957 und 1958, aber einige Jahre später (1962) traten die Anfälle häufiger auf. 1956 war ihr EEG »anormal, so wie es oft mit organischen Läsionen in Verbindung gebracht wird«, nämlich sehr unregelmäßig, mit spannungsreicher Alpha-Aktivität, rechts mit höherer Amplitude als links sowie mit zahlreichen hohen und weniger spannungsreichen sharp-waves über beiden Seiten, vermehrt über der linken als der rechten Hemisphäre und besonders deutlich in der linken tempero-parietalen Region. 1957 zeigte die Ableitung weniger Auffälligkeiten, die zudem weniger seitenbetont waren. 1961 zeigte das EEG eine spannungsreiche rhythmisierte Grundaktivität mit einer Alpha-Dominanz von 8—9/sec-Wellen. Eine langsamere Aktivität mit geringerer Amplitude zeigte sich lediglich als unspezifische

Unterlagerung, die nie die Alpha-Grundaktivität verdrängte. Kein Hinweis auf Asymmetrie oder Herdbefunde«. Der Befund wurde als »wohl noch im Normbereich liegend« eingestuft.

**Weiterer Verlauf:** — Im Jahr 1965 war ihr Zustand im wesentlichen unverändert. Es wurden keine abnormalen körperlichen Symptome beobachtet. Sie setzte auf Rituale zur Bewältigung ihrer Existenz, und zur Beherrschung ihrer Gespräche mit Erwachsenen auf Ratespiele, Wort- und Scherzrätsel und alberne, sich immer wiederholende Fragen. Geht nicht alles nach ihren Wünschen, so verfällt sie in Zornausbrüche und immer häufiger auftretende stärkere epileptische Anfälle — 24 im Jahr 1964 — die, so scheint es, emotionell ausgelöst werden und bei denen sie sich nicht verletzt. Gelegentlich fragt sie nach der Mutter, doch scheinen tiefere emotionelle Empfindungen zu fehlen, wenn man ihr sagt, die Mutter wolle (oder könne) nicht kommen. Ein Mann in mittleren Jahren besucht sie regelmäßig in der Heilanstalt. Er würde sie gern aus der Anstalt nehmen und heiraten, und Christine würde mit ihm gehen, wenn man es zuließe, aber ihre Beziehung zu ihm ist hoffnungslos oberflächlich und unreif.

Ein diesen beiden Fällen gemeinsames Merkmal sind die dauernd wiederholten neutralen Fragen, mit denen das Kind ein Eindringen seines Gegenüber in seine private Welt verhindert und dabei doch einen Kontakt aufrechterhält, über den es Kontrolle bewahrt. Dauerndes Geplapper, das offenbar den Zweck verfolgt, den Therapeuten in Schach zu halten, ist natürlich ein bekanntes Symptom, dem wir auch bei anderen, nicht unbedingt psychotischen Kindern begegnen, die wir in unserer Praxis sehen, und ist seinerseits wieder unterscheidbar von der dauernden Fragenstellerei des normalen aber beunruhigten Vierjährigen, der momentan das Bedürfnis hat, die Aufmerksamkeit eines Erwachsenen zu fesseln. Die übertriebene Ängstlichkeit, die launischen Wutausbrüche oder die Furcht, die in diesem Stadium bei einem autistischen Kind normalerweise auftreten, werden zumeist durch das drohende Versagen des Versuchs ausgelöst, die Umwelt durch solche und ähnliche Auskunftsmittel oder durch die Einschaltung seiner Rituale zu kontrollieren. Übertriebene Furcht vor Fremden ist ein verwandtes Merkmal, und am erfolgreichsten mit solchen Kindern sind ruhige, bedachtsame, gelassene, verläßliche Leute, die immer gleich reagieren.

Diese Versuche, die Wirklichkeit durch zunehmend abnorme Methoden zu kontrollieren, bilden einige der frühesten Symptome bei Kindern mit schizophrenem Syndrom, besonders in den Altersgruppen zwischen 5 und 10 Jahren. Mit ihrem Versagen ändert sich das klinische Bild, weil der Patient sich nun vor die Wahl gestellt sieht, entweder die Wirklichkeit zu verzerren, oder sich von ihr zurückzuziehen.

## a) Verzerrung der Realität

Der Prozeß der Verzerrung der Realität ist beim autistischen Kind weniger häufig zu beobachten, als beim erwachsenen Schizophrenen. Die am häufigsten zu beobachtenden Äußerungen der Verzerrung sind Illusionen und Halluzinationen; sie treten nicht oft bei autistischen Kindern auf, man findet sie aber nicht selten bei schizophrenen Jugendlichen. Je früher übrigens autistische Symptome auftreten, desto weniger wahrscheinlich ist es, daß das Kind Angaben über den Inhalt der zu Grunde liegenden Phantasien machen wird. Nun ist aber die Schwierigkeit des sich Mitteilens eines der Kennzeichen dieser Krankheitszustände, und so ist der Patient nicht imstande oder nicht gewillt, irgendwem seine Phantasien mitzuteilen; man kann nur aus dem allgemeinen Verhalten des Kindes auf das Auftreten solcher Phantasien schließen. Die Zeichnungen – zumindest der jüngeren Patienten – sind arm an erfinderischem Inhalt, aber das könnte auf mangelnder Fähigkeit oder mangelndem Willen beruhen, mitzuteilen, was sie sich vorstellen. Andererseits könnte es, wie auch die Verzerrungen der abgebildeten menschlichen Gestalten auf die oben besprochenen Schwächen der Perzeption, oder auf den mangelnden Wunsch, genau zu beobachten und darzustellen, zurückzuführen sein. Manche Kinder haben eine Gabe für sogenannte phantasievolle Spiele, aber bei den schwereren Fällen ist das bei weitem nicht in dem Ausmaß der Fall, wie bei normalen Kindern. Man darf wohl annehmen, daß die plötzlichen Umschläge in Laune und Aktivität, die unabhängig von dem auftreten, was um sie her vor sich geht, mit irgendwelchen Denkprozessen assoziiert werden müssen. Wir wissen von jugendlichen und erwachsenen Schizophrenen, daß Tagträume und Phantasien, sogenanntes »dereïstisches Denken«, sie während eines Großteils der Zeit beschäftigt. Aber ihre Phantasien (wie auch die unsrigen) befassen sich mit oder fußen auf der Realität – oder vielmehr auf der Realität, wie sie diese begreifen. Das autistische Kind hat ein geringes Interesse an der – und daher auch ein sehr geringes Interesse für die – Realität. Daher muß sich der Inhalt seiner Phantasien innerhalb eines sehr beschränkten Rahmens abspielen. Wenn ein normales Kind sich in »Tagträumen« ergeht, entwirft es entweder ein Phantasiebild von seiner eigenen Rolle in der Welt, der wirklichen Welt, wie es sie versteht, oder es denkt einfach über seine eigenen Empfindungen, seine Aktivitäten, seine Probleme, seine eigenen Ziele und Wunschvorstellungen in der wirklichen Welt nach. Das autistische Kind besitzt, weil es in einer sehr beschränkten Welt lebt, nur eine schmale Basis für sein Phantasien oder Gedanken. Da überdies seine Anteilnahme an, und sein Ehrgeiz in der realen Welt gering ist, muß auch sein Bedürfnis nach Phantasien über seine eigene Rolle in ihr sehr gering sein. Daher ist die Annahme, daß das autistische Kind ein reiches phantasieerfülltes Innenleben besitzt, nicht erwiesen und es sind einige Zweifel darüber am Platz. Treten Wutanfälle, plötzliche Launen und Stimmungsumschwünge auf oder wechseln sie plötzlich von einer zur anderen Aktivität, so könnte der Grund darin liegen, daß sich diese Kinder nicht sonderlich für die Menschen und ihre Konventionen und Verhaltensmaßstäbe interessieren, und daß sie daher kein Bedürfnis haben, ihr Verhalten zu kontrollieren, zu beherrschen oder zu modifizieren, außer wenn es sie unbehaglich macht oder beunruhigt.

Alles in allem deutet das wenige vorhandene Beweismaterial eher auf eine herabgesetzte als auf eine gesteigerte Inhaltsfülle der Phantasiewelt hin, im Vergleich mit normalen Kindern (obwohl sie viel mehr Zeit in Tagräumen verbringen), und auf eine im Vergleich mit erwachsenen und jugendlichen Schizophrenen stark verringerte Neigung zu, und Wahrscheinlichkeit von Wahnvorstellungen und Halluzinationen. Man nimmt an, daß die im Vergleich mit schizophrenen Erwachsenen geringere Neigung zur Verzerrung der Realität in autistischen Kindern auf der viel geringeren Bindung dieser Kinder an die Realität, ihrer geringeren Überzeugung von ihr und ihrem geringeren Interesse an ihr beruht, so daß es ein geringeres und weniger zwingendes Bedürfnis nach ihrer Verzerrung durch Phantasien und Illusionen verspürt. Überdies ist für das Kind der Rückzug so viel leichter, daß es eher dazu neigt, nach ihm zu greifen, als nach der Verzerrung.

### b) Rückzug von – oder Nichtbeteiligung an der Realität

Die meisten Mütter unserer Patienten pflegen uns zu sagen, »er lebt in seiner eigenen, seiner privaten Welt«. Damit meinen sie, daß ihre Kinder versponnen, in sich selbst absorbiert, mit ihren eigenen Gliedmaßen, Bewegungen, Sinnesempfindungen und mit leblosen Objekten beschäftigt sind, die sie zumeist auf eine Art und Weise handhaben und benützen, die wir als unangemessen, nicht sinngemäß betrachten. Vor allem haben diese Kinder keinerlei oder nur ein ganz geringes Interesse an Menschen außer als »Maschinen«, als »Werkzeugen« die ihnen geben, was sie brauchen, als Übermittler körperlichen Behagens oder der Erheiterung, die man herzen und umarmen, mit denen man akrobatische Spiele treiben kann, die Nahrung und ähnliche Grundbedürfnisse liefern, Türen öffnen, als Fahrer zu Diensten stehen. Der Ausdruck »Rückzug« ist nicht immer ganz am Platz, weil viele dieser Kinder von vorneherein sich nie richtig mit der Realität eingelassen haben. Nur im Fall des Kindes, das aufgehört hat, sich an der Realität zu beteiligen, ist der Terminus »Rückzug« eigentlich angemessen. Aber nach dieser Warnung dürfen wir den Ausdruck ruhig weiter verwenden, da er sich nun eingebürgert hat.

Der Rückzug von oder das sich-nicht-einlassen-mit-den-Mitmenschen ist ein essentieller und grundlegender Teil des autistischen Prozesses und erklärt die Unfähigkeit des Kindes, normale persönliche Beziehungen herzustellen. Diesen Kindern fällt es daher am leichtesten, sich mit neutralen Objekten zu befassen, die sie meistern können und von denen keine Anforderungen an sie gestellt werden. So ist man an den Anblick schizophrener Kinder gewöhnt, deren Hauptinteresse im Leben einem Stück Tuch, einem Plastikband, den Überresten eines alten Teddybären, einer alten Strickjacke oder dergleichen gilt; und es gibt wohl kein altes Ding, kaum einen Gegenstand, den sie nicht als ihren ständigen leblosen Begleiter und Kumpan adoptieren mögen (Fall Nr. 8). Nur gelegentlich, im Frühstadium der Krankheit oder wenn sich bei dem Kind eine Besserung einstellt, zeigt es echtes Interesse an Tieren, die ja schließlich nur etwas weniger unberechenbar sind, als Menschen. Andererseits stellen Maschinen und Geräte keine Ansprüche, vielmehr kann das Kind sie in der Regel zu einem gewissen Ausmaß meistern und kontrollieren. So zeigt sich der Patient oft lange Zeit hindurch von Schaltern, Schlössern, Wasserspülungen oder von Kreiseln absorbiert (Fälle 1 und 6). Dieses Interesse an Maschinen, Geräten, Vorrichtungen usw. erinnert natürlich sehr an den erwachsenen Schizophrenen, der Maschinen den Menschen vorzieht.

**FALL Nr. 8: BILL**

**Aufnahme im Smith-Spital mit sieben Jahren.**

**Zusammenfassung:** — Kindheits-Autismus; normale Entwicklung bis zum 18. Monat, dann Rückzug; unruhig, überaktiv, keine spontane Kommunikation; Besserung während Betreuung durch Mutterersatz.

**Die Mutter berichtet:** — Einsam, geht keine Beziehungen ein, besonders nicht mit Kindern; verwendet Sprache nicht zur Verständigung, wartet aber gelegentlich und ohne gegebenen Zusammenhang mit Erwachsenen-Phrasen auf; verbringt seine Zeit damit, an einer Stelle zu hüpfen; will sich zu keinerlei Tätigkeit bequemen.

**Vorgeschichte:** — Zur Zeit der Geburt war die Mutter vierzig Jahre alt. Normaler Verlauf der Schwangerschaft, aber Hospitalisierung im achten Monat wegen Anaemie. Geburt überstürzt. Gewicht 4,50 kg, keine Verletzungen; keine begleitende Krankheit. Neun Monate problemlose Bruststillung. Bill hatte Masern und Mumps, mit zehn Monaten wurde Bornholmer Krankheit vermutet, deren akute Symptome etwa eine Woche dauerten. Um Masern vorzubeugen, erhielt er mit acht Monaten Gamma-Globulin-Injektionen. Mit 18 Monaten fiel er aus dem hohen Kindersessel und schlug mit dem Kopf auf den Zementboden auf; danach soll er vier Stunden lang bewußtlos gewesen sein. Keine erkennbaren Nachwirkungen. Mit zehn Monaten konnte er selbständig laufen, mit 18 Monaten einige Wendungen sprechen. War er bis zu diesem Zeitpunkt das aufgeweckteste Kind in der Familie gewesen, so wurde er nun überaktiv und verlor Interesse an Menschen. Angemessenes spontanes Sprechen wurde seltener, obwohl er immer noch zeitweilig Phrasen wiederholte, auch unangemessene Erwachsenen-Phrasen aufzusagen und unverständliche Laute von sich zu geben pflegte. Er »schien sich in eine private Eigenwelt zurückzuziehen«, machte keine Annäherungsversuche anderen Kindern oder den Eltern gegenüber und begann, ein dranghaftes Verhalten und Rituale zu entwickeln. Der Psychiater des Maudsley-Krankenhauses, wo er mit sechs Jahren hospitalisiert wurde, beschrieb ihn folgendermaßen: »Hüpft an einer Stelle, oder läuft am Tennisplatz hin und her. Hat Anfälle unkontrollierbaren Weinens, äußert unter emotionellem Streß nur immer wieder die gleichen Phrasen; lange Perioden der Zerstreutheit; Wiederholungsverhalten; eine Phase, in der er alles auf den Kopf stellt; dreht und kreiselt Gegenstände; neuestens knäuelt er Wattestückchen, reißt Papier in Fetzen, zerbeißt seine Handschuhe; nimmt nicht an den Aktivitäten der anderen Kinder in der Familie teil; Bill machte dabei einen glücklichen und vergnügten Eindruck.« Sein IQ lag konstant zwischen 44 und 50.

Bei seiner Aufnahme im Smith-Spital im Alter von sieben Jahren war Bill sehr zurückgezogen, lutschte an seinen Fingern, hatte die Gewohnheit, seine Hand lange Zeit hin und herzuschlenkern. Spontanes, verständliches Reden gab es fast nicht, aber er führte geflüsterte Selbstgespräche. Er starrte oft vor sich hin, beschäftigte sich intensiv mit einem Stückchen Watte und wehrte sich gegen jeden Versuch, es ihm wegzunehmen. Bei Tisch saß und aß er selbständig. Er näßte ständig ein und gelegentlich beschmutzte er sich auch. Eine schwachsinnige Frau wurde ihm als Kinderfrau zugeteilt. Nachdem sie ihn drei Jahre lang individuell und intensiv betreut hatte, war er bereit, auf ihre Aufforderung hin alles zu sagen und Fragen zu beantworten. Mit ihr hatte er eine echte Beziehung und begann nun, mit anderen Kindern, und in den Ferien auch daheim mit seinen Geschwistern zu spielen. Er pflegte sich selbst an- und auszukleiden, war trocken und sauber, doch vermied er Blickkontakt und war nicht bereit, sich den anderen Kindern in der Schule zuzugesellen oder mitzuarbeiten. Seit dem Weggang der Kinderfrau in seinem elften Jahr hat er keine weiteren Fortschritte gemacht und mit 12 Jahren war er eher noch mehr zurückgezogen. Als Fünfzehnjähriger bietet Bill ein Bild, das kaum von dem eines jungen erwachsenen Schizophrenen zu unterscheiden ist. Er ist träge und es ist sehr schwer, ihn zu beschäftigen; meist ist er ruhig, friedlich, und lächelt ständig; zu angemessenen Antworten kann er überredet werden, aber meist antwortet er echolalisch; mit anderen Kindern hat er kaum etwas zu tun, obwohl er manche seit mehreren Jahren kennt, und wenn man ihn sich selbst überläßt, verbringt er viel Zeit und Energie mit psychotischen Maniriertheiten und Gestiken, zumeist verstümmelten Überresten des Gebarens seiner Kindheit; sie gleichen immer mehr denen eines erwachsenen Schizophrenen.

Psychologische Tests konnten nicht vorgenommen werden, aber auf dem Seguin-Formbrett konnte er auf dem 5·9-Niveau Übungen absolvieren und sechsstellige Zahlen wiederholen. Alle physischen Untersuchungen sind negativ gewesen. Sechs EEGs wurden im Maudsley- und im Smith-Spital durchgeführt, sie alle lagen in normalen Grenzen.

**c) Sind Autismus und Schizophrenie strenggenommen als Krankheiten zu betrachten?**

Es will mir scheinen, daß die Symptomatologie des Autismus im Kindesalter (und vielleicht auch der Schizophrenie des Erwachsenen) etwas weniger undurchsichtig wird, wenn wir uns diesen Gesamtbegriff der veränderten Beziehung zur Realität als das vermutlich wesentlichste Merkmal des Leidens vor Augen halten.

Wollte man übertreiben, um diesen Vorschlag zu verdeutlichen, so kann man sagen: es ist eines der größten Hindernisse für ein volles Verständnis der Natur der Schizophrenie, eine medizinische Ausbildung genossen zu haben. Das rührt daher, daß der Arzt gelernt hat, in Kategorien von Krankheiten, eine jede mit ihrer Pathologie und, so steht zu hoffen, mit ihrer Behandlung, zu denken. So muß die moderne Psychiatrie, die in erster Linie auf der medizinischen (und insbesondere der neurologischen) Ausbildung von Männern wie *Charcot* und *Freud* beruht, immer noch mit der Annahme fertigwerden, daß psychiatrische, daß seelisch-geistige Erkrankungen genau wie körperliche Krankheiten auf anatomische Laesionen durch Vererbung, durch Vergiftungen oder Infektionen, oder durch Wachstumsstörungen, auf physische Traumen oder körperliche Degenerationen in den betroffenen Geweben zurückzuführen sind. Seit Anbeginn war es klar, daß gewisse geringfügige psychische Störungen durch emotionelle Auswirkungen von Veränderungen in der Umwelt verursacht werden können. Aber die medizinische Wissenschaft hat sich mit Händen und Füßen dagegen gewehrt, anzuerkennen, daß tiefergehende psychische Störungen auf solche Art verursacht werden können; ja manche Psychiater sind bis auf den heutigen Tag nicht bereit, das einzusehen.

Aus den neurologischen Grundlagen der modernen Psychiatrie erklärt sich auch, warum wir bis vor kurzem versuchten, Patienten in scharf umrissene diagnostische Kategorien wie Hysterie, Zwangsneurose, reaktive Depression, endogene Depression und Schizophrenie (letztere unterteilt und abgegrenzt in Katatonie, Hebephrenie, Paraphrenie, »einfache« Schizophrenie usw.) einzuordnen. *Adolph Meyer* war vielleicht der erste Mann, der begriff, wie unangebracht solch eine Auffassung von der Psychiatrie ist; er teilte die Patienten in »Reaktionstypen« ein. Im Laufe der Zeit erkannten immer mehr Psychiater, daß nur sehr wenige Patienten sich in die verschiedenen diagnostischen Kategorien einordnen lassen. Sie begannen von schizo-affektiven Zuständen zu sprechen und damit anzudeuten, daß ein Patient an zwei »Krankheiten« leide. Später begnügten sie sich zu sagen, der Patient zeige Merkmale sowohl der Schizophrenie als auch depressive Reaktionen. Sie sahen, daß Patienten, die an Krankheitszuständen des zentralen Nervensystems, einschließlich des Syndroms der Nachwirkungen von

Gehirnerschütterungen litten, sehr oft neurotisch oder mit Depressionen reagierten; sie begannen, von der relativen Bedeutung der reaktiven (oder depressiven) Elemente, im Gegensatz zum endogenen Element, in einem gegebenen Fall von Depressionen zu sprechen; und heutzutage sprechen sie sogar von »funktioneller Überlagerung« bzw. von »hysterischen Elementen« der Schizophrenie oder sie deuten an, manche Patienten könnten vielleicht »in ihrer Depression hysterisch reagieren«.

Gegenwärtig herrscht offenbar eine Tendenz zur Ablehnung der traditionellen Unterteilungen der Schizophrenie. So wird zum Beispiel nur ein sehr kleiner Prozentsatz von Patienten als »katatonisch« diagnostiziert. Auch die Diagnose der »einfachen« Schizophrenie ist in unserer Zeit unpopulär geworden. Heutzutage werden Patienten als schizophren diagnostiziert, ohne daß man versucht, sie näher zu kategorisieren – wohl hauptsächlich weil die meisten von ihnen Merkmale von mehr als einer der anerkannten Unterteilungen aufweisen. (Diese Tendenz ist natürlich im Steigen, da man dank der modernen Pharmaka, die das klinische Bild modifizieren, eine ungehemmt florierende schizophrene Symptomatologie weniger oft zu Gesicht bekommt.) Aus all dem folgt, daß mehr und mehr Psychiater zögern, eine traditionelle Diagnose zu stellen; daß sie lieber eine Formulierung verwenden, welche die Erbkonstitution des Patienten ebenso in Betracht zieht, wie seine vorausgegangenen Erfahrungen, seine daraus hervorgegangene Persönlichkeit, und wie diese Persönlichkeit jetzt versucht, mit ihrer gegenwärtigen Lebenssituation fertigzuwerden. Erst mit solch einer Gesamtbeurteilung ausgestattet, fühlt sich der moderne Psychiater im Besitz ausreichender Hinweise, um nun den Patienten entsprechend behandeln zu können. Natürlich verwendet man immer noch Begriffe wie Schizophrenie, Autismus und Depression, aber zunehmend wird anerkannt, daß sie nicht Krankheiten beschreiben, sondern lediglich Symptome, Reaktionsmuster oder Prozesse.

Was sich bei autistischen und schizophrenen Patienten abzuspielen scheint ist, daß sie ihre reale Lebenssituation aus irgend einem Grund als so unerträglich empfinden, daß sie eine normale Beziehung zur Realität nicht tolerieren können; und daß sie diese daher verzerren oder sich von ihr zurückziehen müssen. Die veränderte Beziehung zur Realität ist daher die wesentliche Basis der Störung.

Daher scheint das Alter, in dem der autistische (oder der schizophrene) Prozeß einsetzt, die Symptomatologie entscheidend zu bestimmen; denn davon hängt in hohem Maß der Typus des veränderten Verhältnisses zur Realität ab, dem der Patient unterliegen wird (*Despert*). Wollen wir also ganz grob vereinfachen, so können wir die – in der Regel in mittleren Jahren einsetzende – Paranoia als einen Versuch der organisierten Persönlichkeit betrachten, sich selbst und ihrer Umwelt eine glaubwürdige und gleichzeitig auch ehrenvolle Erklärung einer Lebenssituation vorzutäuschen, deren wahre Natur der Patient als unerträglich empfindet, obgleich er, abgesehen von seinem Wahnsystem, in festem Kontakt mit der Realität bleibt. Im Paraphenen mag eine weniger gut organisierte Persönlichkeit der Unterstützung durch Halluzinationen bedürfen, um eine Erklärung der Realität aufzubauen und aufzubauschen, die er um seines Seelenfriedens willen braucht; sein Kontakt mit der Realität ist schwach genug, um ihm seine Selbsttäuschungen und Halluzinationen annehmbar erscheinen zu lassen. In der Hebephrenie, die in wesentlich jüngeren Jahren einsetzt, ist der Kontakt mit der Realität noch viel schwächer und die Denkprozesse unterliegen in noch geringerem Maß der Kontrolle durch die Realität, so daß sie chaotisch werden. In einem katatonisch gestörten Patienten ist der Kontakt mit der Realität veränderlich und der Patient kann zwischen völligem Rückzug aus der Realität und dem Versuch, sie impulsiv und gewaltsam zu verändern, hin und herschwanken. Eine einfache Schizophrenie pflegt noch viel früher zu beginnen, ihr hervorstechendstes Merkmal ist der Rückzug von der Realität. Im autistischen Kind schließlich beherrscht der Rückzug — oder das Zurückgezogen-sein — das klinische Bild. Kurz, je früher der schizophrenische Prozeß einsetzt, desto gewichtiger, so steht zu erwarten, wird das Element des Rückzugs sein.

Je früher dieses der Fall ist, desto leichter ist der Rückzug aufrechtzuerhalten und umso geringer ist der Einfluß der Realität auf die Persönlichkeit. So ist der Drang, sich der Realität anzupassen und das Verlangen, sie zu ändern, minimal. Der sehr junge Schizophrene hat die Realität noch nicht lang genug gekannt, um an ihr ein handfestes Interesse zu haben — sie ist ihm weniger unentbehrlich; und das schizophrene Kind ist der Realität noch weniger verpflichtet, als sein jugendlicher oder junger erwachsener Leidensgenosse.

Das Ausmaß des Rückzugs des Kindes ist abhängig von dem Ausmaß, in dem es die Realität zu ertragen vermag. Das autistische Kind neigt dazu, sich von den Aspekten der Realität am vollständigsten zurückzuziehen, die am schwersten zu meistern sind — und das heißt, von den Menschen. Es scheut vor jeder Form des emotionellen Kontakts zurück, ist völlig egozentrisch und verspürt keine Sympathie. Dieser Rückzug von und vor den Menschen ist der wichtigste diagnostische Anhaltspunkt. Er beherrscht nicht nur die Krankheitsgeschichte, er tritt nicht nur daheim, in der Schule und in der Klinik zu Tage, sondern — und vor allem — der untersuchende Arzt bekommt ihn selbst zu spüren. Man hat mit diesen Kindern keinen richtigen Rapport; man bleibt kalt, es fehlt die emotionelle Teilnahme ihnen gegenüber. Wenn sie lachen, empfindet man keine mitempfindende Fröhlichkeit. Wenn sie weinen, ist die Besorgnis, die man fühlt, irgendwie unpersönlich.

Die Diagnose dieses Symptoms des Rückzugs oder des Nicht-beteiligt-Seins ist also nicht einfach ein intellektueller Prozeß. Sie hängt teilweise von der Erfahrung des Untersuchenden ab, teilweise von seinen Emotionen. Der Arzt muß genau wissen, wieviel emotionellen Rapport er mit einem Kind im Alter des Patienten erwarten darf. Er muß die Diagnose des schizophrenen Prozesses aus seinem emotionellen »Gespür« stellen, aus dem ihm von diesem Patienten, im Vergleich mit einem normalen Kleinkind, vermittelten Gefühl. Die Behauptung, das wichtigste klinisch-diagnostische Merkmal eines Krankheitsprozesses sei die emotionelle Reaktion, die es im untersuchenden Arzt auslöst, mag unwissenschaftlich klingen; dennoch stützen sich alle erfahrenen Psychiater bei der Diagnose sowohl der Schizophrenie als auch der Depression in Erwachsenen weitgehend auf ihr Gefühl. Wenn aber die emotionelle Reaktion des Arztes einen so bedeutenden Faktor der Diagnose bilden soll, besteht natürlich die erhöhte Gefahr eines Irrtums, und der behandelnde Arzt kann seine eigene Verläßlichkeit nur dadurch prüfen, daß er viele Patienten im Ablauf ihrer Krankheit aufmerksam verfolgt. Dennoch ist es bemerkenswert, wie selten Ärzte mit viel Erfahrung auf diesem Gebiet sich über den einzelnen Fall uneinig sind.

## 2. Eine Hypothese, die den klinischen Merkmalen Rechnung tragen soll

### a) Die gewandelte Beziehung zur Realität

Es soll nunmehr eine Hypothese vorgebracht werden, welche die Ähnlichkeit zwischen den klinischen Merkmalen des Autismus im Kindesalter und der Schizophrenie bei Erwachsenen teilweise erklären könnte.

Der Vorschlag lautet, daß man all die verschiedenen Typen schizophrener Patienten — Paraphrene, Hebephrene, Katatoniker, »einfache« Schizophrene, autistische Kinder, schizoide Schwachsinnige, Patienten, die das schizophrene Syndrom bzw. *Kanners* oder *Mahlers* Syndrom zeigen — daß man sie alle in die schizophrene Gruppe einbeziehen kann, weil sie die grundlegende, essentielle, wesentliche psychische Anomalie des schizophrenen Geschehens oder Prozesses, nämlich eine veränderte Beziehung zur Realität, miteinander gemein haben.

Dieser Hypothese zufolge bilden die schizophrenen Reaktionen die elementarste und äußerste Verteidigung gegen eine unerträgliche Realität. Sie entwickeln sich in Menschen, denen die Realität, wie sie diese begreifen, wenn nicht ganz unerträglich, so doch zumindest so wenig anziehend erscheint, daß sich die aktive Beteiligung an ihr verbietet. Ihre Persönlichkeiten sind so verletzbar, so empfindsam, daß sie mit der Umwelt, wie sie diese erfahren, nicht fertigwerden können. Diese

Verletzbarkeit kann sich in jedem Lebensstadium offenbaren. Sie kann ganz anlagemäßig bedingt sein (und könnte so schwerwiegend sein, daß selbst geringfügig ungünstige Umweltfaktoren eine schizophrene Reaktion auslösen), oder sie mag durch Krankheit oder Trauma hervorgerufen oder verschlimmert werden. Die Krankheit kann ererbt oder erworben, das Trauma kann körperlich oder seelisch sein. So mag z. B. ein Kind, das konstitutionell nicht übermäßig zur Schizophrenie prädisponiert ist, dennoch eine schizophrene Reaktion entwickeln, weil es so ernstlich subnormal war — etwa infolge einer Phenolketonurie — daß ihm die Kräftereserven fehlen, um mit der Realität zu Rande zu kommen; oder weil, da es — etwa nach einer Meningitis in der frühen Kindheit — blind, taub oder arg defektiv ist, die Realität, die es erlebt, so frustrierend, so verängstigend oder so wenig lohnend ist, daß sie unerträglich wird (*Creak*).

Es ist anzunehmen, daß — mit Ausnahme der veränderten Beziehung zur Realität und den sich daraus ergebenden Symptomen — all die als Kriterien des schizophrenen Syndroms beschriebenen Erscheinungen unter anderen Umständen als denen der Schizophrenie auftreten können. Rituale, bizarre Gewohnheiten, verzögerte Intelligenzentwicklung, Wutausbrüche, pathologische Angst und Furcht — das alles findet man täglich bei den verschiedensten neurotischen und psychotischen Störungen. Diese Hypothese fordert, daß Kinder (und vielleicht auch Erwachsene), die wir als schizophren diagnostizieren, schließlich diejenigen sind, die ein verändertes Verhältnis zur Realität haben, welche anderen Symptome sie auch aufweisen mögen. Dieses gewandelte Verhältnis, diese veränderte Beziehung zur Wirklichkeit ist es, die für die wesentlichen klinischen Merkmale der Schizophrenie verantwortlich ist; obwohl die Art der veränderten Beziehung von einer Vielfalt von Umständen abhängt, etwa von der Erbanlage, vom Alter beim Beginn der Erkrankung, und von Grad und Ausmaß des von der Umwelt ausgeübten Drucks oder geleisteten Hilfe.

Die Mischung, die Kombination der vier Abwehrmechanismen in ihren verschiedenen Proportionen — normale und abnormale Versuche zur Meisterung und Kontrolle der Realität, Verzerrung der Realität und Rückzug aus derselben — bestimmen hauptsächlich die unendliche Vielfalt des klinischen Bildes bei Kindern, bei denen die Diagnose Schizophrenie — schizophrenes Syndrom — oder Kindheits-Autismus lautet.

## 4. KAPITEL

# Die Aetiologie des Autismus

Es gibt im wesentlichen zwei Lehrmeinungen zur Genese schizophrener oder autistischer Symptome im Kindesalter. Die eine Ansicht lautet, die Symptome würden verursacht oder jedenfalls ausgelöst durch emotionelle Belastungen, durch umweltbedingte Schwierigkeiten, auf die das Kind mit einem Rückzug und mit den anderen oben beschriebenen Symptomen reagiert. Nach der anderen Ansicht geht Autismus auf Verletzungen im zentralen Nervensystem mit oder ohne damit zusammenhängende anderweitige Laesionen zurück. In neuerer Zeit wurde Beweismaterial für physiologische, und zwar metabolische Störungen bei diesen Kindern vorgelegt, die als Ursachen ihrer Krankheiten in Betracht kommen könnten. Natürlich wird auch der Kompromiß vertreten, daß sowohl organische als auch emotionale Faktoren als wichtig für die Aetiologie anzusehen sind, daß im individuellen Fall beide vorliegen oder vorliegen können. Vielleicht wäre es nun an der Zeit, diesen Kompromißvorschlag zu erweitern — die Möglichkeit zu erwägen, daß Kindheits-Autismus eine psychosomatische Erkrankung ist, in der emotionelle und somatische Reaktionen sich wechselseitig beeinflussen, so daß zirkuläre Mechanismen in Gang gesetzt werden.

In letzter Instanz muß natürlich abweichendes Verhalten im Autismus der Kindheit das Ergebnis abnormaler physiologischer Ereignisse im Gehirn sein. Denn das Verhalten des Kindes ist das unmittelbare Ergebnis solcher physiologischer Prozesse. Diese abnormalen physiologischen Geschehen können auf Krankheiten — anatomischer, metabolischer oder »elektrophysiologischer« Natur — zurückgehen, oder sie können der Versuch des normalen Gehirns sein, sich defensiv einer übermäßig belastenden Umwelt anzupassen. Vielleicht genügt es nicht, sich im gegebenen Fall zu fragen, ob die für die physiologischen Funktionsstörungen verantwortlichen Faktoren anatomischer, metabolischer oder emotionaler Natur sind, denn es gibt keinen erkennbaren Grund, warum nicht im jeweils gegebenen Fall Ursachen zweier oder dreier dieser Gruppen verantwortlich sein sollten.

## 1. Organische Faktoren
### a) Konstitutionelle Prädisposition

Wenige Psychiater würden heutzutage bestreiten, daß es eine gewisse Prädisposition, irgendeine organische Anfälligkeit im Gehirn derer geben muß, die in ihrer Kindheit oder als Erwachsene schizophrene Erkrankungen entwickeln. Für die Wichtigkeit des genetischen Faktors liegt überzeugendes Beweismaterial vor, besonders mit Zwilligsuntersuchungen (*Kallman und Roth, Kay und Roth*). *Kallmann und Roth* untersuchten (unter Ausschluß aus ihrer Versuchsreihe von »sehr jungen Kindern, die das klinische Bild einer Psychose mit Schwachsinn boten, vielleicht unter Vortäuschung eines schweren geistigen Defekts als Resultat eines sehr frühen schizophrenen Prozesses«) die genetischen Aspekte vorpubertärer Schizophrenie. Das bedeutet natürlich, daß ein großer Teil autistischer Kinder von der Untersuchung ausgeschlossen blieben, und es ist ungewiß, ob sich unter ihren Fällen Kinder mit körperlichen Anzeichen organischer Erkrankungen des Zentralnervensystems befanden. Ihre Kriterien ensprachen weitgehend den von *Creak* und Mitarbeitern vorgeschlagenen. *Kallmann* und *Roth* fanden eine verblüffende Ähnlichkeit zwischen den Erbfaktoren dieser schizophrenen Kinder und denen erwachsener Schizophrener, und waren der Meinung, daß die gleichen Genotypen, die sie als für die Hauptsymptome der Erwachsenen-Schizophrenie verantwortlich ansehen (nämlich gen-spezifische Defektfaktoren), auch bei den schizophrenen Kindern vorliegen. Sie stellten eine Mehrheit von Knaben über Mädchen in der vorpubertären Gruppe fest, sowie eine »steigende Zahl der Fälle früher Schizophrenie unter den Zwillingsgeschwistern und Geschwistern der Probanden«. Sie boten keine Erklärung dafür, daß der Genotyp seine Auswirkungen in manchen Fällen so viel früher zur Geltung bringen sollte, als in anderen. Selbst wenn man ihre genetischen Ergebnisse akzeptiert, scheint es, daß man immer noch nach nicht-genetischen Ursachen für das unterschiedliche Altersvorkommen zu suchen hat.

In der klinischen Praxis ist man immer wieder beeindruckt von der Tatsache, daß manche Kinder, die unter anscheinend zufriedenstellenden materiellen und emotionalen Umweltbedingungen und ohne signifikante körperliche Krankheiten aufwachsen, Psychosen entwickeln, während andere, die von frühester Kindheit an schwerste Traumen erlitten hatten, dennoch nur geringe oder keine Anzeichen psychotischer Erkrankung zeigen. Ebenso auffallend ist die Tatsache, daß dem Autor in seiner ganzen Praxis nie ein Fall begegnet ist — noch hat er von einem solchen gehört — in dem nur eines von einem Paar identischer Zwillinge autistisch war, während es einige Fälle gab, in denen nur eins von einem Paar nicht-identischer Zwillinge autistisch ist, und einige weitere Fälle identischer Zwillinge, in denen beide autistisch oder pseudo-autistisch waren (Fall 14). Andererseits kennt er keinen Fall, in dem beide Teile eines Paares nicht-identischer Zwillinge autistisch waren. Konstitutionelle Prädisposition zählt vermutlich zu den wichtigsten Faktoren, nicht nur als Krankheitsursache, sondern auch bei der Bestimmung des Zeitpunkts des Beginns der Krankheit und des Typs des Krankheitsbildes; diese konstitutionelle Prädisposition muß eine von der ererbten genetischen Struktur abhängige körperliche Grundlage haben. Es ist vorgeschlagen worden, daß der Grad der konstitutionellen Prädisposition zu schizophrener Reaktion in jedem einzelnen Fall verschieden sein muß — einmal so gering, daß nur das schwerste emotionelle oder organische Trauma den schizophrenen Zusammenbruch auslöst, im anderen Extremfall so stark, daß minimale Traumen genügen können, eine derartige Abweichung zu provozieren. (So lassen sich vielleicht die nicht gerade seltenen Fälle erklären, in denen, obwohl das Kind als »war immer sehr zurückgeblieben«, oder als »defekt seit Geburt« beschrieben wird, keine neuropathologische Ursache für diesen Zustand gefunden werden kann, während das klinische Bild die unverkennbaren Zeichen einer Schizophrenie zeigt. Es scheint möglich, daß eine Anzahl von als »kongenital schwachsinnig mit überlagertem Autismus« klassifizierten Patienten in Wirklichkeit an »infantilem Autismus mit daraus resultierendem Schwachsinn« leiden.)

Im Zusammenhang mit der konstitutionellen Prädisposition wäre es ein Irrtum, ausschließlich an einen spezifischen genetischen Krankheitsfaktor (oder selbst an einige solche Faktoren) zu denken. Wenn wir Rennpferde ausschließlich für Schnelligkeit züchten, so werden wir schließlich ein Tier produzieren, dessen Beine zwar hervorragend für den Sprint geeignet, aber so zart, so wenig widerstandsfähig wären, daß sie außer unter idealsten Bedingungen, einem Rennen einfach nicht mehr gewachsen wären. Auf hartem Boden würden die Beine des Pferdes einfach nicht mehr standhalten. Um ein vergleichbares Beispiel zu wählen, in dem die Natur und nicht die künstliche Auslese ein ähnliches Phänomen hervorbrachte, denken wir an die Saurier, welche die Evolution in prähistorischen Zeiten in die Welt gesetzt hat, die zum Schutz vor ihren Feinden, und daher zum Überleben auf eine mit außerordentlich schwerer Panzerung versehene Haut angewiesen waren — auf Kosten ihrer Anpassungsfähigkeit und Beweglichkeit; schließlich, als klimatische Veränderungen ihre übertrieben schwere Dickhaut zu einer Belastung werden ließen, statt eines Vorteils im Kampf ums Dasein — starben diese Tiere aus. Es gibt natürlich viele ähnliche Beispiele der Überzüchtung in der Natur. Sein Überleben und seine Vorherrschaft verdankt der Mensch hauptsächlich seiner Anpassungsbereitschaft und der Fähigkeit seines Gehirns, rasch auf äußere Stimuli zu reagieren. Selektive Partnerwahl bewirkt, daß hochintelligente Männer dazu neigen, Frauen mit ähnlichen Fähigkeiten zu heiraten, und ihre Paarung müßte Kinder von hervorragender Intelligenz hervorbringen; das heißt, Kinder, die ein abnormal reaktives und »sensitives« Gehirn besitzen. Diese Gehirne sind wie äußerst komplizierte und empfindliche Geräte, die keine rauhe Behandlung vertragen. Manche dieser Kinder könnten tatsächlich so sensitiv sein, daß sie nicht imstande sind, widrige äußere Umstände zu ertragen, die ein »gewöhnliches« Kind nicht stören würden. Für das relativ häufige Auftreten autistischer Kinder in Familien von Eltern mit überlegener Intelligenz liefern vielleicht solche Theorien eine Erklärung (*Creak* und *Ini*).

Es ist ein weiteres menschliches Charakteristikum, daß die Entwicklung des Kindes während eines sehr langen Zeitraums nach der Geburt fortdauert. Manche Tiere kommen bei Geburt völlig erwachsen zur Welt, und selbst die nächsten Verwandten der Menschen, die anthropoiden Affen reifen zehnmal schneller heran als der Mensch. Diese lange Zeitspanne des extra-uterinen Wachstums ermöglicht eine unendlich gesteigerte Flexibilität mit entsprechend höherer Entwicklung der Intelligenz und der Fähigkeit, auf Ausbildung und Training anzusprechen. Statt bald nach der Geburt seine eigenen Kämpfe austragen zu müssen, hat das Menschenkind eine lange Schutzperiode vor sich, in der es nichts weiter zu tun hat, als seinen Körper, insbesondere aber seinen geistigen Apparat auszubilden. Verzögerte Reifung ist daher anscheinend ein Überlebensmerkmal. Aber es ist unvermeidlich, daß von Zeit zu Zeit Kinder geboren werden, bei denen dieses Merkmal überentwickelt ist, in denen die Reife übermäßig verzögert ist, und die daher sehr lange und wohlbehütete Perioden eines völligen Schutzes brauchen, wenn ihr Intelligenzpotential schließlich zu voller Reife gelangen soll. Solche Kinder sind unter Umständen besonders verwundbar und werden daher unter ungünstigen Umweltbedingungen zu Abwehrreaktionen getrieben, deren extremste eben die des Rückzugs ist. Vielleicht sollte man die konstitutionelle Prädisposition, die Erbanlage mancher Kinder zur Entwicklung schizophrener Krankheit, in diesem Licht sehen. Das erklärt nicht nur, daß die Eltern autistischer Kinder oft eine höhere Intelligenz aufweisen, als der Durchschnitt der Bevölkerung, sondern auch den viel höheren Anteil von Knaben über Mädchen. Es ist bekannt, daß die Intelligenz von Knaben zu höheren Abweichungen von der Norm neigt, als die der Mädchen; und auch, daß männliche Menschenwesen der meisten Altersgruppen viel anfälliger gegen Krankheiten, viel empfindlicher und verwundbarer sind, als weibliche. Aus beiden Gründen würde man erwarten dürfen, daß Knaben von den oben erwähnten Faktoren stärker berührt werden, als Mädchen. Die Summe dieser Überlegungen wirft vielleicht einiges Licht auf das, was wir unter konstitutioneller Prädisposition bei autistischen Kindern verstehen.

### b) Organische Erkrankungen des Zentralnervensystems

Seit jeher wird allgemein vermutet, daß das durch körperliche Krankheit schwer geschädigte Kind für eine schizophrene Erkrankung besonders empfänglich ist, und zweifellos tritt das schizophrene Syndrom oder etwas sehr ähnliches nicht selten bei Kindern auf, die etwa an Tuberöser Gehirnsklerose, Phenylketonurie, oder an einer durch Sauerstoffmangel verursachten Gehirnschädigung leiden.

**FALL NR. 9: GEORG**

**Am 7. 6. 1960 im Smith-Spital aufgenommen.**

**Zusammenfassung:** — Tuberöse Hirnsklerose, mit Adenoma sebaceum im Alter von 6:6 Jahren; Phenylketonurie; bot Krankheitsbild einer Kindheitspsychose, aber mit atypischen Merkmalen, die Diagnose einer Kindheits-Schizophrenie nicht gestatten; Phenylbrenztraubensäurespuren im Harn; Verschlimmerung trotz Medikation mit Megaphen, Sparine und Barbituraten; zerstörerisch, hyperkinetisch, zerstreut, unachtsam, aggressiv gegen sich selbst und gegen andere.

**Angaben der Mutter:** — Das Kind konnte im Alter von 5:6 Jahren nur »Mama« und »Dada« sagen; Wutanfälle, Zerstörungswut, Aggressivität.
**Familie:** — Mutter bei seiner Geburt 20 Jahre alt; sie war einziges Kind ihrer Eltern, und von diesen sehr abhängig. Sie zeigt sich nicht besorgt um ihr Kind, zeigt keine Wärme und Zuneigung, obwohl sie sich äußerlich pflichtbewußt und kooperativ verhält. Vater, 28 Jahre alt bei Geburt des Kindes, Maurer von Beruf, ist ruhig und zärtlich im Umgang mit Georg, zeigt aber auffallend wenig Besorgnis um ihn. Es scheint, daß sich beide Eltern wie in Selbstverteidigung vom Kind zurückgezogen haben. Ein Onkel (väterlicherseits) hat erst mit 4:6 Jahren zu sprechen begonnen. Keine Geisteskrankheiten in beiden Familien.
**Fallgeschichte:** — Mutter während der Schwangerschaft deprimiert und reizbar, obwohl das Kind erwünscht war; Verlauf sonst normal. Haus-Entbindung, Gewicht bei Geburt 3,40 kg. Mutter sagt, es sei 15 Tage überfällig (ihr Ausdruck) gewesen. Sechs Monate brustgestillt, dann abgesetzt, weil Milch versiegte, und mit Flasche genährt — bis zum dritten Jahr! Danach nahm das Kind feste Nahrung, verweigerte aber Getränke, außer aus der Flasche. Konnte mit 8 Monaten sitzen, mit 18 Monaten laufen, lernte aber außer »Mama« und »Dada« nur einige wenige Worte. Trocken bei Tag und Nacht mit 2:6 Jahren, sauber kurz darauf und imstande, anzuzeigen, wenn es auf den Topf mußte. Allgemeiner Gesundheitszustand gut, bis auf Bronchitis mit 2 Jahren. Zwischen vier-einhalb und zwanzig Monaten hatte er hie und da, in unregelmäßigen Abständen »Krämpfe«. Mutter bezeichnet ihn als kalt und teilnahmslos, aber zufrieden. Bis zur Hospitalisierung schlief er täglich 12 Stunden. Mutter versuchte, ihn zu liebkosen, fand es aber schwierig, wegen seiner Teilnahmslosigkeit. Auf Ansprache zeigte er keine Reaktion. War vom 6. 1. bis 6. 7. 1958 in der Kinderabteilung des Belmont-Krankenhauses hospitalisiert. Wurde als zurückgezogen, teilnahmslos und wortlos beschrieben. Nur in der Sauberkeit machte er Fortschritte. Das Röntgenbild zeigte die rechte Schädelhälfte größer als die linke, ein PEG zeigte ein normales Ventrikulärsystem und keine erkennbare Verschmä-

lerung der Hirnrinde. Das EEG ergab einen unregelmäßigen Rhythmus in der Okzipitalregion links; in diesem Bereich erschienen gelegentlich steile Wellen. Es wurde angenommen, daß diese Anomalie eine Hirnrinde-Laesion in der linken temporal-okzipitalen Region andeuten könnte. Im Zentralnervensystem wurden keine abnormalen Anzeichen gefunden. Es lag kein Hörverlust vor. Psychologische Tests konnten nie vorgenommen werden. Er funktioniert auf dem Niveau der Idiotie. Nach seiner Heimkehr von Belmont war er zerstörerischer und hyperkinetischer und hatte Schwierigkeiten, einzuschlafen.

**Geisteszustand:** — Nach Aufnahme im Smith-Spital fand er keinen echten Rapport mit dem Personal, ignorierte die Kinder und die Spielsachen, ja er war völlig achtlos und was ihm in den Weg kam, das trat oder stieß er mit Füßen. Er zerkratzte sich sein Gesicht, zerriß seine Kleider, war hyperkinetisch und wortlos. Ging ihm etwas wider den Strich, so verfiel er in Wutausbrüche; er ist sauber, wenn man ihn regelmäßig auf den Topf setzt, auch trocken. Tagelang beschäftigten ihn eine Reihe kleiner Plastikgegenstände in krankhafter Zuwendung. Versuche, seine Rituale zu ändern, beantwortete er mit Wutausbrüchen. Er vermied einen Blickkontakt und verhielt sich, als wäre er völlig taub. Er hatte seine Maniriertheiten, aber abgesehen von einer gewissen Fingerfertigkeit in der Handhabung von Gegenständen seiner Wahl gab es kleine Inseln einer normalen Entwicklung. Er roch an allen Dingen in Reichweite, verbrachte seine Zeit damit, an einer Stelle zu hüpfen, hin und herzulaufen, oder Dinge mit Zähnen zu zerreißen. Er lief viel auf Zehenspitzen umher, was man auch bei manchen anderen hirngeschädigten Kindern mit psychotischen Merkmalen findet. Die meisten Kennzeichen der Kindheits-Schizophrenie waren bei ihm vorhanden. Nach der Aufnahme im Krankenhaus wurde eine Phenylketonurie nachgewiesen und ein Adenoma sebaceum des Gesichts diagnostiziert. Sein Zustand hat sich langsam und ständig verschlechtert; auf Pharmaka hat er nicht angesprochen. Die massiven Gaben von Megaphen (750 mg täglich) und Sparine (75 mg täglich), die er bekommt, machen ihn meist schläfrig. Obwohl er keine Beziehungen eingeht, reagiert er auf eine freundliche Umarmung, wie man auf einen bequemen Lehnstuhl reagiert. Sein körperlicher Zustand ist gut geblieben, es traten keine Anfälle auf.

Es besteht kein Grund gegen das Hinzukommen von Schizophrenie bei einem Kind, dessen Gehirn durch ein Trauma, eine infektiöse oder eine Stoffwechselkrankheit geschädigt ist. Es ist sogar möglich, daß eine Reaktion von schizophrenem Typ bei so einem Kind als besonders wahrscheinlich zu erwarten wäre. Die Anfälligkeit solcher Kinder könnte ja ohne weiteres auf eine konstitutionelle Prädisposition, auf ihre körperliche Krankheit oder Verletzung, oder auf einen emotionellen Druck zurückgehen. Diese wären dann als die einzeln oder in Verbindung miteinander wirkenden Faktoren zu betrachten. Auch als auslösende Faktoren kämen wieder körperliche Krankheiten oder emotioneller Streß, auch wieder einzeln oder gemeinsam wirksam, in Betracht.

Die bekannten Studien von *Heller,* von *Yakolew, Weinberger* und *Chipman* sowie *Tramer* führen manche Fälle von Kindheitspsychose auf eine »sich verschlimmernde organische Krankheit« zurück. *Creak* hat ähnliche klinische Erfahrungen gemacht und zitiert Fälle von Kindern, die das Syndrom aufweisen und bei denen Lipoidosen nachgewiesen wurden. Jeder Psychiater, der mit schwer gestörten Kindern zu tun hat, kennt Fälle von Autismus oder schizophrenem Syndrom, bei denen sich schließlich herausstellte, daß sie in einer sich verschlimmernden organischen Erkrankung des Zentralnervensystems litten. Aber obwohl solche Anzeichen in manchen Fällen des schizophrenen Syndroms vorliegen, findet sich in einem großen Prozentsatz der Fälle nichts dergleichen. Autistische Kinder sterben selten jung, so daß kaum Gelegenheit für eine Autopsie gegeben ist. Wo Autopsien vorgenommen wurden, hat man keine krankhaften anatomischen Laesionen gefunden, außer in Fällen, die an einem diffusen Leiden, etwa an einer Lipidose gestorben waren (*Creak*). Ein autistisches Kind z. B., das langsam zu einem typischen Schizophrenen heranwuchs, entwickelte zum erstenmal im Alter von 17 Jahren klassische epileptische Anfälle und starb ein Jahr darauf im epileptischen Anfall; die Autopsie ergab keine neurologischen Laesionen, die als Ursache, nicht vielmehr als Folge seines Status epilepticus, oder seiner Psychose, hätten angesehen werden können.

Die beständige robuste Gesundheit der meisten schizophrenen Kinder ist auch ein Argument, das dagegen spricht, ihren Zustand einer »organischen« Pathologie des Gehirns zuzuschreiben; läge eine Hirnverletzung solchen Ausmaßes vor, daß dadurch eine totale Zerstörung des Intellekts und der Persönlichkeit verursacht würde, so wäre zu erwarten, daß sie früher oder später definitive sichtbare neurologische Merkmale entwickelten; doch das tun sie im allgemeinen nicht. Manche Autoren haben sogenannte »weiche« oder milde körperliche Anzeichen einer neurologischen Erkrankung beschrieben, z. B. Hypotonie der Muskulatur, verringerte oder fehlende Reflexe, Schielen und mangelnde Koordination. Aber soweit solche körperlichen Anzeichen beobachtet wurden, waren sie eher unbeständig, wichen der Normalität, als die Kinder heranwuchsen. Überdies sind das Erscheinungen, wie sie auch bei sonst normalen Kindern beobachtet werden, ohne sonderlich aufzufallen. Es scheint also, daß in den meisten Fällen von Autismus des Kindesalters die chronischen neurologischen Laesionen, soweit sie existieren, sich wesentlich von jeder anderen Art neurologischer Pathologie unterscheiden. Es darf sogar bezweifelt werden, ob krankhafte anatomische Schädigungen in der Mehrzahl der Fälle die Haupt- oder einzige Ursache der Symptome sind.

c) Autismus der Kindheit und Epilepsie

Viele autistische Kinder weisen abnormale Elektroencephalogramme auf, aber gerade Spezialisten mit größter Erfahrung auf diesem Gebiet scheinen am wenigsten bereit, bestimmte Anomalien im EEG als für solche

Patienten spezifisch zu betrachten. Gerade in ihren Berichten kommen die Worte »nichtspezifische Anomalie« sehr häufig vor. Manche unserer autistischen Kinder haben allerdings abnormale EEG's, die für Epilepsie des »Grand mal« — oder des »Petit mal«-Typs charakteristisch sind; und manche Patienten — nicht immer diejenigen mit abnormalem EEG — haben tatsächlich epileptische Anfälle verschiedener Arten. Das hat man als eine Bestätigung der Vermutung einer organischen Aetiologie des Autismus der Kindheit vorgebracht. Gewiß muß eine cerebrale Dysrhythmie sich letzten Endes aus einer physischen Störung im Gehirn ergeben, aber es wäre zu erwägen, daß diese Störung nicht allein von anatomischen Schädigungen im Gehirn, sondern auch durch eine konstitutionelle Instabilität, eine Störung des Metabolismus, oder eine emotionelle Störung verusacht sein könnte. Eine vererbte konstitutionelle Instabilität könnte sich als eine Anomalie im EEG äußern — wenn wir nur genug über das EEG wüßten.

Die Fähigkeit mancher Patienten, epileptische Anfälle durch einen Willensakt, durch Konzentration auf ein bestimmtes Objekt oder Thema, durch irgendeinen sensorischen Stimulus oder motorische Aktivität zu verhindern oder abzufangen, ist wohlbekannt, ebenso wie die Fähigkeit gewisser Patienten, zu gegebener Gelegenheit typische epileptische Anfälle zu produzieren, etwa wenn sie frustriert sind oder beim Eintritt des Arztes in den Krankensaal; *Ounsted* hat gezeigt, daß in manchen Fällen »Anfälle« und auch die damit verbundenen EEG-Kurven durch ein scharfes Kommando zum Abbruch gebracht werden können. Unter idiopathischer Epilepsie versteht man eine Epilepsie ohne erkennbare körperliche Ursache, bei der die bei einer Autopsie im Gehirn gefundenen körperlichen Veränderungen ebensogut Folge als Ursache der epileptischen Anfälle gewesen sein könnten. *Hill* verwies darauf, daß epileptische Anfälle bei zweifelsfrei schizophrenen Patienten vorkommen können und äußerte die Ansicht, daß epileptische Anfälle de facto ein Symptom schizophrener Erkrankung sein könnten.

Es scheint, daß Epilepsie ein Symptom, nicht eine Krankheit sui generis ist und daß Faktoren wie konstitutionelle Labilität des Gehirns, Stoffwechselkrankheiten, emotionelle Störungen, ebenso wie Laesionen im Gehirn, wichtige aetiologische Faktoren sein können.

d) Biochemische Störungen

Die Arbeiten *Gjessings*, in denen er einen gestörten Stickstoffwechsel im Organismus bei periodischer Katatonie nachwies, blieben die bahnbrechenden Leistungen auf diesem Gebiet. Weitere Fortschritte waren gering, bis man sich unter dem Eindruck der medikamentösen Beruhigungsmittel — der Tranquillizer — den metabolischen Aspekten der Schizophrenie zuwandte. In einer großen Zahl von Beobachtungen wurden bei Schizophrenen metabolische Anomalien festgestellt, aber ihre Bedeutung und Tragweite wird noch lange nicht voll verstanden. *Osmond* und *Smythies* haben die Akkumulation einer abnormalen methylierten Verbindung mit halluzinogenen Eigenschaften zur Diskussion gestellt, wobei sie sich auf die Beobachtung stützten, daß die halluzinogene Droge Mescalin den Methylverbindungen chemisch sehr ähnelt, die in erhöhten Konzentrationen in den Gehirnen mancher Schizophrener gefunden werden. *Pollin*, *Cardon* und *Ketz* stellten fest, daß sich der Zustand mancher chronisch Schizophrener unter Behandlung mit Mono-amino-oxydaseinhibitoren nach Medikation mit Methionin zeitweilig verschlechterte und schlugen vor, daß dies eine erleichterte Transmethylation von Aminen in diesen Patienten anzeigen könnte. Diese und ähnliche Beobachtungen wurden von anderen, darunter *Brune* und *Himwich* bestätigt. *Friedhoff* und *van Winkle* fanden eine Substanz (die sehr ähnlich wirkt, wie 3-4-dimethoxyphenyläthylamin) im Harn eines hohen Prozentsatzes schizophrener Patienten, die man nicht bei normalen Probanden findet. Es scheint daher möglich, daß eine oder mehrere methylierte Verbindungen in manchen Formen der Erwachsenen-Schizophrenie eine wesentliche Rolle spielen. Wie aber *Quastel* und *Quastel* bemerkten, »es muß klar festgehalten werden, daß zwar Pegelveränderungen von Substanzen wie Serotonin (Enteramin) und den Brenzkatechinaminen im Gehirn von Aminooxydaseinhibitoren beeinflußt werden, daß es aber keine schlüssigen Beweise dafür gibt, daß diese Amine kausal beteiligt sind«. Diese Bemerkungen gelten auch für die oben zitierten Beobachtungen und für jene von *Basowitz* und Mitarbeitern über Anomalien in der Ausscheidung von Hippursäure nach Gabe von Benzoesäure bei Personen unter emotioneller Spannung sowie bei katatonen Schizophrenen und Patienten unter Mescalinwirkung. Ebenso gelten sie für die neueren Beobachtungen *Hoaglands* und seiner Mitarbeiter, die einen sehr labilen Faktor in Bruchteilen menschlichen Globulins entdeckt haben wollen, der bei Schizophrenen in größeren Mengen auftritt, als bei Normalen, und der bei Ratten Verhaltensstörungen auslöst. Es ist natürlich möglich, daß diese Stoffwechselstörungen das Ergebnis des schizophrenen Prozesses sind, und nicht seine Ursache. Einige Berichte über einen abnormalen Stoffwechsel bei psychotischen Kindern liegen vor (*Sutton* und *Read*, *Koegler*, *Colbert* und *Eiduson*), aber meines Wissens wurde noch keine Untersuchung einer größeren Reihe veröffentlicht. *Simon* und *Gillies* haben vor kurzem gezeigt, daß ein signifikanter Anteil schizophrener Kinder ein stark retardiertes Knochenalter aufweisen und viele auch in Größe und Gewicht stark retardiert sind. Das könnte bedeuten, daß in diesen Fällen eine Hypophysenfunktionsstörung vorliegen könnte. In weiteren Untersuchungen hat *Simon* eine verminderte Glukose- und Insulintoleranz bei einem signifikanten Prozentsatz autistischer Kinder nachgewiesen. Sollten *Simons* Ergebnisse bestätigt werden, so wird man daraus bei einem großen Anteil dieser Kinder auf eine Anomalie im Hypophysen-Nebennierensystem schließen können.

*Simon* und *Gillies* haben kürzlich darauf hingewiesen, daß ein Teil der hospitalisierten autistischen Kinder abnorm hohe Bleikonzentrationen im Blut aufweisen. Diese Ergebnisse wurden von anderer Seite bestätigt (*Moncrieff* et al., *Oliver* u. *O'Gorman*), aber wir wissen bisher noch nicht, ob dieser hohe Bleigehalt im Blut darauf zurückzuführen ist, daß normale Kinder große Mengen Blei zu sich nahmen und auf diese Weise psychotisch wurden oder ob er auf die Einnahme großer Mengen von Blei durch Kinder schließen läßt, die bereits psychotisch waren und zu deren Symptomen die Pica, das in den Mund Stecken und Verschlingen ungenießbarer Gegenstände zählte, oder einen Stoffwechseldefekt dieser Kinder, Blei in den Mengen, in denen es in ihrer Nahrung und Umwelt auf sie zukommt, zu verarbeiten; oder auf eine Kombination von zwei oder mehreren dieser Faktoren. Die Analogie zum mangelhaften Kupferstoffwechsel, der zur Wilson'schen Erkrankung führt, und die Tatsache, daß wir bereits wissen, daß bei vielen dieser Kinder ein Stoffwechseldefekt vorliegt, legen nahe, daß der vermehrte Bleigehalt teilweise auf einer Stoffwechselstörung und nicht nur auf einer erhöhten Bleiingestion beruhen könnte.

Manchmal decken sich die Hinweise auf eine Hormonstoffwechselstörung mit anderen Beobachtungen, die eine endokrine Störung in einzelnen Fällen nahelegten, z. B. bei dem normalen Kleinkind, das mit 15 Monaten einen schweren Sauerstoffmangel erlitt und in der Folge einen psychotischen Persönlichkeitswandel durchmachte, mit Minderwuchs, Fettsucht, erhöhtem Serum-Bleigehalt, herabgesetzter Insulintoleranz und einer schweren Picastörung, und dessen normaler Haarwuchs sich zu einer Art aufgerichteter Kratzbürste wandelte. Sollte sich bestätigen, daß bei einem hohen Anteil der Kinder mit psychotischen Symptomen eine Hormonstörung unter Beteiligung der Hypophyse, der Nebennieren und eventuell des Hypothalamus, der Schilddrüse und des Inselapparates der Pankreas vorliegt, dann stellt sich eine Reihe weiterer Fragen: Sollen wir die endokrine Störung als primär suprarenal oder hypothalamo-hypophysär betrachten? Oder beruht sie primär auf einer anatomischen Laesion der Hypophyse, die das Wachstum und die Knochenentwicklung und das Funktionieren der anderen endokrinen Drüsen sekundär beeinflußt? Oder wird sie durch eine Verletzung im Hypothalamus ausgelöst, die eine Hypophysen-Funktionsstörung und dadurch Störungen der Schilddrüse, der Nebennieren und der Pankear-Inseln verursacht? Oder wird die Funktion des Hypothalamus nicht durch eine anatomische Laesion, sondern vielmehr durch eine emotionelle Störung in Folge von Umweltdruck beeinträchtigt? Ist die Gemütskrankheit (die Psychose) eine Folge der gestörten Funktion der Hypophyse und der anderen Drüsen, oder Folge der durch Umweltstreß ausgelösten Hypothalamus-Funktionsstörung? Wir wissen, daß Streß körperliche Symptome auslösen kann, die, wie wir annehmen müssen, durch den Hypothalamus übertragen werden, wie z. B. ein Ohnmachtsanfall und Blutdruckabfall durch einen plötzlichen Schreck oder durch Entsetzen ausgelöst werden können. Wir wissen, daß Angst eine unendliche Vielfalt somatischer Symptome verursachen kann, an denen eine hypothalamische Funktion beteiligt sein muß. Braucht man eine besonders ausschweifende Phantasie, um sich eine von Gemütsfaktoren verursachte chronische Störung der Funktion des Hypothalamus ausmalen zu können, die sowohl eine endokrine Funktionsstörung als auch Rückzug, Maniriertheiten und die anderen psychiatrischen Symptome des Autismus der Kindheit verursachen könnte?

Beim gegenwärtigen Stand unseres Wissens lassen sich diese Fragen nicht beantworten. Wenn Veränderungen in der Hypophyse oder in anderen endokrinen Drüsen autistischer Kinder nachgewiesen werden könnten, so wäre das ein Indiz gegen eine »psychogene« Aetiologie; aber es wäre kein schlüssiger Beweis, denn es ist denkbar, daß eine emotionelle Störung körperliche Veränderungen in der Hypophyse verursachen könnte, genau wie sie körperliche Veränderungen in anderen Körperteilen verursachen kann. Wenn sich andererseits bei einem Kind, bei dem ein psychotisches Leiden, anormales Verhalten und emotionelle Störungen bestehen, Besserungen zuerst des emotionellen Zustands, dann des intellektuellen Funktionierens einstellte und noch später eine Rückkehr zu normalen endokrinen Funktionen zeigte, so spräche dies für eine psychogene Aetiologie, es wäre aber kein Beweis dafür; denn es wäre denkbar, daß die anfängliche Veränderung eine geringfügige Besserung der endokrinen Funktion gewesen sein könnte. Es gibt Kinder, die nach einer psychotischen Erkrankung zu einem Zustand zurückkehren, der normal erscheint, aber es liegen noch keine Folgeuntersuchungen der endokrinen Situation solcher Fälle vor.

e) Verzögerte Reifung

*Bender* und *Fish* haben darauf verwiesen, daß Kindheitsschizophrenie das Ergebnis einer Störung oder Verzögerung der Reifung des Zentralnervensystems sein könnte, und *Nouailhat* spricht von unregelmäßigen, ja »anarchischen« Wachstumsmustern in diesen Kindern. Es ist richtig, daß viele autistische Kinder eine verzögerte neurologische Entwicklung aufweisen, und daß sie die normalen Marksteine in diesem Bereich viel später passieren, als normale Kinder, und auch viel später, als sie selbst andere Entwicklungsphasen bewältigen, die sie etwa gleichzeitig durchlaufen sollten. *Benders* Ansichten scheinen in den oben erwähnten

Arbeiten *Simons* Unterstützung zu finden, die auf ein Zusammenfallen von endokrinen Funktionsstörungen und Unreife in gewissen Aspekten der Entwicklung bei autistischen Kindern hindeuten. *Daniels* stellte fest, daß Kleinkinder unter zwei Jahren eine geringere Insulintoleranz haben, als ältere Kinder und Erwachsene, und das ist in Anbetracht der bei *Simons* autistischen Kindern festgestellten beeinträchtigten Insulintoleranz interessant. Es scheint möglich, daß die »milden« neurologischen Anzeichen, auf die oben verwiesen wurde, auf eine relative Unreife des Zentralnervensystems oder gewisser Teile desselben deuten könnten. Eine eindringliche Befragung einer großen Zahl von Müttern autistischer Kinder ergibt, daß nur bei einer Minderheit eine eindeutig normale Entwicklung vorliegt. Zumeist stellt sich heraus, daß das Kind erst spät angefangen hat, zu sprechen, den Kopf zu heben oder die Mutter zu erkennen, selbst wenn es die anderen Markmale zeitgerecht durchlaufen hatte. Diese Zeichen der Unreife beschränken sich nicht unbedingt auf das Zentralnervensystem. Es gibt z. B. eine Anzahl autistischer Kinder, bei denen eine verzögerte Entwicklung des Kiefers und der Pharynx vorlag, samt der damit verbundenen Unfähigkeit, in frühester Kindheit richtig zu saugen und zu schlucken. Es scheint auch, daß autistische Kinder häufiger vorzeitig zur Welt kommen, und daß eine übernormale Zahl dieser Kinder in früher Kindheit infolge intercurrierender Krankheit Überlebensschwierigkeiten hatten. Es wäre nicht überraschend, wenn danach bei solchen Kindern ein gewisser Grad an Spätreife festzustellen wäre.

**FALL NR. 10: CHARLES**
**Mit 4:11 Jahren im Smith-Spital aufgenommen.**

**Zusammenfassung:** — Frühe Ernährungsschwierigkeiten mit darauffolgendem starkem Rückzug; vermutete Taubheit, schwere Verhaltensstörungen und Retardation.

**Die Mutter berichtet:** — »Redet nicht; dauerndes Daumenlutschen; ist in allem etwa ein Jahr zurückgeblieben; knäuelt sich in die Bettlaken ein; fast überhaupt keine Beziehungen zu Leuten, benützt sie als Werkzeuge; sein Hauptinteresse gilt Maschinen und Wasser; hängt innig an seiner eigenen Bettdecke; reagiert kaum auf Gefahr, Schmerz oder Geräusch.

**Familie:** — Er ist das mittlere von drei Kindern; Geschwister und Eltern hochintelligent, Vater ist Pastor und erfolgreicher Studienrat; Mutter hat normale herzliche Beziehungen zur übrigen Familie, es ist ihr aber nicht gelungen, befriedigende Beziehung zu Charles herzustellen, obwohl sie äußerst kooperativ und eine pflichtbewußte Mutter ist.

**Fallgeschichte:** — Normale Schwangerschaft und Geburt, 3,4 kg Gewicht bei Geburt. Unterkiefer war bei Geburt unterentwickelt; Kind konnte weder saugen noch schlucken. Sieben Wochen wurde er nasal genährt, dann mit Löffel. Bei jeder Mahlzeit erstickte er beinahe, und wurde immer, sowie man ihm sein Lätzchen umband, entsetzlich unglücklich und weinte. Seine Mutter sagte, »am Essen hatte er keine Freude — an Menschen ebensowenig — er zeigte keinerlei Interesse an irgendwas«. Mit fünf Monaten schluckte er Flüssigkeiten fast normal, mit elf Monaten halbfeste Nahrung. Mit 20 Monaten verschluckte er einen Stein, der in der Speiseröhre steckenblieb. Halbtot durch Exsikkose wurde er ins Krankenhaus eingeliefert, wo er zehn Tage blieb. Mit fünf Jahren konnte er normal essen. Mit drei Jahren hielt man ihn für taub und er wurde von zwei Otologen untersucht. Ein organischer Gehörfehler konnte nie festgestellt werden, ja er schien sogar ein sehr feines Gehör zu haben. Am 29. 1. 1961 war er ohne Bewußtsein, mit Erbrechen, linksseitiger Hemiplegie, positiven Babinski-Reflexen, Nackensteife und positivem Kernig-Zeichen in eine Klinik eingeliefert worden. Das EEG zeigte Allgemeinveränderungen, wie sie mit einer diffusen cerebralen Erkrankung einhergehen, andere Untersuchungen blieben negativ. Er erlitt eine Anzahl generalisierter Krämpfe. Bohrlöcher im Schädel zeigten ein oedematös gequollenes Gehirn. Die Pneumencephalographie ergab sehr kleine Ventrikel ohne Seitendifferenzen oder Hinweise auf einen raumfordernden Prozeß. Keine Anzeichen von Encephalitis. Der Allgemeinzustand besserte sich ständig, und nach zwei Tagen schien er sich völlig erholt zu haben. Im Krankenhaus herrschte zu der Zeit eine infektiöse Hepatitis, aber Charles bekam keine Gelbsucht. Weitere Anfälle oder neurologische Auffälligkeiten traten seither nicht auf und sein psychischer Befund war wieder genau wie vorher. Sein Schlaf-EEG am 21. 2. 1962 wurde als »wohl noch altersgemäß während des Schlafes« beurteilt.

*(1) Psychopathologischer Befund*

Er hat immer gesabbert und sich mit Essen beschmutzt, so daß man ihn nicht herzen und streicheln konnte, ohne Gesicht, Hände und Kleider mit Speichel und gekauten Brocken beschmiert zu bekommen. Man mußte auch darauf gefaßt sein, einen Finger ins Auge gesteckt zu bekommen oder gebissen zu werden, so daß es nicht leicht war, ihn zu liebkosen. Mit anderen Kindern ebenso wie mit Erwachsenen nahm er nur flüchtigste und ganz oberflächliche Kontakte auf. Nur mit wilden und akrobatischen Spielen konnte man eine Beziehung zu ihm herstellen. Er lutschte Daumen; rauhe Flächen und Räder faszinierten ihn, er vergnügte sich mit Drehen und Spinnen von Dingen und Schwingen von Springseilen. Eine eigenartige Beziehung hatte er mit einem anderen psychotischen Kind hergestellt, das sich von Charles bei der Hand nehmen und endlos im Kreis drehen ließ; im übrigen war er ganz teilnahmslos. Er blieb selten länger als ein bis zwei Minuten bei einer Tätigkeit oder Beschäftigung. Anrede ignorierte er zumeist, aber manchmal gehorchte er, setzte sich auch mit anderen zu Tisch und war imstande, selbständig zu essen. Für alles, was ihn interessierte, zeigte er normale Handfertigkeit. Gewohnheitsmäßig war er Bettnässer.

*(2) Elektro-physiologische Ergebnisse*

Wohl der wichtigste Hinweis, daß bei autistischen Kindern eine Unreife des Zentralnervensystems vorliegt, findet sich in den neueren Arbeiten

*Grey-Walters.* Er entwickelte eine neue EEG-Methode, mit der er nachwies, daß bei normalen Erwachsenen, von denen man eine bestimmte Handlung als Reaktion auf einen Stimulus verlangt, dem ein sogen. Warnungsstimulus vorausging, eine auf den Warnungsstimulus folgende negative Welle, die »Erwartungswelle« im Frontalhirn auftritt. Diese negative Welle bemäntelt die im Frontalhirn vom nachfolgenden zweiten, dem »Signal«-Stimulus ausgelösten elektrischen Reaktionen. Das ist eine elektro-physiologische Entdeckung größter Tragweite. Vom Standpunkt unserer gegenwärtigen Diskussion von Bedeutung ist jedoch, daß uns die Fähigkeit, diese Erwartungswellen zu entwickeln, einen Gradmesser der Reife des Probanden darstellt. Reife Reaktionen sind nicht vor Mitte der Zwanzigerjahre die allgemeine Regel. Etwa die Hälfte normaler Kinder zeigt mit 15 Jahren reife Reaktionen; bei frühreifen und bei selbstbewußteren Kindern tauchen reife Muster erstmalig im 7. Lebensjahr auf; doch herrscht die infantile Wellenform vor; während bei den fünf- bis achtjährigen die entsprechenden Reaktionen veränderlich und in regellosem Gewirr auftreten. Die Reaktionsmuster der gestörten Kinder (fast alle waren autistische Patienten des Smith-Spitals) glichen denen viel jüngerer normaler Kinder. Hier haben wir, so scheint mir, Beweismaterial dafür, daß Unreife der Gehirnentwicklung etwas mit der Entwicklung des Autismus im Kindesalter zu tun haben könnte.

All diese Arbeiten (vorausgesetzt, sie werden im großen und ganzen bestätigt) scheinen den Schluß zu rechtfertigen, daß, selbst wenn anatomische Gehirnlaesionen bei autistischen Kindern nicht sehr oft festgestellt werden, eine physiologische Störung häufig demonstriert oder abgeleitet werden kann. Die physiologische Störung mag auf genetisch bedingter Unreife beruhen, oder sie könnte auf die auf ein prädisponiertes Kind einwirkenden exogenen Faktoren physischer oder emotionaler Art, oder auch auf beide zurückgehen; die Prädisposition könnte auf erworbene Krankheit oder genetisch bestimmte Unreife oder auch auf allgemeine konstitutionelle Prädisposition, wie oben geschildert zurückgehen.

*(3) Emotionale Faktoren*

Selbst wenn in einer Mehrzahl der Fälle schließlich metabolische, anatomische oder elektrophysiologische Störungen nachgewiesen werden und man ein allgemeingültiges Vererbungsmuster annimmt, wird es kaum gelingen, die auf viele Fallgeschichten gestützte Ansicht zu ignorieren, welche seelische Traumen als zumindest wichtige auslösende Faktoren der Entstehung schizophrener Reaktionen in der Kindheit (Fälle Nr. 1 und 3) betrachtet. Die Verfechter der psychogenen Aetiologie verweisen auf die Fallgeschichten von Kindern, die an autistischen Symptomen litten und deren Zustand, wie behauptet wird, sich unter Psychotherapie und Beeinflussung der Umwelt gebessert hat; die persönlichen Erfahrungen mit solchen Fällen sprechen jedenfalls dafür. Im Smith-Spital war festzustellen, daß zwar viele autistische Kinder zu schizophrenen Erwachsenen heranwachsen, daß aber bei anderen Kindern weitgehende Besserung eintrat, nachdem man das aus einer seelisch unerträglichen Umgebung im Elternhaus gelöste Kind in der Heilanstalt mit Ersatzbemutterung betreut und sich gleichzeitig intensiv bemüht hatte, Einstellung und Verhalten der Familie dem Kind und seiner Krankheit gegenüber zu verändern, den Eltern in ihrer Betroffenheit und ihrem Kummer mit Beistand und Behandlung zu helfen und sie zu verbesserten Methoden der Behandlung des Kindes und seiner Symptome anzuleiten (Fälle Nr. 1 und 5).

Vom Standpunkt des klinischen Psychiaters wohl der stärkste Hinweis darauf, daß ein bedeutender Prozentsatz der Fälle von Autismus im Kindesalter eine vorwiegend emotionale Aetiologie haben könnte, liegt in der Tatsache, daß er alle Schattierungen der Abweichung von der Norm sieht, vom schwer geschädigten, völlig auf sich selbst zurückgezogenen Kind einerseits bis hin zu dem Kind, das als normal betrachtet wird aber zeitweise verträumt, abseitsstehend und einsam ist, das einige Schwierigkeiten hat, Freundschaften zu schließen und von dem seine Mutter sagt, es neige dazu, »in seiner eigenen, seiner privaten Welt zu leben«. Solche Kinder mögen zeitweilig und gewissen Leuten gegenüber höchst entgegenkommend und freundlich sein, während sie zu anderen Zeiten und anderen Menschen gegenüber dazu neigen, zurückhaltend, stumpf und in sich gekehrt zu sein. Sie mögen einige Besonderheiten an den Tag legen und können auch zu starren Ritualen neigen, oder zumindest in manchen ihrer Lebensbereiche ein paradoxes Ordnungsbedürfnis oder ein Verlangen nach Monotonie zeigen, während ihr Verhalten auf anderen Gebieten desorganisiert und manchmal beinahe chaotisch ist. Wenn Kinder in diesem Zustand in die Klinik gebracht werden, ist es oft möglich, den Zustand durch Psychotheraphie zu modifizieren — welch letztere ebensosehr auf Mutter und Vater anzuwenden ist, wie auf das Kind — und durch Veränderungen der auf das Kind wirkenden Umweltbelastungen. Dadurch mag eine bedeutende Besserung erzielt werden, sodaß die psychotische Phase rein episodisch bleibt und nicht wieder auftritt. Gelegentlich erholen sich kleinere, zwei- bis dreijährige Kinder, die tiefer in Rückzug und Teilnahmslosigkeit versunken waren, unter ähnlicher Behandlung scheinbar völlig. Es gibt natürlich keinen Grund, warum ein Kind, das an einer organischen Erkrankung des Hirns leidet, nicht mit symptomatischer Besserung auf Psychotherapie ansprechen sollte, obgleich die Therapie keine Auswirkung auf die zu Grunde liegende Pathologie hat. Wir wissen, daß bei Erwachsenen mit schweren Angstzuständen oder emotionaler Labilität im Gefolge von Kopfverletzungen eine solche Besserung erzielt werden kann. Aber bei den oben genannten Kindern scheinen wir mehr als bloß symptomatische Besserung zu erzielen. Die bei ihnen auftretende Besserung scheint darauf zu beruhen, daß dem zu Grunde liegenden Krankheitsprozeß Einhalt geboten wird, und die Kinder reagieren schließlich normal, oder möglicherweise neurotisch, aber nicht psychotisch auf Umweltbelastungen. In solchen Fällen kann man schwerlich glauben, daß es nicht emotionelle Faktoren waren, die in der Aetiologie eine bedeutende Rolle spielten.

### f) Psychodynamische Mechanismen – Die Mutter-Kind-Beziehung

In der Mehrzahl der Fälle scheint es, daß der Rückzug des Kindes von seiner übrigen Umwelt in Wirklichkeit eine Fortsetzung seines ursprünglichen Rückzugs von der Mutter, oder des Scheiterns der Herstellung einer normalen Beziehung zu ihr ist. Fast immer finden sich Anzeichen einer im frühen Stadium erfolgten Beeinträchtigung der emotionellen Beziehung zwischen Mutter und Kind, und das steht gewöhnlich im Zusammenhang mit einer – entweder körperlichen oder emotionalen – Trennung. Die körperliche Trennung kann durch Krankheit der Mutter oder des Kindes, durch ein im-Stich-lassen seitens der Mutter, oder allein durch einen längeren Urlaub der Mutter fern vom Kind verursacht sein. Es wird oft berichtet, die Krankheit habe zur Zeit der Geburt des nächsten Kindes begonnen (Fall Nr. 2), und erklärt sich daher vielleicht teilweise aus der zu solcher Zeit üblichen zeitweiligen Trennung. Andererseits kann sie während der nächsten Schwangerschaft der Mutter beginnen (Fälle Nr. 1 und 11). Es scheint, daß die Beziehung der Mutter zum Kind durch ihre physische wie auch emotionelle Beschäftigung mit dem neuen Baby beeinträchtigt werden kann. Die emotionale Trennung kann auf der Unfähigkeit entweder der Mutter oder des Kindes beruhen, eine zufriedenstellende Beziehung mit einander herzustellen. Manchmal ist die Mutter unfähig, eine adäquate Beziehung herzustellen, weil sie selbst eine schizoide Persönlichkeit ist (Fälle Nr. 3 und 7); oder vielleicht leidet sie an einer offenen Gemütskrankheit; oder sie hängt in infantiler Abhängigkeit an ihrer eigenen Mutter und ist daher nicht imstande, die Mutterrolle zu akzeptieren.

Viele Autoren, unter ihnen *Goldfarb* haben die große Bedeutung elterlicher Unzulänglichkeit in der Aetiologie betont. Sie haben auch die Ratlosigkeit der Eltern unterstrichen, ihre offensichtliche Ratlosigkeit über die Natur der elterlichen Rolle bei der Erziehung, im Aufziehen von Kindern im allgemeinen und in Bezug auf ihre Methoden der Behandlung des gestörten Kindes. Diese Ratlosigkeit der Eltern führt, so wird vorgeschlagen, dazu, daß dem Kind vorhersehbare Erwartungen fehlen, und das bedeutet Verlust von Bezug und Verankerung. Gewiß, wenn die Reaktionen, wenn der in den Handlungen der Eltern zum Ausdruck kommende Widerhall unvorhersehbar ist, wird das Kind seine Beziehungen mit ihnen und daher mit den Menschen im allgemeinen schwieriger und wenig lohnend finden. Allerdings haben wir in unseren eigenen hier zitierten Fällen die Ratlosigkeit der Eltern nicht als ein besonderes Merkmal angetroffen, obwohl der Vorzug, den die Kinder Dingen gegenüber Menschen gaben, als Zeichen ihres Mißtrauens gegen die Unberechenbarkeit von Menschen im allgemeinen aufgefaßt werden könnte.

Gelegentlich findet man, daß die Mutter dieser Kinder weniger fraulich und beherrschender als üblich, der Vater dagegen weniger männlich und zurückhaltender ist, eine merkwürdige Umkehrung der Rollen von Mutter und Vater, so daß das Kind zu keinem von beiden eine zufriedenstellende Beziehung hat. Manchmal stört die schlechte Beziehung zwischen Mutter und Vater die Beziehung zwischen Mutter und Kind. In anderen Fällen scheint die Mutter aus Angst vor der Eifersucht des Vaters sich zu fürchten, das Kind rückhaltslos zu lieben.

In mehreren Fällen traten die Störungen im Zusammenhang mit frühen Ernährungsschwierigkeiten auf, da die Mütter einiger unsrer Patienten einen Abscheu vor der Bruststillung zeigten. In anderen Fällen litt der Patient als Neugeborenes an körperlichen Anomalien wie einer Mißbildung des Kiefers, was die frühen Erfahrungen der Nahrungsaufnahme zu einem traumatischen Erlebnis werden ließ (Fall Nr. 10).

Manche der schizophrenen Kinder waren Frühgeburten und scheinen sich emotionell nicht mit der Welt eingelassen zu haben, in der sie ursprünglich einen körperlich so schwierigen Halt hatten. Eine schwere Krankheit in früher Kindheit kann eine ähnliche Wirkung haben. Stellt sich heraus, daß verzögerte Wachstumsmuster eher als Ursache denn als Folge von Krankheit in Betracht kommen, so ist es denkbar, daß auch eine neurologische Unreife sich ähnlich auswirken könnte, wie eine vorzeitige Geburt, indem es das Kind außerstande setzt, in früher Kindheit eine emotionale Beziehung herzustellen. Die gleiche Wirkung kann von einer rein körperlichen Mißbildung ausgehen — um ein extremes Beispiel zu nennen; man dürfte kaum erwarten, daß eine anencephale Mißgeburt imstande wäre, eine emotionale Beziehung zu bewerkstelligen. Das mag einer der Gründe für die Häufigkeit des schizophrenen Syndroms bei extrem abnormalen Kindern sein. Es gibt ja wohl in Wirklichkeit eine Unzahl verschiedenster Ursachen, die mit dem Zusammenbruch der Beziehung zwischen Kindern und ihren Müttern zu tun haben können. Solch ein Zusammenbruch ist aber eines der meistverbreiteten Merkmale der Krankheit *(Kaplan, Winnicott).*

Wenn das Kind keine Beziehung zur Mutter finden kann, dann wird diese in ihren Bemühungen, das Kind liebzuhaben, keine Reaktion, keine Rückkoppelung auslösen: keine »Gegenliebe finden«; und wieder wird ein Teufelskreis in Gang gesetzt. Man hat den Eindruck, daß der Rückzug in gewissem Sinn gegenseitig ist. Je mehr die Mutter sich vom Baby löst, desto mehr zieht dieses sich von ihr zurück. Je mehr es sich zurückzieht, desto weniger liebenswert wird es. Wenn sie erst einmal zu uns eingewiesen werden, machen viele dieser Kinder einen höchst unliebenswerten (un-liebens-»würdigen«) Eindruck, vor allem deshalb, weil sie keinen Bezug zu einem menschlichen Wesen herstellen können, aber auch weil sie keinen Funken von Interesse und Intelligenz zeigen — außer in der Handhabung der ihnen vertrauten Objekte. Oft zeigt das Kind übrigens etwas wie offene Ablehnung der Welt seiner Mutter und eine Weigerung, sich an ihr zu beteiligen; diese Ablehnung finden viele Eltern ganz unerträglich. Es ist äußerst schwierig für eine Mutter, ein Kind vorbehaltlos liebzuhaben und weiter zu lieben, wenn es sie blamiert, sooft sie es in die Stadt mitnimmt, wenn es alles, das nicht niet- und nagelfest ist, kaputtmacht, wenn es sie halbe Nächte lang wach hält oder nichts im Kopf zu haben scheint, als durch die Gartentür auf die Straße zu entwischen. Obwohl meist die Mutter den ganzen Tag mit der Beaufsichtigung des Kindes belastet ist, während der Vater arbeitet, ist es meist die Geduld des Vaters, die zuerst reißt; und gewöhnlich findet schließlich er das Kind und seine Auswirkungen auf Haus und Heim unerträglich. Zank und Streit brechen aus — zwischen den Eltern, mit den Brüdern und Schwestern (die natürlich ihre Freunde nicht zu sich einladen können), und wie das Kind älter wird, wird ein normales Familienleben geradezu unmöglich. Manchmal ist das Kind auch aus äußerlichen Gründen unliebenswert, oft verschmiert mit allerlei Exkreten (Fall Nr. 10), manchmal übelriechend; oder es kann mit Gebärden, Eigenheiten, Rücksichtslosigkeit die Menschen um sich verletzen oder kränken.

Mißlingt diese erste Beziehung mit der Mutter, so steht zu erwarten, daß das Kind Schwierigkeiten haben wird, befriedigende Beziehungen mit anderen Menschen einzugehen. Zwischenmenschliche Beziehungen werden sich meist als nicht lohnend und unzufriedenstellend erweisen und es wird sie nicht eingehen. Das hat entscheidende Auswirkungen auf die intellektuelle Entwicklung des Kindes, denn an normalen Kindern angestellte Beobachtungen lassen darauf schließen, daß ihr Interesse an der Gesamtheit der Realität ihrem Interesse an Menschen entspringt — ihren emotionellen Beziehungen. Das Kind wird nur Teil der Lebenssphäre der Mutter sein oder in dieser Welt Fortschritte machen wollen, wenn es mit ihr emotional genügend identifiziert ist. Wenn es mit seiner Mutter nicht in normalen Bezug treten kann, dann muß es einen adäquaten Mutterersatz finden, denn wenn keine befriedigende Liebesbeziehung mit irgend einem menschlichen Wesen hergestellt werden kann, wird es dem Kind vermutlich mißlingen, in normalem Ausmaß mit der Realität in Beziehung zu treten, oder, falls es schon in Beziehung steht, wird es sich vielleicht zurückziehen.

### g) Partieller Rückzug

Das Versagen der Beziehung mit der Mutter oder mit dem Mutterersatz ist natürlich selten vollständig. Das Kind wird fast immer in seinen frühesten Lebensmonaten irgend eine Art emotioneller Beziehung herstellen, und wird zu einem gewissen Grad in seine Umwelt einbezogen sein. Aber nur bei wenigen unserer Patienten finden wir eine in dieser Beziehung völlig normale Frühgeschichte. Oft heißt es, das Kind sei als Baby zu brav, oder zu ruhig gewesen, es habe langsam oder spät auf seine Mutter oder auf Lächeln reagiert, es habe, wenn man im Begriff war, es aufzuheben, keine Bewegung gemacht, keine Zeichen der Kooperation erkennen lassen.

Gewöhnlich stellten sich einige oder viele der üblichen Marksteine verspätet ein, aber die Mutter merkt vielleicht nicht, daß etwas nicht in Ordnung ist. Sie kann irrtümlich beruhigt worden sein und meint, sie habe eben ein schläfriges, ein ruhiges, gelassenes Baby. Andererseits mögen in anderen Fällen die Marksteine zur Entwicklung zu normalen Terminen oder sogar vorzeitig erreicht worden sein und der Rückzug kann später, unmerklich — in manchen Fällen auch ganz plötzlich — eingesetzt haben. Aber in den einen wie in den anderen Fällen ist der Rückzug oder das Nicht-beteiligt-Sein selten vollständig, selbst in den extremsten Stadien. Das Kind zeigt ein gewisses Interesse an irgendwem oder irgendwas, mag auch das Interesse unvollständig oder entstellt erscheinen. Sein Interesse an der Realität wird vermutlich auf einem ganz primitiven Niveau liegen — ein Interesse am Essen, an Sonnenschein und Schatten, an den Rauheiten, Faserungen oder der Glätte von Oberflächen, am Knistern von Blättern, an der Wasserspülung im WC. Vielleicht kommt es, um sich liebkosen zu lassen, es mag, vielleicht nur mit Gesten, nach dem Topf verlangen; oder zu Mahlzeiten ruhig bei Tisch sitzen. Aber immer ist seine Mitbeteiligung an Menschen und ihren Gewohnheiten, ihren Belehrungen, ihrem Eigentum, ihren Sachen begrenzt, qualifiziert; wir können die Situation auch anders kennzeichnen, indem wir sagen, der Rückzug ist partiell.

Waren frühe Beziehungen mit Menschen eher unbefriedigend, wurden sie — weil unbefriedigend, weil nicht genügend lohnend, dauerhaft oder verläßlich — als unerträglich empfunden, so wird das Kind wohl dazu neigen, neue Beziehungen mit Mißtrauen zu betrachten und unvollständig oder oberflächlich in sie einzutreten; es wird somit teilweise zurückgezogen sein. Auf diese Weise will es sich vor weiteren Frustrationen schützen.

Der depressive Zustand, an dem zeitweilig ihrer Mutter beraubte Kinder leiden, wurde klar und deutlich von *Bowlby* beschrieben; er ist wohlbekannt. In den meisten Fällen von Depression in der Kindheit ist ein Element des Rückzugs gegenwärtig. Vermutlich ist das Ausmaß des Rückzugs in hohem Maß von der Erbanlage des Kindes abhängig, obwohl manchmal die Situation, der sich das Kind ausgesetzt findet, so traumatisch ist, daß es sich anscheinend nur durch einen zeitweiligen oder teilweisen Rückzug schützen kann. In solchen Fällen bereinigt sich die Situation fast immer, wenn die Lebenssituation wieder erträglich wird. Aber das Kind, in dem sich das Rückzugsmuster einmal festgesetzt hat, wird umso leichter auf diese Verteidigung zurückgreifen, sobald die Umwelt besonders bedrohlich oder frustrierend wird, und wenn sich die Gewohnheit des Rückzugs einmal fixiert hat, ist sie wahrlich schwer zu durchbrechen.

Oft versichert die Mutter eines schizophrenen Kindes, daß der Patient nicht zurückgezogen ist, daß er doch eine Beziehung zu ihr hat, obwohl er sich nicht für andere Kinder, für Erwachsene interessiert, oder für Reden oder Lesen, oder, im allgemeinen, am Weiterkommen oder daran, etwas zu erreichen. Manche dieser Fälle könnten Beispiele der von *Mahler* beschriebenen »symbiotischen« Beziehung sein, in denen das Kind eine auf körperlicher Abhängigkeit beruhende Beziehung zuläßt, die beinahe als ein Versuch betrachtet werden kann, quasi in den Mutterschoß zurückzukehren. Solch ein Kind wird weder eine reifere Beziehung mit seiner Mutter noch irgend eine wie auch immer geartete Beziehung mit einer anderen Person eingehen wollen.

Manchmal scheint ein Kind mit seiner Mutter oder mit anderen Kindern seiner Umgebung in normalem Rapport zu stehen; aber wenn irgend jemand versucht, die Intimität der Beziehung zu vertiefen und z. B. mehr als bloß wilde Spiele mit ihnen zu treiben oder das Kind zum Lernen oder Zuhören zu überreden, so wird es sich vor weiterer Einmischung schützen, indem es davonläuft oder seine Aufmerksamkeit abschaltet — mit einem Wort, durch eine vorläufige Verstärkung des Grades seines Rückzugs (Fall Nr. 11). Solche Kinder gehen niemals eine normale Beziehung mit anderen Kindern ein und ihre Beziehung mit Erwachsenen ist rein oberflächlich. Der Erwachsene empfindet keine herzliche Zuneigung zum Kind — nicht mehr Wärme, als er in seinen Beziehungen mit anderen autistischen Kindern empfindet, die stumm und unzugänglich sind. Wird auf solch ein Kind ein schwerer Druck ausgeübt, so reagiert es unter Umständen mit deutlicherem Rückzug oder mit anderen Abwehrmechanismen wie Davonlaufen, verstärkten zwanghaften Scheinbetätigungen oder psychosomatischen Symptomen.

Vielleicht könnten in Christines Fall (Nr. 7) die epileptischen Anfälle, die auftraten, wenn Christine unter Druck stand, als solche Abwehrmechanismen betrachtet werden. Dieser Unfähigkeit, andere als nur ganz oberflächliche Beziehungen herzustellen, begegnet man natürlich auch bei Menschen, die nicht als psychotisch oder schwer gestört betrachtet werden. Es ist ein anderer Aspekt dieses weitverbreiteten Mechanismus des pariellen Rückzugs.

h) **Selektiver Rückzug**
Manchmal erstreckt sich dieser Rückzug auf einen ganzen Erfahrungs- oder Betätigungsbereich, während sich das Kind die Beteiligung in anderen Bereichen der Entwicklung oder Tätigkeit in höherem oder geringerem Ausmaß gestattet. Es mag einen selektiven Mutismus zeigen und nur mit ein oder zwei Menschen reden oder vielleicht auch mit keinem, aber mitsingen wenn gesungen wird oder des Nachts leise in seine Bettdecke hineinreden, wenn es sich unbelauscht glaubt; oder es kann eine selektive Taubheit zeigen und unter gewissen Umständen tadellos hören, unter anderen dagegen anscheinend überhaupt nicht. Vielleicht meidet es den Blickkontakt und sieht nur die Dinge, an denen es interessiert ist; oder es mag sich vom gesamten Lernbereich zurückziehen und sich völlig abgeneigt zeigen, seinen Intellekt zu gebrauchen, außer im Interesse und in Verfolgung seiner Gewohnheiten, seiner Manieriertheiten und der Dinge, die es im Augenblick beschäftigen.

Es versteht sich natürlich, daß die Erscheinungen des partiellen Rückzugs und des selektiven Rückzugs nicht nur bei Kindern zu beobachten sind, die man als autistisch diagnostiziert. Es gibt normale Kinder, die Einladungen deutlich hören, nicht aber Verbote; die »in Französisch gut, aber in Latein ganz hoffnungslos schwach« sind; die nur bei gewissen Lehrern etwas, aber von ihren Eltern überhaupt nichts lernen können; die, wenn man sie um etwas schickt, den Gegenstand, den sie holen sollen, nicht finden können. Nun, zumindest manche dieser Kinder sind doch gewiß durch emotionale Faktoren behindert; sie sind in Wirklichkeit »selektiv zurückgezogen«.

Weiters gibt es viele Kinder, die entweder zeitweilig, oder dauernd, als Charakteristikum ihrer Persönlichkeit, vor Beziehungen mit Menschen oder gar vor der gesamten Realität auf dem Rückzug sind. Wird solch teilweiser Rückzug aufrechterhalten, so kann dieser Prozeß schließlich die kalte, schizoide Persönlichkeit hervorbringen, die es schwer findet, enge persönliche Freundschaften zu schließen. Setzt sich der Prozeß in der späteren Kindheit fort und verstärkt er sich, insbesondere wenn das Kind eine grausame Behandlung erleidet, so kann aus ihm einer jener lieblosen Psychopathen werden, bei denen die Gefahr besteht, daß sie zu unverbesserlichen Delinquenten werden. Es ist sogar möglich, daß es ein Kontinuum zwischen dem Normalen einerseits, über den Typ des reservierten, mißtrauischen Individuums, über die kühle, leicht schizoide Persönlichkeit, über den schizoiden Psychopathen und den zurückgezogenen, autistischen Jugendlichen, bis zum ausgeprägten jugendlichen Schizophrenen gibt.

Diese Begriffe des partiellen und selektiven Rückzugs und des Kontinuums zwischen Normalität und schwerer Schizophrenie mögen in Bereichen Anwendung finden, die über den Rahmen der hier vorliegenden Untersuchungen hinausgehen. Jedenfalls scheinen sie einige Relevanz für die Beurteilung der Symptome des Autismus im Kindesalter zu haben. Wir werden auf sie im folgenden noch zurückkommen.

# 5. KAPITEL

# Die Symptome des Autismus

## 1. Fehlendes Sprechvermögen

Der Verlust des Sprechvermögens oder das Versäumnis, sprechen zu lernen ist eines der charakteristischen Merkmale des schwer autistischen Kindes. Gewiß, es ist nicht das eindeutige wissenschaftliche Kennzeichen, doch ist es eines der bekanntesten Symptome. Prototypisch für den Verlauf ist die Geschichte des Kindes, das einige Worte gelernt hat oder das mit zweieinhalb Jahren fast normal spricht, dann keine weiteren Fortschritte macht, mit der Zeit immer weniger redet und schließlich nur einige wenige oder gar keine Worte mehr hat. Viele der so befallenen Kinder verstehen offenbar alles, was man ihnen sagt, und man weiß, daß sie reden könnten, wenn sie wollten; ja, von Zeit zu Zeit, wenn kein interessierter Erwachsener in der Nähe ist oder wenn sie nicht unter Druck stehen, überraschen sie manchmal mit einem durchaus passenden Satz, um dann wieder für Monate oder Jahre in Schweigen zu verfallen. Hie und da provoziert sie eine plötzliche seelische Krise zu einer Bemerkung; oder sie behalten sich ein Wort vor, das sie verwenden, um sich die Welt vom Leib zu halten — meist ist es »Nein«. Etliche unserer Patienten führen nachts in ihren Bettchen Selbstgespräche; sie beteiligen sich am Chorgesang, oder äußern zusammenhanglose Sätze; aber sie sind nicht gewillt, die Sprache als Kommunikationsmittel zu benützen (Fälle Nr. 3 und 11). Auf welche Weise schizophrene Kinder reden lernen, bei denen unter Behandlung eine Besserung eintritt, ist besonders interessant. Das Kind lernt nicht in kurzsilbigen Worten wie »Papa« und »Mama« und »Auto«, sondern es bleibt stumm, bis sein emotionaler Zustand einen Punkt erreicht hat, an dem es wieder bereit ist, zu reden. Dann wird es anfangen, eine ganze Phrase oder einen ganzen Satz zu wiederholen, dessen Konstruktion dem allgemeinen geistigen Niveau des Kindes entspricht (Fälle 3, 8 und 11).

Redet es schließlich, so verfällt das schizophrene Kind oft in einen eigentümlichen Tonfall, es wird etwa nasal oder monoton sprechen. Manchmal spricht es, als wäre es organisch taub, obwohl keine organische Ursache für seine Taubheit gefunden werden kann (Fall Nr. 12) und das

Kind in Wirklichkeit gut hört. Neologismen, kindhaftes Gestammel und sinnlose Spielereien mit einzelnen Worten oder Sätzen sind alltägliche Erscheinungen. Wie diese Kinder gewillt sind, ihre Muskeln in zwecklosen, aber oft komplizierten Aktivitäten anzuwenden, die aber in keiner Beziehung zur Welt der Realitäten stehen (und darin unterscheiden sie sich von normalen Kindern), so verwenden sie ihre Sprachfähigkeit ziellos, als eine mit den normalen kommunikativen Zwecken des Sprechens nicht zusammenhängende Übung (*Adams* und *Glaser*). Solche Kinder kann man als vom Bereich der Kommunikation zurückgezogene beschreiben. Wäre dies der einzige Bereich der Realität, vor dem das Kind im Rückzug ist, so würde man es als einen Fall von selektivem Mutismus einstufen, aber nicht als Autismus; eher noch würde man diesen Zustand wahrscheinlich als eine Art von Hysterie betrachten. Aber in der Regel zeigt ein selektiv oder zumeist stummes Kind auch eine Reihe anderer autistischer Merkmale.

## 2. Fehlendes Hörvermögen

Psychotische Taubheit ist ein verwandtes Phänomen. Den meisten schizophrenen Kindern sagt man irgendwann nach, sie seien taub. Bei verschiedenen, für total taub gehaltenen Kindern haben sorgfältige audiologische Untersuchungen Zweifel erweckt, ob überhaupt irgend ein schwerer organischer Hörverlust vorliegt (Fall Nr. 11). Auch da ist das Hörversagen, oder genauer, das Versäumnis, auf auditorische Reize zu reagieren, ein Teil des Rückzugs des Kindes. Das Kind hat sich unter anderen von dem Aspekt der Realität zurückgezogen, der mit Klang oder zumindest mit Sprache zu tun hat. Wie der Mutismus, so ist die Taubheit oft selektiv, das heißt, nur auf ein bestimmtes Individuum gerichtet; oder vielleicht erstreckt sie sich nur auf das gesprochene Wort; oder sie kann total sein (und von einer Tiefe, wie man sie selten bei einem organisch tauben Kind findet); oder — und das ist die verwirrendste Form — sie kann manchmal eine teilweise nervöse Taubheit imitieren, oder Tontaubheit für hohe Töne, oder Worttaubheit. Solch eine Schwerhörigkeit ähnelt natürlich sehr der funktionellen oder hysterischen Taubheit, der man bei gewissen neurotischen Erwachsenen begegnet.

Das Problem des tauben und nicht kommunizierenden Kindes bringt uns zu einem der widersprüchlichsten Aspekte der Symptomatologie des schizophrenen Kindes, nämlich zu der Frage, »Wenn ein Kind in dem Alter, in dem die essentielle neurologische Organisation der Sprechfunktion stattfinden sollte, einen funktionellen Hörverlust erleidet — in welchem Ausmaß kann es zu einem späteren Zeitpunkt, wenn die für den Lernprozeß nötige zerebrale Plastizität verlorengegangen ist, diese

Organisation nachholen und lernen?« Wir wissen, daß es gewisse Fertigkeiten gibt, die nur in der Kindheit erlernbar sind; es ist zum Beispiel schwierig für ein Kind, seine Hör- oder Sprechfunktionen gebrauchen zu lernen, wenn es sie nicht im entsprechenden Alter erlernt hat. Das würde erklären, warum es so außerordentlich schwierig ist, ein Kind sprechen zu lehren, das mit fünf Jahren noch stumm war, selbst wenn wir seither offensichtlich eine bedeutende Besserung seines emotionalen Zustands erzielen konnten. Es mag auch der Tatsache entsprechen, daß manchmal, wenn ein kommunikationsgestörtes psychotisches Kind auf eine Behandlung anspricht, eine Besserung zeigt und zu sprechen beginnt, seine Sprechweise ganz an die eines organisch tauben Kindes erinnern wird (Fall Nr. 12).

Wenn ein Kind, das an keiner erkennbaren Krankheit des Ohrs bzw. des Hörnervs leidet und bei dem kein traumatisches oder infektiöses Leiden vorliegt, das sein Gebrechen erklären könnte, trotzdem verabsäumt, auf das gesprochene Wort zu reagieren oder anscheinend unfähig ist, es zu verstehen; so wurde in der Vergangenheit die Diagnose »auditorische Aphasie« oder genauer »auditorische Agnosie« gestellt. Man nahm an, der Zustand beruhe auf einer angeborenen organischen Krankheit im sogenannten Hörbereich oder Sprachbereich des Großhirns. Der Nachweis einer solchen Pathologie ist eine ausgesprochene Rarität — der Autor war noch nie imstande, einen beglaubigten Fall zu finden — aber langdauernde klinische Beobachtungen an einer Anzahl von Kindern, die als aphasisch diagnostiziert wurden, legt nahe, daß emotionale Störungen bei ihnen sehr verbreitet sind; ja, ein bedeutender Prozentsatz von ihnen kann zuversichtlich als autistisch betrachtet werden. Man darf sich mit einiger Berechtigung fragen, ob nicht eine ganze Anzahl dieser »auditorisch aphasischen« Kinder in Wirklichkeit »chronische Weghörer« sind.

Es wäre schwierig, sich vorzustellen, welche Art anatomischer Läsion oder endokriner Störung das Verhalten eines Kindes erklären könnte, das manche Leute hören kann, aber für andere mit ganz ähnlicher Stimmlage taub ist; oder das zu Beginn einer Hörtestperiode auf ein leises Geräusch reagiert, aber im weiteren Verlauf und während nachfolgender Sitzungen nicht reagiert. Welche Art von Läsion könnte dafür verantwortlich sein, daß ein Kind über Jahr und Tag schweigt, dann unter emotionellem Streß eine völlig passende Bemerkung macht, um wieder auf lange Zeit in Schweigen zurückzuverfallen? Ellens Fall mag als Beispiel dienen.

**FALL NR. 11: ELLEN**
**Aufnahme im Smith-Spital mit 2:6 Jahren.**

**Zusammenfassung:** — Verspätete Gehversuche; keine Reaktion auf Töne und Geräusche, aber gutes Hörvermögen nachgewiesen. Redet nicht, lernt nicht, obwohl sie beim Spiel Intelligenz zeigt. Wenn die Umwelt sie bedroht oder mit Zwängen verfolgt, verfällt sie in eine Panik, gefolgt von Rückzug.

**Die Mutter klagt:** — Redet nicht und scheint nicht zu hören; Wutanfälle; »ist nicht bereit, irgendwas für mich zu tun«.

**Familie:** — Ellen hat zwei Brüder, einer ist zwei Jahre älter, der andere drei Jahre jünger. 18 Monate nach Ellens Geburt hatte die Mutter eine Fehlgeburt. Keine Anomalie in der Familie.

**Geschichte:** — Schwangerschaft — frühzeitig Erbrechen, später Blutungen, deshalb wurde die Mutter im siebenten Schwangerschafts-Monat hospitalisiert, Geburt im achten Monat künstlich eingeleitet. Keine körperlichen Anomalien bei der Geburt, aber Ellen war sehr still und passiv. Bruststillung nach zwei Wochen wegen ungenügender Milchproduktion eingestellt. Die Entwöhnung wurde nach sieben oder acht Monaten eingeleitet, war aber nicht erfolgreich, d. h., Ellens Appetit war sehr gering, sie lehnte alle feste Nahrung ab und nahm nur Flüssigkeiten aus der Flasche, bis zur Hospitalisierung mit 2:6 Jahren. Mit 12 Monaten hob sie den Kopf, mit 18 Monaten konnte sie sitzen und bald danach krabbeln. Mit zwei Jahren konnte sie allein stehen, kletterte über Möbelstücke und aus dem Gitterbett, über dem die Mutter einen Deckverschluß anbringen mußte; sie konnte aber bei Einweisung noch nicht gehen. Sie hatte nie gesprochen, noch auf Anrede reagiert. Die Sauberkeitsgewöhnung lehnte sie völlig ab. Mit 18 Monaten wurde sie an einen Kinderarzt überwiesen, der sie als erheblich zurückgeblieben definierte. Die Zweijährige beschrieb er als »außerordentlich aktiv, krabbelt und stolpert ständig umher, fällt aber dauernd«. Im Alter von 2:3 Jahren wurde sie vom Autor gesehen; sie besaß eine offenbar normale Koordination und Kraft in Armen und Beinen; aber obwohl sie über Möbel klettern konnte, war sie nicht imstande, mehr als zwei oder drei Schritte zu laufen, ohne umzufallen. Sie redete nicht und reagierte nicht auf Geräusche. Sie reagierte auf Liebkosungen ihrer Eltern, ignorierte aber den älteren Bruder. Sie gab sich lebhaft und munter, reagierte aber nicht auf Menschen, außer um sich an sie anzuschmiegen, oder mit ihnen zu balgen. Bei Versuchen der Mutter, sie mit Tasse und Löffel zu füttern, ließ Ellen ihren Unterkiefer absacken, so daß die Flüssigkeit herauströpfelte. Mit zwei Jahren hatte sie einen Anfall von Petit mal, und mit fünf-einhalb Jahren eine Attacke von Grand mal (Epileptische Anfälle).

**Geisteszustand:** — Bei Einweisung war sie ruhelos und überaktiv, lächelte alle Leute an und schien das Weggehen ihrer Eltern nicht zu bemerken. Binnen 24 Stunden konnte sie gehen — freilich fiel sie imer noch oft um — benützte den Topf, aß mit Löffel und Tasse — auch feste Nahrung — und schlief normal im Bett. Ihre Sozialisation machte ständige Fortschritte seit ihrer Aufnahme, und mit sechseinhalb Jahren spielte sie phantasievolle Spiele mit anderen Kindern. Mit Erwachsenen war sie oberflächlich liebenswürdig und schelmisch, aber ihre Beziehungen waren ganz oberflächlich. Sie beruhten hauptsächlich auf Spielen und Körperkontakt. Wurde irgend-

ein Druck auf sie ausgeübt, so reagierte sie mit Panik, die sich in Gestalt eines Wutanfalls äußerte; hielt der Druck an, so zog sie sich zurück, rannte davon oder reagierte nicht. Vor dem Alter von 4:8 Jahren waren Tests nicht durchführbar, zu diesem Zeitpunkt bewertete der Psychologe ihr geistiges Alter nach Merill-Palmer-Skala als 2:6 Jahre. 1962, im Alter von 6:3 Jahren ergab der gleiche Test ein geistiges Alter von 6:3 Jahren, sodaß der Psychologe schloß, ihre Intelligenz liege vermutlich in normalen Grenzen. Hörreize ignorierte sie weiterhin, obwohl Spezialtests an der audiologischen Prüfstelle und EEG-Methoden ein ausreichendes, vermutlich normales Hörvermögen anzeigten. Außer gelegentlichen einzelnen Worten — und auch die nur, wenn sie sich unbeobachtet glaubte — hat sie nie etwas gesagt; aber bei einer Gelegenheit, als die Hausmutter nach längerer Abwesenheit zurückkam, rief sie aufgeregt: »Schaut doch, da kommt unsere Hausmutter!«. Daß sie einzelne Worte verwendet und tadellos ausspricht, wird nicht nur vom Anstaltspersonal, sondern auch von Nachbarn berichtet. In der Schule hat sie bei Spielen mitgespielt, aber überhaupt nicht versucht, zu lernen oder Lippenlesen zu lernen. Übte man Druck aus, zog sie sich zurück.
Wir waren mit ihr in einem Dilemma: Sollten wir weiter an der Behandlung ihrer Psychose arbeiten und sie zu überreden versuchen, zu hören, zu reden und zu lernen — oder sollten wir sie wie ein taubes Kind behandeln und versuchen, sie mit den Methoden zu unterrichten, die man üblicherweise bei tauben Kindern anwendet? Schließlich entschieden wir uns, sie zu behandeln, als wäre sie taub; aber der Lernerfolg war viel geringer, als bei ihrem Intelligenzquotienten zu erwarten gewesen wäre — selbst von einem wirklich sehr tauben Kind. Sie wehrte sich wild und konsequent dagegen, ein Hörgerät zu benützen. In der Schule zeigte sie eine beschränkte Aufmerksamkeit, leistete Widerstand gegen Belehrung und neigte dazu, »abzuschalten« und ihre Aufmerksamkeit unter Druck zurückzuziehen.

Lag wohl bei Ellen eine grundlegende, ihr Nichtreagieren auf Ton und Geräusch und ihre Sprachlosigkeit —außer bei einigen wenigen Gelegenheiten — verursachende anatomische Schädigung vor? Gab es einen weiteren anatomischen Schaden, der sie zwar am Gehen hinderte, nicht aber daran, über alle Möbel zu klettern? Hat es noch einen dritten anatomischen Schaden gegeben, der sie hinderte, den Mund aufzutun und zu schlucken, wenn man sie mit dem Löffel fütterte, nicht aber daran, den Mund aufzumachen und normal an der Flasche zu saugen — und wenige Stunden nach der Aufnahme in die Anstalt ganz normal alleine zu essen? Es ist natürlich eine Alltagserfahrung, daß von einer cerebralen Katastrophe heimgesuchte und dadurch aphasisch gewordene Erwachsene manchmal unter Streß zu sprechen beginnen, aber es ist schwer vorstellbar, daß bei Ellen etwas Ähnliches vorliegen könnte. Ellen, jetzt neun Jahre alt, bewegt sich normal, sie hat in der Schule einige Fortschritte zu verzeichnen, funktioniert aber wie ein taubes Kind und gibt Laute von sich, wie man sie von einem sehr tauben, vier- bis fünfjährigen Kind hört. Vielleicht gab es wirklich einige winzige Veränderungen in Ellens Gehirn, die diese Symptome verursachten; aber uns scheint die

Annahme, sie könnten das Ergebnis eines langfristigen selektiven Rückzugs sein, eine durchaus vernünftige Alternative. Wäre es denkbar, daß Ellen — genauso, wie ein arg verschreckter erwachsener Mensch mit hysterischer Taubheit reagieren kann — aus persönlichen emotionalen Gründen in hysterische Taubheit verfallen sein könnte? Oder anders gesagt, daß sie sich in früher Kindheit vor Klängen und Geräuschen zurückgezogen hat? Wenn Geräusche aus emotionalen Gründen in dem Altersstadium ausgeschlossen wurden, in dem Ellen normalerweise hätte lernen müssen, Ton und Geräusch wahrzunehmen, zu würdigen, und sprechen zu lernen, — wäre es nicht möglich, daß die neurologische Entwicklung, die für die Prozesse des Hörens und Sprechens wesentlich ist, nicht stattgefunden hat und sie somit praktisch taub und stumm gemacht hat? Mit anderen Worten, wäre es möglich, daß die während der Entwicklungsphase wirksamen emotionalen Faktoren das Ausbleiben physiologischer oder sogar anatomischer Differenzierungen verursacht haben könnten, die den Erwerb normaler Funktion verhinderten?

Es ist eines der interessantesten Merkmale von Ellens Fall, daß unter den Leuten, die sie am besten kennen, völlige Meinungsverschiedenheit darüber herrscht, ob sie tatsächlich taub und stumm ist. Ihre Eltern, mit denen sie seit langer Zeit jedes Wochenende verbracht hat, neigen jetzt zu der Ansicht, daß sie taub ist, berichten aber, daß verschiedene Nachbarn behaupten, sie reden gehört zu haben. Auch die Lehrkräfte in der Anstaltsschule meinen, sie sei taub und stumm, obgleich der Oberlehrer, der sehr große Erfahrung mit tauben Kindern hat, sich darüber wundert, daß sie sich so sehr dagegen wehrt, ein Hörgerät zu tragen. Alle Mitarbeiter zerbrechen sich den Kopf, warum ein sonst so aufgewecktes und vernünftiges Kind, das so normal spielt, auf die intensiven Bemühungen, es zu unterrichten, so wenig anspricht. Im Klassenzimmer funktioniert sie, als wäre sie taubstumm und geistig unterentwickelt. Außerhalb der Schule funktioniert sie, als wäre sie stumm und taub, aber sie spielt ganz wie ein normales Kind. Die Hausmutter der Anstalt, eine Frau mit enormer Erfahrung, die Ellen nun schon von Kleinkind auf kennt, hat nie bezweifelt, daß Ellen hören und reden kann. Ihre Hörtests wurden von Kevin Murphy aufgenommen, der auf diesem Gebiet und mit solchen Kindern unvergleichliche Erfahrung besitzt. Er ist zu dem Schluß gekommen, daß Ellens Reaktionen auf akustische Reize inkonsistent sind. Während der ersten Untersuchung stellte er fest, daß Ellen auf manche Laute, und unverkennbar auf das Verstummen sehr leiser Töne reagierte. Während nachfolgender Tests und Untersuchungen zeigte sie eine weit geringere Reaktion auf Hörreize.

Dem Autor, der Ellen recht gut kennt, dem es aber nie gelungen ist, ein besonderes Kontaktverhältnis zu ihr herzustellen, konnte Ellen nie bei einer unzweideutigen Reaktion auf einen Hörstimulus ertappen.

Er kann aber eine Beobachtung hinzufügen, die vielleicht von Interesse ist: Ellen war nie total oder allgemein zurückgezogen; als Kind war sie hyperkinetisch, aber diese Tendenz hat sich verringert. Sie schließt emotionale Beziehungen, die aber nicht so tief zu gehen scheinen, wie bei den meisten Kindern, obgleich sie im Lauf der Jahre der Normalität nähergekommen ist. Aber sowie man auf sie Druck ausübt, um sie zu geistigen Anstrengungen zu bewegen oder Reaktionen auf mündlich oder mimisch erteilte Anweisungen zu erreichen, wird sie immer teilnahmsloser. Wird der Druck aufrechterhalten, so versucht sie zu entwischen, und hindert man sie an der Flucht, so geht sie in einen tiefen Rückzug und verharrt darin, bis die Situation beendet wird.

Schließlich kommen wir zu Ellens Reaktion auf die Versuche, sie Lippenlesen zu lehren: Diese sind gleich Null. Die beiden Sonderlehrer für Schwerhörige, die mit Ellen Erfahrungen haben, erklären das damit, daß »manche Kinder einfach nicht Lippenlesen können«. Eine organische Schädigung, die sie am Hören, Reden und geistigen Funktionieren auf normalem Niveau hindern würde, wäre vermutlich auch ein Hindernis, das es ihr sehr schwer machen würde, Lippen zu lesen; aber in Ellens Fall ist das alles nicht so einfach. Denn Ellen ist nicht einmal dazu bereit, einem auf die Lippen zu schauen, wenn man versucht, sie Lippenlesen zu lehren. Sie sieht weg, schaut in alle Himmelsrichtungen, nur nicht auf die Lippen des Sprechenden — sie zeigt eine typische Vermeidung des Blickkontakts. Dringt man darauf, daß sie einem auf den Mund schaut, so bekommt sie einen glasigen Gesichtsausdruck und ist unverkennbar in vollem Rückzug.

Vielleicht noch lehrreicher als Ellens Fall ist Freddies Geschichte.

**FALL NR. 12: FREDDIE**

**Aufnahme im Smith-Spital im Alter von 4:8 Jahren.**

**Die Eltern klagen:** — Mutwillig; über-aktiv; aggressiv; hat Wutanfälle; will nicht einschlafen.

**Geschichte:** — Geburt nach normaler Schwangerschaftsdauer, Gewicht 2,75 kg. Keine Schwierigkeiten, keine Begleitkrankheit. Zur Zeit der Geburt war die Mutter 21 Jahre alt. Sie litt in der 13. Woche der Schwangerschaft an Röteln, im sechsten Monat an Dysenterie. War besonders während der ersten drei Schwangerschafts-Monate unwohl, deprimiert, litt an Angstträumen, die sich auf das Baby bezogen und die sich bis zwei Jahre nach der Geburt fortsetzten. Die häuslichen Umstände während Freddies ersten zwei Jahren waren gestört und schwierig, es gab ernstliche Wohnprobleme und viel Familienstreit. Die Mutter kann sich nicht erinnern, nach der Geburt sonderlich deprimiert gewesen zu sein, aber sie hatte und hat immer wiederkehrende Perioden der Depression, und diese Anfälle waren von Albträumen begleitet. Ihr emotioneller Zustand ist durch die dauernd schlechten Beziehungen mit ihrem Ehemann stark angegriffen. Der Mann scheint häufig emotionell sehr gestört zu sein, er war in letzter Zeit für einige Monate in einer Nervenheilanstalt. Verschiedentlich wurde er als Alkoholiker, als depressiv und als psychopathische Persönlichkeit diagnostiziert. Schließlich trennten sich die Eltern. Freddie war seit Geburt ein schwieriges Kind. Die Mutter konnte ihn nicht stillen. Sie berichtet, daß sie »Kämpfe führen mußte«, um ihn dazu zu bringen, die Flasche anzunehmen. Er blieb sehr schwierig und wählerisch bis zur Hospitalisierung. Als Säugling schrie er sehr viel — Tag und Nacht. Mit 12 Monaten konnte er gehen, er war mit dreieinhalb Jahren sauber und trocken.

Seine ersten Worte nach »Mama« waren »heb' das auf« —eine Phrase, die mit seinem Lieblingsspiel zusammenhing, Dinge aus dem Kinderwagen auf den Boden zu werfen. In den nächsten 18 Monaten lernte er kein weiteres Wort. Knapp vor seinem zweiten Geburtstag untersuchte ihn ein »Spezialist«, der seiner Mutter mitteilte, er sei taub. Seiner Mutter zufolge war sein Hörvermögen immer sehr variabel, aber zeitweilig reagierte er nicht einmal mehr auf lautes Reden. Mit 4:6 Jahren war er außerordentlich aggressiv gegen Bruder und Schwester geworden, reagierte auf alles, was ihn ärgerte, mit Wutausbrüchen und die Mutter meinte, er sei überhaupt nicht zu bändigen.

Nach Aufnahme in die Anstalt beruhigte er sich weitgehend und aß normal. In der Anstalt war er sehr widerspenstig, und auf Ferien daheim sehr schlimm. Zwei Versuche, ihn in der Grundschule unterzubringen, scheiterten an seinem zügellosen Benehmen. Anfangs verwendete er zumeist nur einzelne Worte, aber er konnte gewisse Phrasen, wie »Freddie geht's jetzt schlecht« benützen. Die Artikulation seiner Worte war und blieb mangelhaft und erinnerte in manchen Beziehungen an die eines sehr tauben Kindes. Sein Hörvermögen ist von Zeit zu Zeit sehr unterschiedlich. Manchmal hat er auf leiseste Geräusche reagiert, sonst nur auf die lautesten. Manchmal scheint er besser zu hören, wenn er die Lippen des Untersuchenden sieht, aber oft hat er zweifellos auf Geräusche reagiert, die von außerhalb seines Gesichtsfelds kamen. Über den 6:10 Jahre alten Knaben urteilte der Otologe: »Es ist durchaus möglich, daß er einen Hörverlust von 30 Dezibeln hat; aber bis zu dem Niveau muß er zweifellos auf mindestens einem Ohr hören.« (Dieses Niveau müßte das Kind zumindest instandsetzen, normal zu sprechen und auf den Unterricht im Klassenzimmer anzusprechen, besonders wenn der Klang über Verstärker kommt. Freddie hat anscheinend mit einem Hörgerät besser angesprochen, aber meist hat er es höchst ungern benützt.) Vier Monate später notierte der Ohrenspezialist: »Ich bin überzeugt, daß er nicht taub ist«. Der Ophthalmologe berichtet: »... Pigmentstreuung auf beiden Fundi. Sicht sechszwölftel. Sieht aus wie Abiotrophie.« Der letztere Befund ist natürlich unter Bedachtnahme auf die Rötelnerkrankung der Mutter höchst wichtig, obwohl sie nicht vor der 13. Woche der Schwangerschaft daran litt, so daß sich diese Krankheit vielleicht nicht bedeutungsvoll auf die Entwicklung seines Hör- und Sehapparates auswirken konnte.

Im Alter von sieben Jahren ergaben spezielle EEG-Untersuchungen (**Grey-Walters**): »Seine nicht-spezifischen Reaktionen auf visuelle Reize sind ausgeprägt, langsam, langdauernd und ausgedehnt. Ähnliche aber kleinere Reaktionen auf akustische Reize. Wenig Habituierung, aber deutliche Folgeokklusion akustischer durch visuelle Reaktionen. Puls war durchgehend hoch (110), stieg aber bei Präsentierung der ersten akustischen Reize auf 140. Die durchschnittliche Respirationsrate lag bei 25 mit kurzer Beschleunigung auf 70 bei erster Präsentierung. Die psychogalvanischen Reaktionen waren reichlich, sie waren deutlich in kurze (1.5 sec.) und lange (1.8 sec.) Latenzbündel gruppiert.« Das EEG zeigte keine bei einem Kind seines Alters als abnormal zu betrachtende Merkmale, wie auch keine der routinemäßigen EEG-Untersuchungen ausgesprochene Anomalien zeigten, außer daß in einigen Fällen Merkmale auftauchten, die sonst manchmal bei Temporallappen- (oder psychomotorischer) Epilepsie erscheint. Anfälle epilepsieartiger Störungen wurden klinisch nicht beobachtet. Freddie hat ein volles Repertoire von Sprechlauten, und das ist ein starker Hinweis darauf, daß er ein ausreichendes Hörvermögen für Sprache hat. Das gesamte Anstaltspersonal und die Eltern sind sich einig, daß er manchmal anscheinend recht gut hört, und einige von diesen Beobachtern haben die Variabilität seines Gehörs mit der Wechselhaftigkeit des Schielens bei anderen Kindern verglichen. In der Schule ist er etwa zwei Jahre zurück, wobei sein Lernversagen und seine Rückständigkeit in deutlichem Gegensatz zu der Intelligenz steht, die er beim Spielen zeigt. Die Meinungen über seinen IQ gehen stark auseinander. Bei verbalen Aufgaben schnitt er schlecht ab und die Psychologen führen das darauf zurück, daß er die Anweisungen nicht verstanden haben mag.

Freddie ist nicht allgemein zurückgezogen, er spielt normal, allerdings aggressiv. Man könnte ihn nicht als ein autistisches Kind beschreiben, obwohl er sehr schwer gestört war. Das Lehr- und Pflegepersonal neigte bei kurzer Bekanntschaft dazu, seine Aggressionslust auf die Frustration zurückzuführen, die sein mangelndes Hör- und Sprechvermögen ihm verursacht; aber fast jedermann, der ihn seit mehreren Jahren kennt, meint, daß sein häufiges Versäumnis, auf Geräusch zu reagieren, mit einem Versäumnis, zuzuhören, oder mit Unaufmerksamkeit und teilweisem Rückzug, oder Dissoziierung von der Sprechfunktion zusammenhängen könnte. Nun, Freddie war niemals ernsthaft im Rückzug vor Beziehungen, obgleich auch er mit den meisten Menschen nur oberflächliche Beziehungen einging, die im Fall Ellens (Nr. 11) beschrieben wurden. Aber er funktionierte auch, als wäre er sehr taub und redete wie ein sehr taubes Kind. Er war außerordentlich hyperkinetisch und unerträglich aggressiv. Daheim wird er noch unbändiger und aggressiver, und muß jedesmal in die Anstalt zurückgeschickt werden. Immerhin hat er sehr langsame und derzeit schon deutliche Fortschritte gemacht. Er funktioniert jetzt wie ein nur leicht schwerhöriges Kind. Auf Versuche, ihn zum reden oder zuhören zu bringen, reagiert er nicht mehr mit Rückzug, sondern mit Fluchtversuchen und mit Reversion zu aggressivem und unkooperativem Verhalten. Es hat kaum den Anschein, als könnten Freddies Hör- und Sprachschwierigkeiten auf einer progressiven neurologischen Schädigung oder einer Sammlung von Schäden beruhen. Sie könnten etwas mit einer relativen Unreife eines Teils seines Gehirns zu tun haben, mit einer emotionalen Reaktion auf seine Frustration angesichts seiner Unfähigkeit, Kontakte aufzunehmen; oder sie könnten auf einer emotionellen Störung in früher Kindheit beruhen, die den gleichen Rückzug von der Hör- und Sprachfunktion verursachten, der in Ellens Fall angenommen wurde. In solch einem Rückzug könnte man große Ähnlichkeit mit dem sehen, was man bei Erwachsenen eine hysterische Aphasie oder hysterische Taubheit nennt.

Fälle wie Ellens und Freddies werden noch lehrreicher, wenn man sie neben denen vieler anderer Patienten betrachtet, die rechtzeitig oder nach kurzer oder mäßiger Verzögerung zu sprechen beginnen, die aber dann ihre Sprache verlieren und gleichzeitig weniger auf das gesprochene Wort ansprechen, obwohl bei audiologischen Tests selten eine funktionelle Taubheit festgestellt wird; und neben anderen, die den ganzen Tag stumm sind, die aber nachts allein in ihrem Kinderbettchen Liedertexte vor sich hinmurmeln oder singen. Ein Junge lernte mit nur leichter Verzögerung sprechen, verlor aber dann seine Sprache und funktionierte als völlig taub, obwohl er offensichtlich sehr gut hören kann. Er hat auch für sein Alter sehr gut zeichnen gelernt; aber jetzt bedeckt er das Papier bloß mit endlosen Reihen krummer Linien. In seinem Fall wehrten sich die Eltern sehr gegen seine Aufnahme im Smith-Spital, und in der daheim herrschenden äußerst peinlichen Familiensituation wurde er zunehmend zurückgezogener. Schließlich wurde er hospitalisiert, allerdings in einem Stadium, in dem man sehr bezweifeln muß, ob noch viel Besserung erreicht werden kann; er ist seit seiner Aufnahme fast unverändert geblieben. Bei ihm handelt es sich natürlich um ein schwer autistisches Kind.

Ob nun die Hörschwierigkeiten des Kindes auf wahrer Taubheit beruhen oder auf Aphasie oder selektivem Rückzug — wir müssen erwarten, daß die zur Verarbeitung des Gehörten und seiner Korrelation zum Sprechen und zu anderen geistigen Aktivitäten nötige cerebrale Organisation sich vielleicht nicht rechtzeitig entwickelt haben mag; wobei der Defekt bei den aphasischen Patienten durch den neurologischen Schaden verschärft wird, und bei den nicht-Zuhörern, weil diese Kinder vielleicht nicht nur nicht zuhören, sondern auch nicht zum Denken bereit sind. Ja, es ist zu überlegen, ob das Kind, das dem gesprochenen Wort nie richtig zugehört hat, nicht schließlich unfähig wird, es zu hören, nämlich im üblichen Sinn des Worts zu hören, genau wie der normale Erwachsene, der plötzlich instand gesetzt wird, zum ersten Mal in seinem Leben zu sehen, Schwierigkeiten haben muß, das, was er sieht, zu verwenden und visuelle Symbole in die Strukturen und das Rahmenwerk seiner geistigen Aktivität einzupassen.

## 3. Vermeidung des Blickkontakts

Den meisten autistischen Kindern sagt man irgendwann nach, sie seien taub, und ein sehr großer Prozentsatz von ihnen spricht entweder gar nicht, oder hat schwere Sprachbehinderungen; aber nur selten begegnet man autistischen Kindern, die »funktionell« blind sind. Das schien lange ein Einwand gegen die allgemeine Theorie vom autistischen Rückzug als Ursache der sensorischen Schädigung bei Kindern, in denen keine organischen Läsionen nachgewiesen werden konnten.

Offenbar beruht zumindest bei einem großen Prozentsatz autistischer Kinder die scheinbare Taubheit auf Vermeidung des Hörkontakts — sie beruht darauf, daß sie es unterlassen, zuzuhören. Solche Kinder vermeiden sehr oft auch den Blickkontakt (wofür Ellens Widerwillen, sprechenden Personen auf den Mund zu schauen, als Beispiel dienen mag). Oft sehen autistische Kinder die Person, die zu ihnen spricht, nicht direkt an; sie sehen an ihr vorbei, schauen von ihr weg, sie »schauen durch sie durch«. Manchmal machen sie einfach die Augen zu, und das gibt uns einen Hinweis dafür, warum die Vermeidung des Blickkontakts weniger oft registriert wird, als die scheinbare Taubheit autistischer Kinder. Der springende Punkt ist der, daß Menschen zwar Augenlider haben, aber keine Ohrenklappen. Übrigens haben sie keine funktionierenden Muskeln an den Außenohren, noch auch etwas der Iris vergleichbares, mit dem das Auge die Quantität des Lichtfeldes begrenzen kann. Mißliebige Anblicke können ausgeschlossen werden, indem man den Kopf wegdreht; mißliebige Töne und Geräusche nicht. Wie kann sich das Kind gegen zu viel Lärm oder unwillkommene Töne schützen? Es kann die Spannung vom Trommelfell durch Entspannung der Muskeln vermindern, aber die damit erreichte Abschirmung ist sehr begrenzt. Vermutlich handelt es sich um einen zentralen Schutzmechanismus, entweder im Mittelohr oder im Innenohr, im Gehirnstamm, oder auf höherem Niveau im Gehirn. In der oben zitierten Arbeit *Grey-Walters* lautet eine hier relevante Beobachtung: »Unter den gestörten Kindern waren vier, bei denen nicht-spezifische Reaktionen auf visuelle Reize völlig fehlten, und neun, bei denen sie auf akustische Reize fehlten: aber bei den meisten von ihnen traten autonome Reaktionen auf die verschiedenen Reize auf; bei drei gestörten Kindern und einem älteren Delinquenten traten interaktive, nicht-spezifische, aber keine autonomen Reaktionen auf.« Es gab also unter den gestörten Kindern (die meisten von ihnen waren autistische Kinder aus dem Smith-Spital) neun, bei denen Anzeichen darauf hindeuteten, daß der akustische Reiz den Hypothalamus erreicht hatte (sonst wären vermutlich anderswo im Körper die autonomen Reaktionen nicht aufgetreten), aber in dem am Frontalhirn abgenommenen EEG wurden die nicht-spezifischen Reaktionen nicht beobachtet. Der Reiz erreichte den Hypothalamus, aber das Frontalhirn erreichte er nicht. Bei vier Kindern erreichten die visuellen Reize den Hypothalamus (und verursachten autonome Reaktionen), ohne das Frontalhirn zu erreichen. Irgendwo zwischen dem Hypothalamus und dem Frontalhirn wurden diese Stimuli entweder ausgeschaltet, oder dissoziiert. Es scheint eine vernünftige Vermutung, daß dies der Mechanismus sein könnte, mit dem das Kind sich vor übermäßigen oder unwillkommenen Reizen, besonders akustischen Reizen, schützt.

Andere neuere Erhebungen haben gezeigt, daß das menschliche Kleinkind in einem sehr frühen Stadium mit Vorliebe seinen Blick auf die Augen der es behütenden Person, also gewöhnlich seiner Mutter richtet. Selbst wenn die Mutter eine Maske trägt, wird es seine Augen auf ihre richten, und wenn man ihm das Bild eines Gesichts zeigt, in dem die Augen deutlich erkennbar sind, selbst wenn die übrigen Züge undeutlich sind, wird der Säugling auf die Augen des Bildes starren. Offenbar ist dieser Hang, die Mutter anzustarren, ein lebenswichtiges Stadium in der Entwicklung des Kindes. Es scheint eines der ersten Stadien in der Entwicklung der emotionalen Bindung zwischen Mutter und Kind zu sein. (*Spitz*)

Wenn das Kind aus irgend einem Grund die Augen der Mutter nicht so angesehen hat, wird die Herstellung der Anfangsbeziehung mit der Mutter, von der sowohl seine geistige wie auch seine emotionale Entwicklung in hohem Maß abhängen dürfte, behindert. Zu den Gründen für dieses Versäumnis, die Augen der Mutter anzuschauen, mag verzögerte Reife, oder eine Verletzung des Hinterhauptshirns, oder das Fehlen einer Person, die es ansehen kann, aber auch eine körperliche oder emotionale Störung bei dem Kind zählen.

Ein Fall, den *Cyril Winter* berichtet, betrifft ein Kind, das in keinem Stadium seinen Blick auf die Mutter oder auch nur auf irgend einen Gegenstand richten wollte, mit dem die Mutter seine Aufmerksamkeit zu fesseln suchte. Zuerst hielt man das Kind für blind, doch folgende Untersuchungen und Beobachtungen im Alltag ergaben, daß das kleine Mädchen sehr gut sehen konnte. Mit 2:9 Jahren wollte es keinem Menschen in die Augen blicken. Es war schwer autistisch, ging keine Beziehungen zu Menschen ein, außer um sie als Liebkosemaschinen, Balge- und Raufmaschinen zu benützen; es redete nicht, und die Vermeidung des Hörkontakts war bei ihm so ausgeprägt, daß es meist wie richtig ertaubt erschien. Im Laufe der Jahre besserte sich sein Zustand langsam und es hat angefangen, mit anderen Kindern Beziehungen einzugehen. Einige der jüngeren Pflegerinnen haben in letzter Zeit bezweifelt, ob man es mit Recht als autistisch diagnostiziert hat.

Es handelt sich hier um einen ganz extremen Fall von Vermeidung des Blickkontakts, wie er sonst nur bis zu einem gewissen Grad und für gewisse Zeitdauer bei so gut wie allen autistischen Kindern anzutreffen ist. Es ist wahrscheinlich nicht unwichtig, daß die gleichen Symptome von Zeit zu Zeit auch bei normalen Kindern, und übrigens auch bei Erwachsenen zu sehen sind.

## 4. Nichtreagieren auf Tast- und Schmerzreize

Autistische Kinder versäumen es oft, auf taktile Reize zu reagieren. Sind sie im Zustand des tiefen Rückzugs, so kann es sehr oft passieren, daß man sie berührt, um ihre Aufmerksamkeit zu erregen, ohne daß man die mindeste Reaktion auslöst. Niemand würde je behaupten, sie hätten ihren Tastsinn oder die Fähigkeit, zu spüren, eingebüßt, denn zeitweilig ist es ganz klar, daß sie alles normal spüren, denn sie machen reichlich von ihrem Tastsinn Gebrauch, wenn sie mit ihren gewohnten Gegenständen hantieren und sie manipulieren. Ein interessantes Beispiel liefert der kleine Junge, dessen Mutter etwas weniger als drei Monate nach Beginn der Schwangerschaft an Röteln erkrankt war. Das Kind wurde wegen schwerer visueller und akustischer Behinderung und geistiger Unterentwicklung zur Behandlung gebracht. Eine gewisse Sehschwäche bestand tatsächlich, aber das Kind konnte gut genug sehen, um in normaler Distanz winzige Objekte auf dem Teppich wahrzunehmen und aufzuheben; es war klar, daß er manchmal keine Lust hatte, seine volle Sehkraft einzusetzen. Bei seinem ersten Besuch wirkte er wie völlig ertaubt. Der untersuchende Arzt nahm hinter dem Knaben stehend eine Stimmgabel zur Hand (ohne daß das Kind diese sehen konnte), schlug sie an und näherte sie dem rechten Ohr des Knaben. Keine Reaktion. Nun näherte er die stark vibrierende Stimmgabel dem linken Ohr. Wieder keine Reaktion. Nochmals schlug er die Stimmgabel kräftig an und näherte sie nochmals dem rechten Ohr; aber diesmal schob er die Zinken direkt in die Haare des Kindes, ohne jedoch die Kopfhaut zu berühren. Noch immer reagierte das Kind nicht, obwohl jedermann mit normaler Tastempfindlichkeit die Vibrationen einer Stimmgabel spürt, wenn man sein Haar berührt. Sogar als die Stimmgabel seine Haut berührte, reagierte er noch immer nicht. Dabei war das Kind gerade dabei, Gegenstände auf eine ziemlichen Aufwand an Tastsinn erfordernde Weise zu manipulieren. Niemand hatte behauptet, das Kind habe mangelnde Tastempfindlichkeit, aber es wurde ihm Taubheit nachgesagt. Nun, wenn es die Stimmgabel spüren konnte, ohne zu reagieren, warum sollte es sie nicht auch hören können, ohne zu reagieren?

Eine ähnliche Erscheinung ist der Verlust der Schmerzempfindlichkeit bei gewissen autistischen Kindern. Diese Kinder ignorieren manchmal schmerzhafte Reize, obwohl ein echtes sensorisches Fehlen dieser Modalität nicht in Frage kommt. Kürzlich war ein Kind in die Klinik gebracht worden, weil andere Kinder es mit Tritten zu traktieren, mit Nadeln zu stechen und ihm auch Verletzungen und Quetschungen zuzufügen pflegten, ohne daß das Kind Schmerzen zu empfinden schien. Die Mutter sagte, ihr Töchterchen habe nie Schmerzen gefühlt und es habe still gesessen und zugesehen, während man an ihm eine Hauttransplantation ohne Anästhesie vornahm. Sie gab auch noch zahlreiche ähnliche Beispiele. Indessen rannte das Kind mit solcher Wucht an eine Schreibtischkante, daß es fiel, um aber gleich wieder aufzuspringen und weiterzutollen, ohne auch nur mit der Wimper zu zucken. Dieses siebenjährige Mädchen war selektiv stumm — es sagte während des ganzen Gesprächs kein Wort außer ganz zum Schluß, obwohl es daheim normal redet — und manchmal ignoriert es, was man ihm sagt, obwohl es offensichtlich nicht taub ist. Es lag weder ein Mangel an Tastempfindung vor, noch fehlte sonst irgendeine sensorische Modalität. Eine Untersuchung ihrer peripheren Nerven ergab keine Anzeichen einer Neuritis, lediglich die zum orbicularis oculi-Muskel verlaufenden sensorischen Nerven-Fasern reagierten nicht normal. Hier liegt also ein Fall vor, in dem die peripheren Nerven sicherlich gesund genug sind, um eine Schmerzempfindung zu vermitteln — und es auch tun — in denen das Kind aber es verabsäumt, auf die Schmerzen zu reagieren, die das Gehirnzentrum erreichen müssen. Dieses Kind ist nicht völlig zurückgezogen oder autistisch, aber es scheint möglich, daß sein Nichtreagieren auf Schmerzreize eine besondere Art der Dissoziation oder des selektiven Rückzugs vor Schmerzen darstellt. Es ist natürlich bekannt, daß autistische Kinder und schizophrene Erwachsene immer Gefahr laufen, schwere Verbrennungen zu erleiden, weil sie sich oft zu nah an Heizstrahlgeräte stellen; in Nervenheilanstalten und Irrenhäusern muß man diese Gefahr immer im Auge behalten.

## 5. Intellektuelle Retardation

Ein Einwand, der gewöhnlich gegen die Anwendung des Ausdrucks Schizophrenie auf diese psychotischen, autistischen oder zurückgezogenen Kinder erhoben wird, ist, daß sie sich fast immer als Schwachsinnige verhalten.

Es wurde vorgebracht, daß der schizophrene Prozeß eine weit schlimmer zersetzende Auswirkung auf die Persönlichkeit haben muß, wenn er im Kindesalter und nicht erst beim Erwachsenen einsetzt, und daraus könnten sich viele der klinischen Unterschiede erklären. Eine ähnliche Auswirkung könnte im intellektuellen Bereich angenommen werden. Es scheint zweifelhaft, in welchem Ausmaß eine echte Demenz bei schizophrenen Erwachsenen vorkommt, obwohl ein fortgeschrittener Fall meist nur wenig brauchbare Intelligenz zu seiner Verfügung hat. Aber das schizophrene Kind ist fast immer geistig zurückgeblieben, weil diesem schizophrenen Kind gerade in der Zeit, in der sich seine Intelligenz dank dem Anreiz neuer Erfahrungen, seiner Wißbegierde und Neugier in dieser Phase der Kindheit rasch entwickeln sollte, das Verlangen fehlt, sich für die wirkliche Welt und wie sie funktioniert, zu interessieren, und weil es seinen geistigen Apparat vielen der Reize verschließt, für die ein normales Kind besonders empfänglich ist (*Klein*). Wir erkennen immer deutlicher, daß im Zentralnervensystem, wie in anderen Teilen des Körpers, Wachstum und Reifung in hohem Maß von ihrer Stimulierung abhängen (*O'Gorman*). Um sich richtig zu entwickeln, muß der Organismus zur rechten Zeit und in der richtigen Intensität Reize empfangen. Das Vermeiden des Blick- und Hörkontakts verhindert einen normalen Zugang der Reize zum Zentralnervensystem; und »Vermeiden des intellektuellen Kontakts« — die Verweigerung einer geistigen Anstrengung — verhindert die normale Verarbeitung der Reize, die zugelassen werden, in den intellektuellen Prozessen. Das Ergebnis muß ein verhältnismäßiges Versagen des intellektuellen Wachstums sein.

Die Entwicklung der Intelligenz hängt von Motivation und Interesse ab. Das zurückgezogene Kind ist an seiner Umwelt nicht interessiert, und daher lernt es nichts über sie. Es hat keinen Anreiz, seine Intelligenz zu verwenden und daher entwickelt sich seine Intelligenz nicht. Gewisse Dinge kann es lernen und lernt es auch, zum Beispiel mit Dingen zu hantieren, aus denen es eine Sinnesfreude gewinnen kann, oder Türen und Schachteln zu öffnen oder ein Grammophon zu bedienen. Aber wenn es am Sprechen oder Hören oder an irgendwelchen intellektuellen Bemühungen nicht interessiert ist, dann findet vermutlich der unentbehrliche organisatorische Aufbau seiner intellektuellen Fähigkeiten nicht im richtigen, angemessenen Alter oder nur in völlig unzulänglichem Ausmaß statt. Ist es zu einem späteren Zeitpunkt möglich, das Kind zu überreden, zur Welt der Wirklichkeit Zugang zu suchen und sich in gewissem Ausmaß für das Denken und Lernen zu interessieren, so ist es voraussichtlich dann zu spät, weil die optimale Zeitspanne der »Lernplastizität« seiner Hirnrinde vorbei ist.

In Fällen von nur teilweisem oder selektivem Rückzug kann man oft feststellen, daß der Patient eine gewisse Fertigkeit, oft in sehr hohem Ausmaß, erworben hat, während seine sonstige Intelligenz weit zurückgeblieben ist. Das ist das Merkmal, das wir eine »teilweise Erhaltung der Intelligenz« nennen. Vielleicht hat das Kind große Fingerfertigkeiten erworben oder sein Gedächtnis mag sehr gut sein. Manche Kinder bewahren sich die Fähigkeit, nett und sauber zu essen, oft können sie sehr wohl auf handwerkliche Ausbildung ansprechen, obwohl ihr geistiges Alter auf Grund der Tests mehrere Jahre unter dem für den Erwerb solcher Fähigkeiten üblichen liegt. Die meisten Beispiele finden wir natürlich auf dem Gebiet der Musik und es gibt viele schizophrene Klaviervirtuosen, die in anderen Bereichen schwere Defekte aufweisen. Vielleicht waren es Menschen wie diese Patienten, die man früher einmal als »weise Narren« bezeichnete; und wenn wir diese Gedankengänge weiterspinnen, darf man vielleicht fragen, ob die bei manchen Leuten festzustellenden krassen Unterschiede innerhalb ihres Bildungs- oder intellektuellen Niveaus sich nicht vielleicht oft aus emotionalen Reaktionen erklären ließen, aus denen sich ein selektiver Rückzug ergab, wie etwa bei spezifischen organischen Unzulänglichkeiten.

Wir nehmen an, daß ein intelligentes Kind sich aus emotionellen Gründen, etwa weil es einen Lehrer nicht mag, für ein bestimmtes Wissensgebiet nicht interessiert, was zur Folge hat, daß seine intellektuelle Entwicklung auf diesem Gebiet verkümmern kann. Es wird de facto auf diesem Gebiet einen selektiven Rückzug antreten. Dieses Phänomen des selektiven Rückzugs oder des »Abschaltens« ist natürlich jedem Lehrer wohlbekannt und tritt in gewissem Ausmaß bei den meisten normalen Kindern auf. Ebenso wichtig — und vielleicht noch vernichtender für die Gesamtentwicklung der Intelligenz des Individuums ist der teilweise Rückzug von der gesamten Realität, dem wir bei schizophrenen Kindern begegnen.

Die Phänomene des selektiven Rückzugs und des teilweisen allgemeinen Rückzugs sind von großer Bedeutung. Viele normale Menschen haben in ihrer Kindheit infolge einer emotionellen Störung eine Periode teilweisen Rückzugs mitgemacht, haben sich aber später erholt. Hat sich der Rückzug über eine bestimmte Zeit erstreckt, in der eine bestimmte Phase des Wachstums hätte stattfinden sollen, so könnte das gewisse geistige Lücken erklären, die wir manchmal bei sonst hochintelligenten Menschen finden; ein teilweiser Rückzug während der Kindheit verursacht vielleicht das bloß mittelmäßige intellektuelle Niveau, das manche ursprünglich mit potentiell außerordentlich hoher Intelligenz ausgestattete Personen erreichen (O'Gorman). Ein lehrreiches Beispiel dafür ist der Fall eines Soldaten, der vom Regimentsarzt als geistesschwach an die psychiatrische Station überwiesen wurde. Er war außerstande, die Grundregeln des Exerzierreglements zu bewältigen, konnte seine Sachen nicht in Ordnung halten, war unfähig, den einfachsten Auftrag auszuführen, obwohl er dienstwillig schien und sich sehr bemühte; so daß er dauernd in Disziplinarverfahren verwickelt war. Er hatte keine Freunde und war das ständige Opfer der Späße seiner Kameraden. Bei den Untersuchungen stellte sich heraus, daß er bei Tests einen Intelligenzquotienten von 140 erreichte. Er war ein hervorragender Mathematiker, ein ausgezeichneter Schachspieler und sehr belesen in Philosophie, einem Gebiet, auf dem er mit viel Wissen und Autorität diskutieren konnte. Aber selbst auf der psychiatrischen Station blieb er ein Eigenbrötler, fand keine Freunde und war auch dort nicht imstande, den geringen disziplinären Anforderungen, die man an die rekonvaleszenten Soldaten stellte, zu genügen.

Verschließt sich das Kind einem Erfahrungs- und Tätigkeitsbereich, so müssen benachbarte Bereiche auch davon berührt werden. So wird z. B. ein Kind, welches das gesprochene Wort ignoriert, nicht lernen, selbst normal zu sprechen, und wenn es die Wortsymbole nicht benützt, wird dadurch auch sein Denken entsprechend behindert. Es wird nicht lesen und schreiben lernen und so ergibt sich eine fortschreitende Beschränkung der Bereiche, auf denen sich sein Geist entwickeln könnte. Überdies wird es ihm, wenn es diese gewöhnlichen Aktivitäten nicht zur rechten Zeit lernt, später nicht gelingen, sie ordentlich und richtig zu erlernen, selbst wenn sich sein emotionaler Zustand bessert, die natürliche »Zerebralplastizität« wird verlorengegangen sein. Man mag ein Kind, das eine psychotische Maniriertheit zeigt, für »ursprünglich defekt mit überlagerter Psychose« halten, aber vielleicht ist es in Wahrheit »ursprünglich schizophren und in der Folge defekt«. Selbst im Fall des Kindes, das angeblich immer defekt war, mögen wir uns fragen, ob es nicht in Wirklichkeit immer schizophren gewesen ist. Wir bekommen auch mit wachsender klinischer Erfahrung jüngere und immer jüngere Kinder zu sehen, die Symptome aufweisen, die sich nicht grundlegend von den Symptomen etwas älterer Kinder unterscheiden, bei denen wir ohne Zögern eine Schizophrenie diagnostizieren (Fall Nr. 1). Sie zeigen die gleiche Trägheit und Gleichgültigkeit, die gleiche Interesselosigkeit an den Menschen ihrer Umwelt und den gleichen Mangel an Wärme. Sie zeigen in gleicher Form gleiche oder ähnliche Allüren. Sie sind stark retardiert bei der ersten Untersuchung und oft bleiben sie mehr oder weniger retardiert. Aber, genau wie das schizophrene Kind, dessen Zustand sich bessert, plötzlich in Sätzen oder Phrasen zu reden anfängt und nicht in einzelnen Worten, so können diese Kinder aus ihrem Rückzug auftauchen und plötzlich anfangen zu laufen oder zu spielen oder selbständig zu essen, und zwar mehr oder weniger so, wie es ihrem chronologischen Alter entspricht.

## 6. Maniriertheit, Eigenheiten und Bewegungsanomalien

Wir haben im vorhergehenden die These aufgestellt, daß diese Kinder, die wenig Interesse an der Welt und an den Menschen nehmen, sich mit dem eigenen Körper und mit seinen primitiven sensorischen Befriedigungen beschäftigen.

Alle Menschen, die nicht an einer schweren körperlichen Krankheit leiden, sind von einem sich ständig erneuernden Trieb zur Tätigkeit —

einem »*élan vital*« erfüllt. Beim normalen Kind richtet er sich auf ein absichtsvolles Tun, wie lernen, raufen und balgen, oder phantasievolle Spiele. Aber das autistische Kind will von alledem nichts wissen. Die Menschen und ihr Tun und Fühlen kümmern es nicht, und daher spielt es natürlich keine Spiele, in denen es sich vorstellt, was es und andere in der wirklichen Welt täten — oder in einer aus der Wirklichkeit abgeleiteten Phantasiewelt. Ebensowenig will es mit anderen Kindern konkurrieren, denn sie sind ihm gleichgültig; noch will es Wissen über eine Welt erwerben, an der es unbeteiligt ist; noch will es Fertigkeiten erlernen, bloß weil das ein geliebtes menschliches Wesen interessieren würde — denn es liebt keinen Menschen.

Aber es muß etwas tun. Kein Kind kann den ganzen Tag still und reglos sitzen. All diese Energie steckt in ihm und es muß damit etwas anfangen. So beschäftigt es sich mit irgendeinem körperlichen Tun oder irgendeinem körperlichen Reiz, aus dem es Vergnügen holen kann, ohne dabei in die Realität verwickelt zu werden. Daraus leitet sich die ganze übrige Symptomatologie seines Zustands ab. Es gibt sich also rhythmischen Bewegungen wie Schaukeln und Wiegen hin und ergeht sich in bizarren Eigenheiten. Diese Kinder spielen gern mit Wasser oder mit Gartenerde, sie lassen sich das Zeug endlos durch die Finger, oder von einem Behälter in den anderen laufen. Oft spielen sie mit ihren eigenen Exkreten, und Masturbation ist bei ihnen sehr verbreitet. Sie beschäftigen sich gern und intensiv mit Oberflächen, besonders mit glatten, kühlen Flächen. Manchmal riechen sie an allem oder kosten alles, womit sie in Berührung kommen, oder sie rollen, blinken, zwinkern mit den Augen. Schatten und flackernde Lichter können sie faszinieren und oft schlenkern sie ihre Finger vor den Augen oder verdrehen ihre Köpfe, um Sachen von ungewöhnlichen Winkeln aus anzusehen.

Soweit die Kinder an Gegenständen interessiert sind, geschieht dieses für die Dinge selbst, nicht für ihre normalen Funktionen im wirklichen Leben, sie spielen z. B. mit Spielzeug, aber nicht sachgerecht, nicht wie es gemeint ist, oder sie verwenden Werkzeuge, aber nicht sinngemäß. Ein Drehbleistift, zum Beispiel, wird so lang gedreht, bis er zerlegt ist. Sie neigen dazu, Menschen als Werkzeug zu benützen. Man mag noch so wenig emotionalen Kontakt mit dem Kind haben — aber sowie das Kind den Arzt oder die Betreuerin sieht, präsentiert sich das Kind zum Umarmt-Werden, wobei das Kind den Erwachsenen als eine Art Liebkosemaschine betrachtet, um der Befriedigung des Gestreichelt-Werdens willen, und nicht, weil es echte Zuneigung sucht. Oder das Kind packt den Erwachsenen bei der Hand und zieht ihn zu dem Gegenstand, den es manipuliert haben will, etwa eine Türklinke oder den Musikautomaten. Seine Vorliebe für primitive Sinnesempfindungen ist erkennbar an seinem Entzücken, wenn man es im Kreis schwingt oder in die Höhe wirft, und viele von ihnen lieben es besonders, sich oder ihre Spielsachen zu drehen und zu kreiseln. Meist lieben sie Wasser, und unsere Kinder sind eigentlich im Schwimmbecken am glücklichsten. Aber auch dort spielen sie meist allein, für sich, abgesondert, selbst wenn sie zusammengepfercht sind.

Zwangshandlungen wie Socken hochziehen, Nasenbohren und Grunzen sind alltäglich, Fratzenschneiden ist fast ein Routinesymptom. Ausnahmsweise scheinen die Grimassen in Reaktion auf visuelle oder auditorische Halluzinationen zu erscheinen. Maniriertheiten und Verrenkungen bizarrster Art sind an der Tagesordnung. Der Kopf wird ein wenig gedreht oder sitzt schief auf der Schulter, die Schulter selbst wird schief abgewinkelt. Hände in Ruhestellung werden oft absonderlich verdreht, die Finger nach verschiedenen Richtungen gespreizt, die Gelenke übertrieben verkrümmt. Das Kind sitzt oft lange Zeit mit scheinbar höchst unbequem vorwärts oder seitwärts verkrümmtem Rumpf, die Beine ähnlich verdreht. Bei der Mehrzahl der Patienten sind ihre Bewegungen so gut koordiniert, wie bei normalen Kindern, aber manche der schwerer kranken schlürfen schleppenden Gangs dahin, oder beugen und strecken sich bei jedem Schritt, oder sie halten ihre Arme seitwärts abgespreizt mit gekrümmten Ellbogen und weit auswärts gedrehten Füßen. In manchen Fällen, wenn die unnatürliche Haltung monate- oder jahrelang aufrecht erhalten, die Gangart beibehalten wurde, können in der Folge anatomische Veränderungen in und um die betroffenen Gelenke auftreten, wie Rückgratverkrümmung und Deformierungen an Knien und Knöchel.

Es gibt noch unzählige andere eigentümliche Bewegungen und Gebärden, denn keine zwei Kinder sind einander gleich. »Plötzliches Laufen«, eine häufige Gewohnheit, bei der das Kind einige Meter grundlos galoppiert, dann stockstill stehen bleibt — ist ein typisches Beispiel, dem wir bei Schizophrenen aller Altersstufen begegnen können. Wiegen und Schaukeln ist vielleicht die allerhäufigste Eigenart und Kopf schlagen, Kopf bumsen, Kopf anstoßen ist auch sehr häufig. In fortgeschrittenen Fällen ist das Kopfschlagen mit beiden Händen oder eine Selbstverletzung durch Beißen und Nagen nicht selten. Für die Betreuer ist das eines der erschütterndsten Symptome, es ist vielleicht am schwersten erklärlich. Vielleicht ist es ein verzweifeltes Mittel zur Ausschaltung der Realität, denn es ist am häufigsten, wenn dem Kind irgend etwas nicht nach Wunsch geht oder wenn es besonders beunruhigt ist. Ein normaler Mensch wird sich in Verzweiflung die Nägel in seine Handflächen krallen, wohl um sich durch den starken Reiz von den Qualen, die er erduldet, abzulenken. Vielleicht versuchen die Kinder, die unliebsame Realität auszuschließen, indem sie ihren Sinnesapparat mit Schmerzreizen füllen, von denen sie wissen, daß sie sie tolerieren oder zumindest meistern können. Das ist natürlich nur eine Hypothese, und es wäre sehr schwierig, sie zu beweisen. Aber wenn man so ein Kind längere Zeit beobachtet, wie es versucht, sich zu schlagen oder zu verstümmeln, fällt es wahrlich schwer sich zu überzeugen, daß dieses Symptom einem »mangelhaften Bewußtsein seiner eigenen persönlichen Integrität« entspringen soll.

Eine weitere häufige Reaktion auf Frustrierung ist eintöniges und lang anhaltendes Schreien und Brüllen. Da sie kein Interesse an den Mitmenschen haben, mangelt es ihnen an sozialem Gewissen, das ihnen sagt, sie hätten nun genug geschrien. Auch ihre Freudenbezeugungen neigen, mangels jeder Hemmung, zu übertriebenem Ausdruck. Diese Kinder straffen sich und schütteln sich vor Entzücken in einer Haltung, die man als »Schüttelkrampf« beschreiben könnte, die aber nur eine Übertreibung einer auch oft bei normalen Kindern anzutreffenden Manier ist.

Zu ihren Gesichtsausdrücken gehört die mit ausgestülpten Lippen geformte Schnauze, die zu Schlitzen zusammengekniffenen, aufwärts und seitwärts verdrehten Augen und die diagnostisch wichtigste visuelle Ausdrucksgewohnheit, das »durch Menschen hindurchschauen« — ein Anstarren mit anscheinend nichtssehenden Augen ohne Zucken, ohne Flackern, ohne Gefühlsbewegung.

## 7. Psychosomatische Symptome

Autistische Kinder neigen zu einer Reihe von körperlichen Krankheitssymptomen. Es ist umstritten, ob die emotionalen Störungen für die körperlichen Beschwerden verantwortlich sind, oder umgekehrt. Vielleicht sind beide Stellungnahmen legitim.

**FALL NR. 13: MATTHIAS**

**Aufnahme im Smith-Spital im Alter von 6,0 Jahren.**

**Frühgeschichte:** — Geburt sieben Wochen vor der Zeit (Gewicht bei Geburt 2 kg). Zangengeburt; sowie Stauerstoffmangel bei der Geburt, Lungenentzündung und Blutvergiftung des Neugeborenen; zeitweise Gaben von Sauerstoff; schlecht entwickelter Unterkiefer bei Geburt; Schlucken unmöglich; künstliche Ernährung (mit Schlauch) bis zur Hospitalisierung im Smith-Spital dreimal täglich schlauchgenährt, erst von Pflegerinnen später durch die Mutter. Im Krankenhaus wurden Gesichts- und Gaumenparese sowie Schluckunfähigkeit festgestellt; ein schlaffes, kraftloses Baby, litt an Luftnot und brauchte Sauerstoffzufuhr; später wegen Dysphagia, »Taubheit«, Eisenmangel-Anämie, Bronchitis und Lungenentzündung, hospitalisiert; der Kiefer blieb erheblich unterentwickelt; es zahnte aber normal.

**Bei Aufnahme:** — Schwer psychotisch, zurückgezogen, negativistisch; maniriert, sprachlos (produzierte aber komplizierte Laute). Obwohl man ihn für taub gehalten hatte, wurde jetzt deutlich, daß er normal hörte. Sein Schluckunvermögen war nicht vollständig: beide Eltern hatten ihn gelegentlich beim Schlucken beobachtet; überdies unterließ er es nicht nur, zu schlucken, sondern er wollte auch nichts in den Mund nehmen, außer den Schlauch zur Fütterung. Die einzige Ausnahme war ein gelegentlicher Schluck Wasser bei heißem Wetter. Allerdings hustete er gewöhnlich alles wieder aus, sobald etwas Wasser bis zum hintersten Drittel der Zunge getröpfelt war. Nach umfangreichen fachmännischen Untersuchungen des siebenjährigen Knaben verzeichnete der Bericht: »Abgesehen von seiner Schluckunwilligkeit und einer völligen Pharynxlähmung scheint sein Schluckapparat intakt zu sein. Wenn er bereit wäre, zu schlucken, bestünde kein Grund gegen Nahrungsaufnahme durch den Mund, vorausgesetzt, es ist nicht trockene Nahrung, und daß sie mit Flüssigkeiten hinuntergespült wird ... Ich glaube aber nicht an eine echte Pharynxlähmung. Seine Schluckunfähigkeit, wenn etwas in den Pharynx gebracht wird, ist ein freiwilliger Akt, aber wenn er doch seine Schluckbewegung macht, dann glaube ich nicht, daß er seine Rachenschließmuskeln hemmen könnte, während er mit der Zunge, den Defekt kompensierend, nachhilft. Sein Kehlkopf schließt sich und sein musc. cricopharyngeus öffnet sich im richtigen Stadium. Teilweise oder totale Rachenlähmung ist nicht ungewöhnlich bei Kindern, die normal schlucken und bei denen sie nie vermutet wurde. Ich habe so etwas noch nie bei jemandem gesehen, der als psycho-neurotisch oder ›hysterisch‹ anzusehen wäre.«

Matthias schluckte nicht einmal seinen eigenen Speichel, so daß er, seine Kleidung und jedermann, der mit ihm in Berührung kam, ständig mit übelriechendem Schleim verschmiert wurde, obwohl sein Lätzchen und seine Kleidung häufig gewechselt wurden. Es mußte daher schwerfallen, ihn liebkosend zu umarmen. Dabei liebte er es, gehätschelt zu werden, obwohl er keine Beziehungen zu Erwachsenen einging, vielmehr schien er sie einfach als »Hätschelmaschinen« zu betrachten. War er dazu aufgelegt, so legte er Geschicklichkeit mit seinen Händen an den Tag und daran war erkennbar, daß er mehr Intelligenz besaß, als er nützte; er aber verhielt sich wie ein Idiot. Die Nährsonde wurde langsam entzogen, aber sein Widerstand gegen das Schlucken war so stark, daß er stark abmagerte und man mußte wieder zum Schlauch greifen. Schließlich konnte man ihn dazu bewegen, eine normale Kost anzunehmen und seinen Speichel zu schlucken, obwohl er gelegentlich noch sabberte. Mit 8 Jahren entwickelte er ein unbeständiges Hinken, welches schwand, wenn er in Eile war. Andere Tätigkeiten wie Springen auf dem Sprungbrett oder Klettern im Turnsaal bewältigte er ohne Schwierigkeiten. Der Orthopäde diagnostizierte das Hinken als eine »funktionelle Störung«, aber es hielt an; schließlich wurde ein Gipsverband am Bein angelegt. Als dieser nach mehreren Wochen abgenommen wurde, war das Hinken viel besser geworden, es tauchte aber gelegentlich wieder auf, wenn er nicht gehen wollte. Sein Hals war auffallend dünn und er ruhte ihn gern aus, indem er seinen Kopf auf den Tisch legte oder in die Hand stützte. Ein starrer Kragen wurde ihm angepaßt, der den Kopf nicht stützte, aber ihn daran hinderte, ihn mit der Hand zu stützen. Nun wurde sein Hals kräftiger und mit der Zeit konnte er seinen Kopf länger und besser aufrecht halten.

Mit 8:6 Jahren ißt Matthias gut, neigt aber dazu, das Essen zurückzuhalten; er verarbeitet es zu einem Kloß, den er scheinbar schlucken kann und dann im Mund wiederkäut. Er hinkt etwas, kann aber laufen, klettern, eislaufen und mit einem Fußball spielen — den einzigen wirklichen Kontakt mit seinen Mitmenschen hat er, wenn er Fußball spielt. Seine manuelle Geschicklichkeit ist gut. Mit Bleistift und Schere kann er gut hantieren, und mit Lineal oder Schablone Linien ziehen; davon abgesehen kritzelt er bloß. Er kann Bildkarten paaren und recht komplizierte »Puzzles« legen, aber es ist schwer, ihn zu irgendeiner Tätigkeit zu veranlassen. Er zieht es vor, mit auf den Arm gelegtem Kopf beim Heizkörper zu sitzen. Im Schwimmbecken schien er im Begriff schwimmen zu lernen, doch mußte er wegen analer Inkontinenz ausgeschlossen werden — eine Schwierigkeit, die sonst bei ihm nie auftritt. Er spricht nicht und produziert keine vorbereitenden Sprechlaute. Er vermeidet Blick- und Hörkontakt, und wenn man versucht, seine Hand zu lenken, unterbricht er auch den motorischen Kontakt.

Die Polydipsie (krankhafter Durst) autistischer Kinder ist nicht ungewöhnlich. Bei einem Kind, das sich besonders unglücklich gebärdete, wenn man es an übermäßigem Trinken hinderte und dessen Flüssigkeitsaufnahme und -abgabe enorm war, wurde die Verdachts-Diagnose »Pitressinunempfindlicher Diabetes insipidus« gestellt, da Hypophysenhinterlappenpräparate nichts halfen. In letzter Zeit haben sich seine autistischen Symptome und sein exzessives Trinkbedürfnis gebessert. Vielleicht war die Polydipsie ursprünglich eine autistische Angewohnheit. Aber man könnte sich leicht vorstellen — und man kennt analoge Vorgänge bei anderen inneren Sekretionsdrüsen — daß die Funktion des Hypophysen-Hinterlappens als Regulator des Wasserhaushalts sich unter dem abnormalen Reiz des übertriebenen Trinkens änderte, so daß der Patient schließlich in Folge dieser funktionellen Veränderungen der Drüse exzessive Flüssigkeitsquantitäten brauchte.

Im 4. Kapitel haben wir Wachstums- und Stoffwechselstörungen bei autistischen Kindern beschrieben. Es wäre nun interessant, die Wechselwirkungen zwischen emotionalen und körperlichen Störungen näher zu betrachten. Denken wir an Beispiele psychosomatischer Krankheiten, bei nichtpsychotischen Patienten, so wird es uns nicht überraschen, zirkuläre Mechanismen am Werk zu sehen, wobei emotionelle Belastungen die physische Fehlfunktion verschlimmern, die ihrerseits den psychischen Zustand verschlechtert. Wie wir schon oben (S. 83, f.) betont haben, deutet vieles darauf hin, daß Wachstum von Stimulierung abhängt. Nehmen wir an, daß ein autistisches Kind ursprünglich eine ungenügende mütterliche Stimulierung empfangen hat, und daß es später (durch Rückzug oder durch Dissoziation), seine Reizaufnahme an

Stimulierungen beschränkte — dann wird die nicht nur für sein geistiges Wachstum, sondern auch für seine körperliche Entwicklung nötige Stimulierung wahrscheinlich in ungenügendem Ausmaß »ankommen«; das könnte etwas mit der körperlichen Unreife unserer Patienten zu tun haben. Aber das ist zunächst nur eine Vermutung. Doch sollte es nicht schwer sein, Experimente zur Prüfung solcher Hypothesen durchzuführen.

Auch das Schielen autistischer Kinder ist weitverbreitet. Gewöhnlich ist es unbeständig und variiert mit Anwesenheit oder Abwesenheit bestimmter Menschen oder mit dem Grad der Störung zur gegebenen Zeit, es wechselt auch von Auge zu Auge. Fast immer liegt ein Strabismus convergens vor. Man betrachtet das Schielen zumeist als Anzeichen dafür, daß eine »organische« Krankheit Ursache des Zustands des Kindes ist. Es wäre der Mühe wert, den gegenteiligen Standpunkt zu erwägen, nämlich daß auch eine emotionelle Störung Ursache des Schielens sein könnte.

# 6. KAPITEL

# Das Wesen des Autismus

Es besteht kein Grund zur Annahme, daß das Phänomen der Dissoziation nur in Bezug auf akustische oder visuelle Reize auftritt. Die oben angeführten Belege weisen darauf hin, daß sensorische Reize anderer Modalitäten — Tastgefühl, Schmerz, Temperatur, Geruch — auf ähnliche Weise unterbrochen und dissoziiert werden. Zweifellos können sensorische Reize jeder Art dissoziiert werden, ist es doch einer der Schlüsselmechanismen des Hysterikers; und man ist an den Anblick hysterisch blinder, tauber, schmerzunempfindlicher und selbst für Berührung unempfindlicher Erwachsener gewöhnt. Vermutlich sind es die gleichen Vorgänge, die sich unter hypnotischer Suggestion abspielen, wenn aus therapeutischen oder theatralischen Gründen diverse sensorische Reize, besonders Schmerz, bei der bewußten, aber empfänglichen Person ausgeschlossen werden.

Man darf sich den Mechanismus der Dissoziation nicht nur als einen an sich unbedingt pathologischen Vorgang vorstellen. Im Gegenteil, es ist wahrscheinlich einer der unentbehrlichsten, natürlichsten zerebralen Mechanismen. Der Mensch muß imstande sein, verschiedene sensorische Reize zu dissoziieren, sonst würden sie sich vordrängen und den Menschen hindern, sich auf seine jeweilig vordringlichen Aufgaben zu konzentrieren. Ist man dabei, zu komponieren, ein Gespräch zu führen oder zu lesen, so muß man sich konzentrieren, und imstande sein, alle nicht dazu gehörigen Reize auszuschließen. Ohne diese Fähigkeit zur Dissoziation wäre kein Mensch imstande, in dem Pandämonium zu arbeiten, das in vielen großen Büros herrscht. Fast jedermann dissoziiert de facto 90 Prozent seiner sensorischen Umwelt während 90 Prozents eines Lebens.

Die Fähigkeit, zu dissoziieren, ist natürlich spezifisch, das heißt, die von einer bestimmten Quelle kommenden Reize werden ungehindert zugelassen, während andere Reize der gleichen Modalität ausgeschlossen werden. Vielleicht ist das der Mechanismus, der eine Mutter befähigt, ungestört vom Toben eines Gewitters, vom Schnarchen aus dem nachbarlichen Ehebett, vom Getöse einer Party im oberen Stockwerk tief zu schlafen, aber sofort aufzuwachen, wenn das Baby zu weinen beginnt. Diese Fähigkeit ist vielleicht der Mechanismus hinter dem selektiven Rückzug, den wir so oft bei autistischen Kindern beobachten. Sie reagieren auf manche Geräusche, aber nicht auf andere und auf die Stimmen mancher Menschen, aber anderer nicht.

Die Fähigkeit des Dissoziierens ist offenbar nicht nur auf äußerliche sensorische Reize beschränkt. Wir müssen auch verschiedene ablenkende Gedanken, Erinnerungen und sogar instinktuelle Bedürfnisse abschalten können, wenn wir uns auf ein bestimmtes Thema konzentrieren wollen. Ja, könnten wir nicht jederzeit alles außer einer sehr kleinen Auswahl unserer Erinnerungen, Befürchtungen, Hoffnungen und Überlegungen aus unserem Bewußtsein ausschließen, so wäre gezieltes und konstruktives Denken unmöglich. Der Mechanismus des Dissoziierens kann also nicht spezifisch auf die nervlichen Verbindungen zwischen Hypothalamus und Hirnrinde beschränkt sein. Es muß an vielen Stellen des Gehirns und vielleicht universell im gesamten Organ zur Verfügung stehen.

Unsere These besagt daher, daß Dissoziation und Rückzug nicht nur normal, sondern daß sie grundlegend, eine wesentliche Funktion unseres Denkens sind; und daß diese Funktion der Dissoziation nicht nur den Mechanismus der Taubheit und der fehlenden Schmerzreizreaktion des autistischen Kindes darstellt, sondern auch des Rückzugs, des wesentlichen Merkmals seines Zustands. Es kann sich von Geräuschen, Anblikken, Gerüchen, Schmerzen, Tastempfindungen und Erinnerungen dissoziieren, genau wie von Menschen. Es kann sich ebenso von verschiedenen Fähigkeiten wie Reden, Lesen, Lernen und selbst von konstruktivem Denken dissoziieren oder zurückziehen. Es kann vor einem, zweien oder mehreren dieser Sinne oder Funktionen oder Gedanken total oder teilweise auf dem Rückzug sein. (Das ist dann selektiver, oder teilweise selektiver Rückzug, oder Dissoziation.) Es kann vor einer sehr großen Zahl von Funktionen in völligem Rückzug sein (in welchem Fall wir es als völlig zurückgezogen oder autistisch bezeichnen würden), oder es kann vor der gesamten Realität in teilweisem Rückzug sein (in welchem Fall es als unvollständig autistisch oder als mäßig schizophren bezeichnet werden könnte.)

Nicht nur deutlich autistische Kinder ziehen sich zurück. Jedermann zieht sich zurück, denn jeder ist dazu genötigt; daher kann das Phänomen nicht als an sich abnormal beschrieben werden. Ein tief in Gedanken versunkenes Kind ist im Rückzug; eine in ein Buch vertiefte Person, die auf eine Bemerkung oder auf ein Gespräch im gleichen Zimmer nicht reagiert, hat sich zeitweilig von diesen akustischen Reizen zurückgezogen; wenn aber der Gong die Mahlzeit ankündigt, wird sie ihn wahrscheinlich hören. Fälle wie Freddies (Fall Nr. 12) haben sich im Säuglingsalter von einer Anzahl von Reizen, von akustischen Stimuli zurückgezogen, ihr Gemütszustand veranlaßte sie, darin zu verharren, bis es zur Gewohnheit wurde. Da sie zu einer Zeit, als sie hätten sprechen lernen sollen, kein effektives Hörvermögen besaßen, konnten sie sich natürlich diese Fertigkeit, dieses Können nicht aneignen; und sie hätten sich ja vielleicht sowieso von der gesamten Aktivität der Kontaktaufnahme zurückgezogen, so daß man ihre Sprachlosigkeit sowohl direkt als auch indirekt einem selektiven Rückzug zuschreiben könnte. In Ellens Fall (Nr. 11) bestand vielleicht nicht nur ein Rückzug vom Hören und vom Verständigungsbereich, sondern auch aus anderen Bereichen der Erfahrung und des Tuns; und vielleicht hat sie, als die Umwelt zu bedrohlich und zu aufdringlich wurde, einen fast völligen Rückzug angetreten − in einen wahrhaft autistischen Zustand, zumindest vorläufig.

Man könnte die Fähigkeit des sich Zurückziehens als eine angeborene und im Säuglingsalter hoch entwickelte Neigung oder Fähigkeit bezeichnen; daß es besonders leicht fällt, diese Fähigkeit in den prägebereiten Zeiten der frühen Kindheit zur höchsten Vollendung zu entwickeln; und wie ein blindes Kind, das von frühester Kindheit an im Gebrauch seines Tastsinns intensiv geschult wurde, weiterhin als Teil seines Lebensplans einen höchst möglichen Gebrauch von dieser Fähigkeit machen wird, so wird das stimulationsarme oder bedrohte Kind, das in seiner frühesten Kindheit einen maximalen Gebrauch von der Fähigkeit gemacht hat, sich zurückzuziehen, wahrscheinlich weiterhin dasselbe tun und wird im Endergebnis den exzessiven Rückzug zum wesentlichen Bestandteil seines Lebensplans machen. Man könnte die Situation auch von einem anderen Standpunkt beschreiben und sagen, daß Kleinkinder durch angemessene Reize und Stimulierung und durch verschiedene instinktuelle Befriedigungen dazu verlockt werden müssen, sich mit Menschen und mit ihrer Umwelt in Beziehung zu setzen. Werden sie nicht auf solche Weise stimuliert und belohnt, oder fühlen sie sich im Gegenteil von ihrer Umwelt bedroht, dann wird sich die Neigung zu einer normalen Beteiligung an der Realität in ihnen nicht entwickeln.

Das also ist die im dritten Kapitel kurz beschriebene vierte Methode der Bewältigung einer unannehmbaren Realität. Der Mechanismus des Rückzugs (teilweisen Rückzugs) ist der vom Hysteriker gewählte Weg. Der lieblose und leidenschaftslose Psychopath benützt auch den (teilweisen) Rückzug als seinen Abwehrmechanismus. Ein übermäßiger Gebrauch der normalen Methoden der Abwehr gegen eine unannehmbare Realität − also die Annahme von Zwängen und Ritualen, die Verzerrung der Realität und der Rückzug von oder aus der Realität, − bilden einen außerordentlich großen Teil dessen, was wir als Geisteskrankheit betrachten.

## 7. KAPITEL

# Die pseudo-schizophrenen Syndrome

Die These, daß der Rückzug oder die Nichtbeteiligung das wesentliche Element des Autismus ist und daß man den Autismus als ein Symptom betrachten sollte und nicht als eine Krankheit oder ein Syndrom, mag uns helfen, einige andere Syndrome verstehen zu lernen, die man sonst vielleicht als klinische Zustände sui generis hätte betrachten wollen, so wie zum Beispiel *Hellers*-Syndrom und *Mahlers*-Syndrom und so viele andere Zustände, die Autismus als ihr Hauptkennzeichen aufweisen, als separate klinische Krankheitszustände beschrieben worden sind. Im allgemeinen ist es schließlich sicher so, daß jedes Kind ein besonderes Syndrom verkörpert; nichtsdestoweniger ist es zweckmäßig, gewisse Fälle an Hand bestimmter auffälliger klinischer Ähnlichkeiten zusammenzufassen.

### 1. Das akut benachteiligte Kind

Wir haben diese — von *Bowlby* sehr genau beschriebene — Kategorie schon erwähnt: das Kind, das plötzlich durch eine Katastrophe wie Hospitalisierung oder Tod der Mutter von dieser getrennt, nun in Trägheit, Teilnahmslosigkeit, Gleichgültigkeit und Uninteressiertheit an seiner Umgebung und seinen Betreuer(inne)n verfällt. *Bowlbys* Arbeiten, die die Grundlage der in den letzten Jahren in Gang gekommenen Bewegung zugunsten häufiger Krankenhausbesuche bei Kindern waren (*Robertson*), finden Bestätigung in wichtigen Beobachtungen an Tieren, besonders an Affen, wobei sich zeigte, daß ihrer Mütter oder auch nur ihrer Spielsachen beraubte und dann in eine ungewohnte Umgebung gebrachte Affenbabies sich reglos hinlegen und weder spielen noch irgendwelches Interesse für ihre Umgebung zeigen. (*Harlow*)

Kinder, die unter diesem einem akuten Entzugssyndrom leiden, werden meist als deprimiert beschrieben und das gibt tatsächlich ihre Stimmung genau wieder. Aber es besteht bei diesen Kindern ein starkes Element des Rückzugs, und in diesen Fällen kann der Rückzug als ein Symptom der Depression bezeichnet werden. Im allgemeinen besteht kein Unterschied zwischen diesem Rückzug und dem Rückzug der als autistisch oder schizophren diagnostizierten Kinder, außer daß ihr Zustand fast immer von einem ziemlich plötzlichen und endgültigen Entzug herrührt, und daß die Prognose in diesen Fällen gut ist, vorausgesetzt, der Bezug zur gewohnten Bezugsperson und gewohnten Umgebung werden rasch wieder hergestellt, oder eine adäquate Ersatzmutter samt unterstützender neuer Umgebung wird dem Kinde geboten. Diese Kinder befinden sich in einem tiefen und allgemeinen Rückzug, aber in der Regel nur zeitweilig. In manchen Fällen freilich scheinen wiederholte und dauernde Rückzugssituationen dieser Art die Entwicklung der Gewohnheit des Rückzugs im Augenblick der Konfrontation mit ungünstigen Umständen zu begünstigen; und ein gewisser Grad von Rückzug kann für solche Kinder zum Lebensplan werden. Dieser Zustand ist natürlich nicht auf Kinder beschränkt; wir alle wissen, daß ein sehr deprimierter Erwachsener wenig oder gar kein Interesse für seine Umwelt an den Tag legt, körperlich und geistig in Trägheit verfällt und sich oft beklagt, er sei nicht imstande, mit irgendjemandem eine Beziehung einzugehen. Mit der Besserung seines Zustands erwacht sein neues Interesse. Bei Erwachsenen ist der Rückzug natürlich selten vollständig, aber jeder Psychiater, der je mit der äußerst schwierigen Aufgabe konfrontiert war, zwischen einem katatonischen Stupor bei einem erwachsenen Schizophrenen und dem depressiven Stupor eines erwachsenen Melancholikers zu unterscheiden, weiß, daß er sich bei Erstellung seiner Diagnose hauptsächlich von der Krankengeschichte und dem weiteren Verhalten des Patienten leiten lassen muß.

Vielleicht liegt in der Tendenz des Symptoms des Rückzugs, in verschiedenen Arten von Gemütskrankheiten aufzutreten, der Schlüssel zu einigen Schwierigkeiten der Diagnose sowohl der Erwachsenen- wie auch der Kinderpsychiatrie.

## 2. Pseudo-Schizophrenie bei Zwillingen

Das außerordentliche Nahverhältnis vieler Zwillinge, besonders identischer Zwillinge, ist wohlbekannt. Eltern äußern öfters einige Besorgnis, weil die Kinder für niemanden außer füreinander Interesse zeigen. Bei gewissen Fällen, wenn Paare anscheinend psychotischer Zwillinge mit Bitten um Rat und Behandlung zur Klinik gebracht werden und bei denen alle im ersten Kapitel in den »neun Punkten« beschriebenen Kriterien vorliegen, liegt dieser Zustand oft in stark übertriebenem Ausmaß vor. Fast immer sind diese Kinder, besonders im Sprechen, zurückgeblieben. Bei näherer Beobachtung wird allerdings klar, daß sich diese Kinder sehr wohl verständigen können, allerdings nur miteinander. Ihre Kommunikation baut nicht auf normale Worte, sie basiert vielmehr auf Grunzen, Gebärden, Lachen, Schreien und Handlungen. Sie haben ein Kommunikationssystem, das stark an das junger intelligenter Affen erinnert. Manche Mütter solcher Kinder erwerben sich tiefe Einblicke in diese bizarren Verständigungsweisen, und unter Umständen verständigen sich die Zwillinge auch mit ihnen auf diese Weise. Man merkt, daß die Zwillinge nur aneinander und an der Mutter interessiert sind; und das Interesse an der Mutter scheint eher geringer als üblich. Solche Kinder neigen zu Überaktivität und Unbändigkeit; sie gehen wenige oder keine Beziehungen zu anderen Kindern ein. All ihr Gefühlsinteresse, Haß wie Liebe, Rivalität und gegenseitige Rückendeckung scheinen aufeinander konzentriert.

Es folgt die Beschreibung eines typischen Falls.

**FALL NR. 14: BERYL UND GILLIAN**

**Aufnahme im Smith-Spital im Alter von 4:9 Jahren.**

**Geschichte:** — Die Beiden sind einei-ige Zwillinge. Abgesehen von gewissen »Herzbeschwerden« der Mutter verlief die Schwangerschaft normal. Gillian wog bei Geburt 3 kg, Beryl 2,5 kg. Sie wurden nur einige Tage brustgestillt, weil der Arzt mit Rücksicht auf den Gesundheitszustand der Mutter zum Abstillen riet. Sie hatten übrigens sechs ältere Geschwister unter vierzehn Jahren. Die Familie lebte in ungünstigen materiellen Verhältnissen und die Mutter, die wegen körperlicher und »nervöser« Symptome in ärztlicher Behandlung war, hatte angesichts der zahlreichen Familie große Schwierigkeiten mit der Bewältigung ihrer häuslichen Aufgaben.
Von den Zwillingen hieß es, sie hätten »ziemlich früh« sitzen gelernt, aber die Fürsorgerin stellte beim Hausbesuch fest, daß sie mit 15 Monaten noch nicht gehen konnten. Mit 19 Monaten krabbelten sie und mit zwei Jahren liefen sie, allerdings war Gillian damals etwas hinter Beryl zurück. Mit 2:6 Jahren wurden beide zum Kinderarzt gebracht, weil eine von ihnen auf Skorbut, die andere auf Rachitis deutende Symptome zeigten. Sie waren in elender Verfassung, die vom Kinderarzt, als sie 3:10 Jahre alt waren, folgendermaßen beschrieben wurde: »Diese Kinder sind sogar voneinander sehr zurückgezogen und zeigen viele Maniriertheiten, wilde Zornausbrüche, und eine Reihe von gewöhnlich bei psychotischen Kindern beobachtete Züge.« Einige Monate darauf glaubte er eine gewisse Besserung feststellen zu können: »Kaum noch als von einander zurückgezogen zu bezeichnen, wohl aber von Erwachsenen.« Nach Aussage der Mutter schrien sie unaufhörlich, sie seien wild und nicht zu bändigen, eine arge Last im Haus. Die Mutter war völlig erschöpft.
Beryl wurde mit 4:6 Jahren im allgemeinen Krankenhaus eingeliefert, wo eine akute Pyelonephritis mit Meningitis diagnostiziert und das Kind als psychotisch bezeichnet wurde. Es hieß, sie wimmere ununterbrochen und stoße gelegentlich durchdringende Schreie aus. »Sie verhält sich wie ein Tier im Käfig; von jedem menschlichen Kontakt völlig zurückgezogen; Wiederholungshandlungen bis zu zwei Stunden; unmögliches Benehmen.« Bei der Aufnahme im Smith-Spital wurden beide als unterernährt befunden. Gillian wurde als aufgeweckter bezeichnet. Beide konnten sprechen, aber beide waren noch nicht sauber und trocken. Beryl neigte dazu, Gillian zu

tyrannisieren, sie war die mehr gestörte, weinte und schrie stundenlang und bekam Wutanfälle. Sie sprachen sehr wenig, schrien aber fast ununterbrochen und wehrten alle Versuche des Personals ab, Beziehungen mit ihnen aufzubauen. Einige Tage nach Aufnahme wurde festgestellt, ihre »Laune habe sich enorm gebessert«. Sie beschnupperten noch immer alles und jeden, rieben Dinge an ihre Oberlippen; auf Anrede reagierten sie nicht. Ihre Sprache war auf dem Niveau Zweijähriger und bestand aus einsilbigen Worten und gelegentlich Phrasen wie »Vogerl fliegt weg«. Es folgte eine Phase des verstärkten Rückzugs, da sich die Zwillinge auch gegenseitig fast völlig ignorierten. Doch das dauerte nur wenige Wochen, dann fingen sie an, mit dem Personal Beziehungen einzugehen und auch zueinander freundlicher zu werden. Einige Wochen darauf fingen sie an, Beziehungen zu anderen Kindern einzugehen und ihr Spiel wurde Schritt um Schritt normaler.

Binnen drei Monaten hatten sie gelernt, ihre Schließmuskeln zu beherrschen, es gab nur gelegentliche Schreikonzerte und sie wurden in jeder Hinsicht weniger unbeherrscht. Ihre Sprache wurde viel deutlicher, während sie sich vorher nur miteinander zu verständigen schienen. Sie hatten nun begonnen, sowohl mit anderen Kindern als auch mit den Betreuerinnen Beziehungen anzuknüpfen, während sie sich früher um niemand gekümmert hatten, außer zu schreien, wenn man ihnen in die Nähe gekommen war. Selbst ihre Aggressionen hatten sie früher nur gegeneinander gerichtet. Ihr körperlicher Zustand besserte sich. Die Berichte des Pflegepersonals zeigten, daß sie nicht mehr als hochgradig schwachsinnige Kinder erschienen. Sie wurden in die Anstaltsschule aufgenommen und zeigten erste Anzeichen eines Ansprechens auf den Unterricht. Ein Jahr nach ihrer Hospitalisierung wurden sie in die öffentliche Grundschule aufgenommen, wo sie ein Jahr lang blieben, bis sie im Alter von acht Jahren nach Hause entlassen wurden. Allerdings mußten sie nach vier Monaten wieder in der Anstalt (Smith-Spital) aufgenommen werden, weil man weder daheim noch in der Schule mit ihnen zu Rande kommen konnte. Aber sehr bald darauf waren sie wieder in der städtischen Grundschule, wo sie bis zu ihrem zehnten Jahr blieben. Interessant zu vermerken, daß ihr intellektuelles Niveau in Tests nach dem erfolglosen Versuch, sie nach Hause zu entlassen, etwas abfiel. (Siehe Tabelle Nr. 3).

*Tabelle 3: Psychologische Beurteilungen*

| Terman-Merrill-Test für Kinder — Leistung | | | Wechsler-Intelligenz-Test | | |
|---|---|---|---|---|---|
| Tatsächliches Alter | Intelligenzquotient Beryl | Gillian | Tatsächliches Alter | Intelligenzquotient Beryl | Gillian |
| 4:9 | 47 | 49 | 5:10 | 93 | 108 |
| 5:9 | 51 | 68 | 7:0 | 89 | 86 |
| 5:10 | 60 | 74 | 7:10 | 106 | 90 |
| 7:0 | 73 | 80 | 9:0 | 85 | 89 |
| 7:10 | 77 | 81 | 10:1 | 91 | 90 |
| 9:0 | 72 | 76 | | | |
| 10:1 | 75 | 81 | | | |

EEG's wurden registriert, als die Zwillinge 9:3 Jahre alt waren, es zeigten sich identische Aufzeichnungen für beide. Diese wurden als »außerhalb normaler Grenzen und mit Merkmalen fast epileptoiden Typs bei Hyperventilation« beschrieben. In einem fünf Monate später aufgezeichneten EEG waren keine wesentlichen Veränderungen zu vermerken.
Beide Zwillinge zeigten eine beständige Besserung ihres körperlichen Gesundheitszustands während der ganzen Dauer ihres Anstaltsaufenthalts und auch danach. Als einzig erwähnenswerte körperliche Anomalie wurde bei beiden Kindern ein Nystagmus festgestellt, der später verschwand.
Nach Entlassung vom Smith-Spital mit 10:3 Jahren verbrachten die Zwillinge ein Jahr auf einem Schulinternat, dann wurden sie nach einem anderen versetzt. Sie machten ständig normale Fortschritte und zur Zeit ihres 13. Geburtstages waren sie recht vergnügte junge »Teenager«, etwas übermütig in ihrem Benehmen, mit herzlichen und unmittelbaren, wenn auch etwas oberflächlichen Beziehungen zu Erwachsenen sowohl als zu anderen jungen Leuten; aber beide konnten sicherlich als emotional innerhalb normaler Grenzen bezeichnet werden.

Von solchen Kindern kann man sagen, daß sie niemand sonst brauchen, als einander. Von Anfang an besteht zwischen ihnen und ihrer Mutter eine Dreiecksbeziehung; und besonders in einer zahlreichen Familie oder wenn die Mutter sich nicht besonders bemüht, die Kinder als Individuen zu behandeln, besteht die Gefahr, daß die beiden sich selbst und einander überlassen bleiben, so daß sich eine sehr enge Beziehung entwickelt, die de facto pathologisch ist. Da sie einander haben, brauchen sie keine anderen Menschen. Gehen sie keine Beziehungen mit anderen Menschen ein, so besteht die Gefahr, daß sie keinen Ansporn haben, sich mit der Welt der Realität und mit anderen Menschen einzulassen. In solch einem Fall kann man nicht sagen, sie leben in ihrer persönlichen Welt; sie leben viel mehr in ihrer Zwillingswelt. Sie haben daher ein geringes Bedürfnis, in der Welt vorwärtszukommen, sie haben wenig Bedürfnis nach Anerkennung seitens der Mutter für irgendwelche Fortschritte, die sie machen mögen, noch viel weniger brauchen sie die Anerkennung anderer Menschen. Sie brauchen nicht zu reden, weil sie ihre Erfordernisse einander und zu einem geringeren Grad der Mutter zur Kenntnis bringen können, ohne zu reden, und von Außenstehenden wollen sie nichts. Sie erfinden ihre eigenen Spiele, ohne die Spiele anderer Kinder zu berücksichtigen und haben keinen Wunsch, mit ihnen zu konkurrieren.

Unter der Behandlung mit dem Ziel, sie zu überreden, sich als Individuen und nicht als identische Hälften einer Person zu betrachten, zeigten Beryl und Gillian eine ganz bemerkenswerte Besserung. Unter normalen Bedingungen und selbst ohne Behandlung würden solche Zwillinge schließlich so oder so irgendwie getrennt werden, und man kann mit einigem Vertrauen eine viel bessere Prognose stellen, als bei autistischen Kindern im allgemeinen.

Eine Ausnahme zu dieser Verallgemeinerung bilden Georg und Thomas (Fall Nr. 15). Sie sind identische Zwillinge, die sich anfangs scheinbar normal entwickelten und mit 14 Monaten selbständig gehen konnten. Aber dann trat scheinbar eine Verlangsamung ihrer Entwicklung ein und obwohl sie mit 18 Monaten einzelne Worte zu sagen begannen und mit 2 Jahren den zu erwartenden Wortschatz hatten, haben sie nie Phrasen oder, nachdem sie 2:6 Jahre alt wurden, weitere Worte erworben. Auch merkte die Mutter um diese Zeit, daß sie sie nie ansahen, wie es die anderen Kinder zu tun pflegten und daß sie weniger auf Töne und Geräusche ansprachen, während sie in ihren ersten zwei Jahren viel geräuschempfindlicher gewesen waren, als ihre Geschwister. Mit vier Jahren waren sie über-aktiv geworden und vermieden Blick- und Hörkontakt, zeigten ein unbeständiges Schielen und eine wachsende Zahl von sonderbaren Gewohnheiten. Abgesehen von einem einzelnen Wort hie und da redeten sie nicht mehr, die Harn- und Stuhlkontrolle hatten sie nie gelernt, und sie gingen keine Beziehungen zu anderen Kindern ein. Sie ignorierten einander, aber nicht in genügendem Ausmaß, als daß sie jedes für sich hätten spielen können, sie liebten Hätscheln und Balgereien mit ihrer Mutter und ihren älteren Geschwistern — lauter Mädchen, die alle den Zwillingen innig zugetan waren. Nach Ansicht der Mutter war der Vater seit ihrer Geburt sehr eifersüchtig auf die Zwillinge, er konnte ihr Betragen überhaupt nicht vertragen. Aber die Mutter bestand darauf, sie daheim zu behalten, und tagsüber waren sie in einem benachbarten Heim untergebracht. Mit neun Jahren waren sie maßlos über-aktiv, boshaft, nicht zu bändigen, wortlos und für eine konstruktive Beschäftigung nicht zu haben. In diesem Fall ist die Prognose ungünstig.

## 3. Pseudoschizophrener Negativismus

Eine bemerkenswerte Ähnlichkeit mit dem schizophrenen Syndrom zeigt eine Gruppe von Fällen, die in der Regel nicht von ihm unterschieden wird und in denen während der ganzen Kindheit ein extremer Negativismus gegen die Eltern, besonders gegen die Mutter besteht. Es handelt sich dabei um Kinder, die keinen Anschluß an ihre Altersgenossen finden, die als Debile erscheinen, obwohl sie von Zeit zu Zeit die Anzeichen einer viel höheren Intelligenz zeigen, und die übertrieben abhängig und kindisch sind. Die Erklärung für diesen Zustand scheint in der Tatsache zu liegen, daß sie in Gegenwart ihrer Mutter immer in besonders schlechter Form sind; sie bestrafen und quälen ihre Mutter anscheinend mit ihrer Dummheit und einer maßlosen, klettenhaften Abhängigkeit. Werden sie von ihrer Mutter getrennt, so verfallen sie in die wildesten

Zornausbrüche unmittelbar vor und während des Moments der Trennung, doch dann verflüchtigt sich ihre wilde Verzweiflung sofort nach dem Weggang der Mutter.

Es ist ein Zustand, der meist eher bei Mädchen als bei Knaben auftritt. Dem Anschein nach benützt das Kind die Babyhaftigkeit als Mittel, alles Interesse und die ganze Aufmerksamkeit der Eltern auf sich allein zu konzentrieren. Die Väter zeigen meist besondere Zuneigung zu solchen Kindern und scheinen außerstande, die mindeste Festigkeit mit ihnen aufzubringen. Die Mütter zeigen eine ganz merkwürdige Mischung von Zuneigung und Ressentiment; sie dulden die extremsten Provokationen, putzen und reinigen hinter ihnen her, lassen sich die wildesten Wutanfälle gefallen und lassen es zu, daß die Kinder ein normales Familienleben unmöglich machen. Meist versuchen sie mit Erfolg, ihr Ressentiment gegen das Verhalten des Kindes vor sich selbst und vor aller Welt zu verbergen. Die Eltern laufen vom Kinderarzt zum Psychiater, von medizinischen zu Laienhypnotiseuren, von Gesundbetern zu Scharlatanen und Quacksalbern in ihrem Bemühen, jemanden zu finden, der ihr Kind »heilen« kann. Keiner kann ihnen da viel helfen, denn die einzige »Kur« besteht in der prompten Entfernung des Kindes aus dem Familienkreis und darauf folgender schrittweiser Wiedereinführung, wobei es ganz darauf ankommt, wieweit das Kind bereit ist, sich daheim ordentlich aufzuführen. Und es sind die Eltern — die samt und sonders an dem leiden, was *Ounsted* »Hyperpädophilie« genannt hat — die nicht imstande sind, diese drastische Behandlung zu ertragen. Je schmerzlicher die Symptome für die Mutter sind, desto fester wird das Kind an ihnen festhalten.

Manchmal zeigen die Kinder eine funktionelle Taubheit oder Stummheit, wie sie im schizophrenen Syndrom geschildert wurde, und auch das dient ihnen als wertvolle Waffe, weil es die Eltern aus der Fassung bringt und das Kind der Verantwortung enthebt, etwas zu lernen und aufzuwachsen. Gewöhnlich ist es nicht möglich, das Kind von der Mutter zu trennen, weil sie emotional extrem an es gebunden ist und solche Patienten wachsen zu Jugendlichen und Erwachsenen heran, die von ihren Müttern abhängig sind, wie kranke Säuglinge. Ihre Beziehung gleicht der von *Mahler* beschriebenen symbiotischen Beziehung und bleibt vom Säuglingsalter die Kindheit hindurch und bis ins Erwachsenenleben aufrecht. Man sollte es aber lieber ein parasitische, nicht eine symbiotische Beziehung nennen, denn es zerstört die Mutter und schließlich auch das Kind.

Diese Kinder weisen die meisten der von der Arbeitsgruppe *Creak*, als Kriterien des schizophrenen Syndroms beschriebenen Symptome auf — Versagen persönlicher Beziehungen, funktionelle Subnormalität, Verständigungs- und Hörschwierigkeiten, sonderbare Gewohnheiten und psychosomatische Störungen. Dabei hat man aber den deutlichen Eindruck, daß es sich eher um eine Erkrankung der gesamten Familie handelt, als des einzelnen Patienten. Diese Kinder vermitteln dem Arzt nicht ganz das gleiche Gefühl, das »Gespür«, das er dem wahrhaft autistischen Kind gegenüber empfindet. Man kann mit ihm eine Beziehung herstellen — vielmehr man könnte, wenn es sich nicht dagegen wehrte, von seinen Eltern weggezogen zu werden. Sind sie einmal weg von ihren Eltern, so kann man sie überreden, viele ihrer psychotischen Symptome aufzugeben. Manchmal machen sie in der Anstalt wirklich gute Fortschritte, vorausgesetzt, die Eltern lassen sie in Ruhe. Aber in der Regel sind die Eltern dazu nicht imstande, und so gebärdet sich das Kind in der Anstalt weiter wie ein unverantwortliches Baby, und dieses Verhaltensmuster nistet sich unausrottbar ein. Es folgt die Beschreibung eines typischen Falls:

**FALL NR. 16: JULIE**

**Aufnahme im Smith-Spital im Alter von 7:10 Jahren.**

**Die Mutter klagt:** — Daheim und auf dem Schulweg unbändig; zurückgeblieben; hat keine Freunde.

**Geschichte:** — Den Eltern zufolge war Schwangerschaft, Geburt und Frühgeschichte normal in jeder Beziehung. Julie soll sogar etwas frühreif gewesen sein und alle Entwicklungs-Stadien früh absolviert haben. Mit drei Jahren fing sie an, zum Kindergarten zu gehen, welcher jenseits der modernen Wohnung der Familie lag, von ihr durch eine größere umzäunte Grünfläche getrennt. Julie ging und kam allein, aber unter den Augen der Mutter. Julie lebte sich sofort im Kindergarten ein, schloß Freundschaften und brachte ihre Freundinnen zu Besuch heim, sie war in jeder Beziehung ein fröhliches, zuversichtliches Kind. Als Julie 4:6 Jahre alt war, übersiedelte die Familie in ein Haus, um für das Kind einen Garten zu haben. Man ließ sie im selben Kindergarten, da sie sich dort wohl zu fühlen schien, obwohl nun zweimal täglich eine Autobusfahrt nötig war. Aber nun geriet Julie, wenn die Mutter nachmittags erschien, um sie abzuholen, in wilde Zornausbrüche, schrie und strampelte im Autobus und auf dem ganzen Heimweg auf der Straße. Daheim angekommen beruhigte sie sich sofort. Zur gleichen Zeit fing sie an sich zu wehren, wenn man sie daheim zum Ausgehen für den Schulweg ankleiden wollte. Ihr unmögliches Betragen auf dem Heimweg besserte sich etwas, wenn ihr die Mutter erlaubte, allein vorauszugehen. Der Weg dauerte eine gute halbe Stunde, wobei die Mutter, von ihr ungesehen, hinter ihr herging. Auf dem Heimweg redete sie Tiere und Menschen an, denen sie unterwegs begegnete, und kam vergnügt und entspannt daheim an. Diese Prozedur war natürlich für die Mutter sehr strapaziös, und zum nächsten Termin wurde Julie in eine andere, ihrem neuen Heim viel näher gelegene Vorschule übersiedelt. Dort lebte sie sich nie ein und sagte, sie möge die Kinder und die Lehrerinnen nicht. Sie schloß keine Freundschaften und wurde eigenbrötlerisch. Aus der Schule kamen Beschwerden, sie gebe sich überhaupt keine Mühe, etwas zu lernen. Sie ging noch immer lieber allein heim, und wenn die

Mutter kam, um sie abzuholen, tobte sie wieder auf dem ganzen Heimweg. Manchmal wollte sie getragen werden und behauptete, die Beine täten ihr weh. Ihre Mutter war total erschöpft. Wegen ihres gestörten Verhaltens wurde sie mit fünf Jahren nicht in die erste Grundschulklasse versetzt, sondern blieb im Kindergarten. Julies Verhalten wurde immer unbeherrschter. Im Autobus versuchte sie, Leute von ihren Sitzen zu verdrängen und schob die Menschen beiseite. Als sie sechseinhalb Jahre war, gaben es die Eltern auf, sie zur Schule zu schicken, und sie blieb daheim. Sie wollte sich nicht zum Ausgehen anziehen lassen und sagte, sie fürchte sich, aus dem Haus zu gehen. Besuche des Inspektors der Schulbehörde fruchteten nichts, man wandte sich an eine Erziehungsberatungsstelle. Mit 7:10 Jahren wurde Julie ins Smith-Spital eingewiesen.

**Familiengeschichte — Mutter:** — Nach dem Tod ihrer eigenen Mutter wurde die Mutter von ihrer Großmutter erzogen; danach — sie war damals neun Jahre alt — verlor sie jeden Kontakt mit ihrem Vater und ihren Geschwistern. Sie verließ ihre Großmutter mit 17 Jahren, um sich auf eigene Faust durchzubringen. Sie ist intelligent, ordnungsliebend, penibel, eine gute Hausfrau, ehrgeizig für ihre Tochter und sehr auf Erfolg und Ansehen ihrer Familie bedacht. Ihrer Tochter schien sie liebevoll und herzlich zugetan, aber chronisch ängstlich und besorgt. Der Vater scheint eine schwere Kindheit durchgemacht zu haben, und hart und lieblos aufgezogen worden zu sein. Er ist qualifizierter Industriearbeiter, zeigt großes Interesse an Motorrädern und Autos, Maschinenbau und allerlei Sport. Auch er ist chronisch ängstlich und besorgt, was sich nicht nur in seiner übertriebenen Sorge um seine Tochter äußert, sondern auch in verschiedenen psychosomatischen — vor allem gastritischen und dermatologischen — Symptomen.

Julie ist das einzige Kind, und als Grund dafür nannten die Eltern ihre Entschlossenheit, all ihre Mittel und Energien zu mobilisieren, um Julie die bestmögliche Erziehung zu vermitteln. Beide Eltern liebten ihr Kind abgöttisch, aber ihre Ambitionen für sie waren ganz verschieden. Die Mutter wünschte sich eine sehr mädchenhafte, an fraulichen Belangen interessierte und darin erfolgreiche Tochter, während sich der Vater einen an Sport und am Lernen interessierten Wildfang wünschte, ein Kind, das ihm Sohn und Tochter zugleich sein und durch Lernen und Fleiß all die akademischen, sportlichen und wirtschaftlichen Erfolge einheimsen sollte, die er sich für sich selbst gewünscht hätte.

Der Vater war geradezu krankhaft auf seine Tochter konzentriert, neigte dazu, sie in jeder Hinsicht zu verwöhnen, während die Mutter sie lieber mit festerer Hand und weniger sentimental und über-zärtlich behandelt hätte. Daraus erwuchsen ständige Konflikte zwischen den Eltern, die Julie bei jeder Gelegenheit weidlich ausnützte. So entwickelte sie eine hohe Fertigkeit in der Kunst, Personen gegeneinander auszuspielen, eine Fertigkeit, welche die Hausmutter in der Anstalt als »fast eine Insel der Intelligenz« bezeichnete. Sie war nicht bereit, Entgegenkommen für die Mutter zu zeigen, noch in der Schule im Lernen oder durch geselligeres Verhalten Fortschritte zu machen, noch ihre abhängige und babyhafte Haltung zu ändern. Sie quälte ihre Mutter mit fortwährenden wiederholenden Fragen und unerfüllbaren Forderungen und suchte die Zeit und Aufmerksamkeit ihres Vaters auf Kosten der Mutter ausschließlich in Beschlag zu nehmen; sie duldete auch keine Zärtlichkeitsbezeigungen zwischen ihren Eltern. In

einem Stadium bestand sie darauf, daß der Vater in ihrem Bett schlafe, und kroch zur Mutter ins Bett.
Mit den Eltern wurde vom Moment ihrer Aufnahme im Smith-Spital ein sehr enger Kontakt hergestellt. Die psychiatrische Beraterin besuchte die Mutter sehr oft und der Vater kam regelmäßig zum Arzt in die psychiatrische Klinik. Es war aber außerordentlich schwer, den Vater zu bewegen, seine Haltung zu ändern. Die Mutter versuchte es mit Festigkeit, aber sie scheiterte an der Entschlossenheit des Kindes, an der Schwäche des Vaters und seinem Bedürfnis nach engem Kontakt mit dem Kind. Anfangs wurden die Eltern ersucht, das Kind nicht in der Anstalt zu besuchen, um allen dreien eine Ruhepause und Abstand von der Dreiecksbeziehung zu geben. Julie machte nur langsame Fortschritte in der Anstalt, sie versuchte weder in der Schule etwas zu lernen, noch geselligen Anschluß in der Gruppe zu finden. Dauernd beschuldigte sie die anderen Kinder, sie suchten Streit mit ihr, und wenn Anforderungen an sie gestellt wurden, reagierte sie hypochondrisch und entdeckte allerlei Wehwehchen.
In der Anstalt machte sie langsam Fortschritte, wurde zugänglicher und mit 8:6 Jahren, acht Monate nach ihrer Hospitalisierung hieß es von ihr, sie sei »wie ausgewechselt«. Sie hatte in jeder Hinsicht Fortschritte gemacht und die Beziehungen zwischen ihr und den anderen Kindern waren nun viel besser. Während der ersten Monate kamen die Eltern nicht zu Besuch, und als sie die Besuche wieder aufnahmen, gerieten alle drei Mitglieder der Familie jedesmal ganz außer Fassung, und zwar so sehr, daß die Mutter ihre Besuche einstellte und der Vater allein kam. Diese Besuche waren Julies Fortschritten in Wirklichkeit sehr abträglich. Zu anderen Zeiten, zwischen den Besuchen war sie meist ruhig und brav und vertrug sich recht gut mit den anderen Kindern. Aber sie wollte immer besonders beachtet werden und suchte die anderen Kinder auszuschließen. Vier Monate später vermerkte die Hausmutter, daß sie in der Anstalt liebenswürdig und brav war, aber in Anwesenheit ihrer Eltern sich wie ein kleiner Teufel aufführte. Sie war immer nett und adrett anzusehen und obwohl sie sich in der Schule nicht bemühte, Lesen, Schreiben und Rechnen zu lernen, wurden ihre Handarbeiten von der Lehrerin immer als sehr gut bezeichnet. Mit fast neun Jahren versuchte man wieder, sie in die Familie einzugliedern. Ihre Mutter empfand die Besuche in der Anstalt als unerträglich und so wurde Julie zu kurzen Besuchen nach Hause gebracht, wo sie alle vierzehn Tage abwechselnd ihren Vater und ihre Mutter besuchte. Aber nun gingen ihre Fortschritte in der Anstalt auf fast Null zurück. Mit 9:9 Jahren hieß es in ihrer Beschreibung, sie sei sehr laut, zeige variables Schielen, Augenrollen und Körperschaukeln. Die Lehrerin hatte den Eindruck, sie »verliere die wahren Zusammenhänge zwischen Phantasie und Realität nicht nur beim Hören, sondern auch beim Sehen«. Dauernd beschwerte sie sich über die anderen Kinder, sobald eines auch nur einen Blick in ihre Richtung zu werfen wagte. Sie wiederholte dauernd die gleichen Fragen. Sie stellte innerhalb von zehn Minuten die Frage, »Kommt meine Mutti heute?« fünfundzwanzigmal, obwohl die Lehrerin jedesmal mit »Ja« antwortete. Sie bildete sich ein, die anderen Kinder hänselten sie und täten ihr weh, und behauptete, sie schlügen sie, selbst wenn sie in der entferntesten Zimmerecke waren. Mit zehn Jahren verbesserte sie plötzlich ihre Leistungen in der Schule, allerdings hauptsächlich nur in Handarbeiten, persönlicher Sauberkeit und Nettigkeit. Doch bald danach fiel sie in ihren Schularbeiten stark zurück, und obwohl sie

schon gelernt hatte, Sätze zu schreiben, schrieb sie nun überhaupt nicht. Ihre Haltung wurde noch mehr paranoid und nun beschuldigte sie sogar ihre Schulbücher, sie zu hänseln.

Trotz mangelhafter Fortschritte in der Schule behaupteten die Eltern, sie sei nun zu Hause viel besser, und das systematische Programm, sie daheim langsam wieder in die Familie zu verpflanzen, wurde fortgesetzt, indem die Dauer ihrer Besuche schrittweise verlängert wurden. Schließlich, als Julie 12:10 Jahre alt war, behielten die Eltern sie zu Hause und erklärten, sie könnten die schrecklichen Szenen nicht ertragen, die sich abspielten, wenn sie sie in die Anstalt zurückbringen wollten.

Die psychiatrische Fürsorgerin hielt einen engen Kontakt aufrecht und der Versuch wurde unternommen, sie im Bezirksschulungszentrum unterzubringen. Zu dieser Zeit war dort kein Platz frei, und so blieb sie acht Monate lang ohne Beschäftigung und Schulunterricht daheim. Als sie mit 14 Jahren einen Platz im Schulungszentrum zugewiesen erhielt, machte sie große Schwierigkeiten, wollte die wenigen Schritte zum Schulbus nicht gehen und schrie und strampelte den ganzen Weg. Ihre Mutter blieb aber fest, und das Betragen des Kindes besserte sich in dieser Beziehung. Im Schulungszentrum hatte man im Lehrkörper den Eindruck, sie zeige Anzeichen der Besserung. Aber dann kamen zehn Tage Ferien und danach weigerte sich Julie, wieder hinzugehen. Weder den Eltern noch dem psychiatrischen Betreuer vom Gesundheitsamt gelang es, Julie zum Weiterbesuch des Schulungszentrums zu bewegen.

Julie war nun 15:10 Jahre alt, und daheim hatte sich eine ganz außerordentliche Situation entwickelt. Julie beherrschte den Haushalt und kommandierte die Mutter dauernd herum. Sie duldete ihre Mutter weder in der Küche noch im Wohnzimmer — diesen Teil des Hauses, das ganze Erdgeschoß, nahm sie in Besitz — und verbannte die Mutter ins obere Stockwerk und in den Garten. Sie raunzte und plärrte, war störrisch und total undiszipliniert. Aber sie kochte und säuberte, wusch und bügelte mit bemerkenswerter Tüchtigkeit; das Haus war tadellos sauber, dem Vater schmeckte das Essen, das sie ihm servierte, und er war sehr stolz auf seine Tochter. Hatte der Vater sein Abendessen verzehrt, so kleidete sich Julie sorgfältig an und überredete ihn, sie in ein Kino, zur »Sport«-Halle oder auf eine Spazierfahrt auszuführen — während die Mutter natürlich daheim bleiben mußte. Schließlich verlor die Mutter die Geduld bei diesem unmöglichen Zustand und bestand darauf, daß Julie in die Anstalt zurück müsse.

In der Anstalt trat ein schwerer Verfall in Julies Verhalten ein und mit 16:6 Jahren verzeichnet man im Bericht, sie sei nicht imstande, sich selbst richtig zu kleiden, sei laut, übermütig und benehme sich wie ein schwer gestörtes Kind; mit schmutzigen Gewohnheiten und infantilem Benehmen. Kamen die Eltern zu Besuch, so benahm sie sich ärger denn je und man konnte deutlich sehen, welch schmerzhafter Anblick das für ihre Eltern war. Aber in der Anstalt wurde sie jetzt unter ein viel strengeres Regime gesetzt, als sie je gekannt hatte, sie wurde viel strikter diszipliniert, gleichzeitig aber sehr individuell und mit viel liebevoller Hingabe betreut. Die Eltern hatten endlich begriffen, daß man sie mit Festigkeit behandeln müsse, und damit war es ihnen nun möglich, Julie in der Anstalt zu besuchen und am Ende jedes Besuchs zu bewegen, in ihren Krankensaal zurückzukehren. Erlaubte man ihr aber einen Besuch daheim, so war es nur mit größter Mühe möglich, sie nachher zur Rückkehr in die Anstalt zu bewegen.

Sie hat einige Fortschritte gemacht, und ihre Handarbeiten sind jetzt fast so schön, wie sie diese als neunjähriges Kind gemacht hatte. Sie ist imstande, sich — leidlich — zu waschen und zu kleiden, ist etwas weniger ausgelassen, außer wenn ihre Eltern zugegen sind, und sie tut mehr oder weniger, was man ihr sagt.

Bei ihren Intelligenztests erbrachte sie bemerkenswerte konstante Resultate, die immer nur um wenige Punkte um IQ 50 variierten, in verschiedenen Tests, auf verschiedenen Altersstufen. Wenn sie guter Laune und in einer stabilen Phase war, übertrafen ihre Leistungen in Handarbeiten und häuslichen Arbeiten dieses Niveau enorm. Ihr körperlicher Gesundheitszustand war und ist in all diesen Jahren ausgezeichnet. Ihr äußerst variables Schielen — manchmal fehlt es völlig — ist das einzige abnormale körperliche Merkmal.

Ein anderer Patient, bei dem autistische Symptome in schwerem Ausmaß vorliegen bei dem aber Negativismus der wichtigste Faktor zu sein scheint, ist John (Fall Nr. 17), der bei Aufnahme 3:11 Jahre alt war. Die Problemstellung in diesem Fall war, daß dieses Kind weder gehen noch stehen wollte, wenn ihn die Mutter nicht bei der Hand hielt; des weiteren gewalttätiges Kopfschlagen und allgemeiner Negativismus.

**FALL NR. 17: JOHN (II)**

**Familiengeschichte:** — Vater ist Beamter, Mutter Hausfrau. Zwei Geschwister, ein zehnjähriges Mädchen und ein sechsjähriger Knabe, sind völlig normal. Keine psychiatrischen Störungen in der Familie zu verzeichnen.

**Die eigene Geschichte:** — Schwangerschaft, Geburtsverlauf und Entbindung normal, John wurde daheim entbunden. Gewicht bei Geburt 4 kg. Er wurde nicht brustgestillt, nahm aber die Flasche bereitwillig. Mit zwei Jahren konnte er allein sitzen und etwa sechs Monate später lernte er mit Unterstützung zu stehen. Mit drei Jahren konnte er mit Unterstützung gehen. Mit 14 Monaten wurde er von einem Kinderarzt gesehen; zu diesem Zeitpunkt konnte er nicht ohne Hilfe sitzen und machte keinen Versuch, sich selbständig zu füttern, spielte nicht mit Spielsachen und war wortlos. Er war in der Muskulatur hypoton. Er wurde hospitalisiert und gründlich untersucht, aber man fand keine Anomalie, die seine Zurückgebliebenheit erklärt hätte. Er wurde dann an das Krankenhaus in Great Ormond Street verwiesen, und auch dort befand man, er sei ein einfältiges, geistig defektes Kind, ohne Hinweise auf eine mögliche Behandlung geben zu können. Als Säugling war John außerordentlich still, lag stundenlang ruhig im Kinderwagen und weinte wenig. Der Mutter zufolge wurde sein Verhalten schlechter, als er mit 3 Jahren reden und sitzen gelernt hatte. Früh im vierten Jahr lernte er mit Hilfe stehen und gehen, machte aber keinen Versuch, allein zu gehen. Er war überhaupt nur bereit zu gehen, wenn er seine Mutter direkt berührte. Sein Kopf-anschlagen wurde schlimmer, er fing immer damit an, wenn etwas nicht nach seinem Willen ging; Kopf und Gesicht waren immer voller Schrammen. Seine Wutausbrüche mehrten und verschlimmerten sich. War er früher ganz zufrieden gewesen, ruhig bei seiner Mutter zu sitzen und beim Fernsehen zuzusehen, so wehrte er sich jetzt dagegen. Er wurde immer trotziger und negativistischer — wenn etwa die Mutter sagte, »zieh nicht an den Vorhängen«, so tat er genau dieses.

Um Ruhe zu haben, mußte ihn seine Mutter ins Gitterbett stecken und etwas darüber spannen, um ihn daran zu hindern, sich den Kopf anzuschlagen; so verbrachte John bis zu seiner Hospitalisierung einen großen Teil der Zeit. Er hatte mit drei Jahren angefangen, einige Worte zu sprechen, und zur Zeit seiner Einweisung konnte er ziemlich fließend sprechen und Sätze sinngemäß anwenden. Längere Trennnungen vom Elternhaus hatte es nicht gegeben, außer einer zweimaligen Hospitalisierung von je zwei Wochen Dauer. Mit 3:9 Jahren wurde er von einem psychiatrischen Berater untersucht, der ihn sowohl für geistig zurückgeblieben als auch psychotisch befand und der Meinung war, es bestünde wenig Aussicht auf eine Besserung durch Behandlung. Als er mit 3:10 Jahren untersucht wurde, war ein schwerer Negativismus, der sich keineswegs allein auf das Gehen bezog, das hervorstechendste Merkmal. John verhielt sich in jeder Hinsicht völlig ablehnend, unkooperativ und aggressiv, wobei sich die Aggressivität teilweise, in Form des Kopf-schlagens oder -stoßens gegen sich selbst richtete; vorzugsweise stieß er mit dem Kopf gegen die Köpfe anderer Leute, schlug ihn gegen den Boden oder gegen irgend einen harten Gegenstand. Bei formalen Tests war er unkooperativ, und erreichte ungefähr einen IQ von 50, obgleich sein Potential viel höher liegt und seine Retardierung fast ausschließlich auf seine emotionale Störung zurückzuführen ist. Im damaligen Stadium war John nicht typisch autistisch, doch zeigte er eine Anzahl autistischer Maniriertheiten und Merkmale.

**Zustand bei der Aufnahme**

**Körperliche Untersuchung:** — Abgesehen von einigen Quetschungen und Verletzungen an der Stirn (die er sich selbst zugefügt hatte) war John ganz gesund. Die Quetschungen datierten von verschiedenen lang zurückliegenden und teilweise recht schweren Verletzungen. Er schielte unbeständig, aber sonst war er körperlich ganz in Ordnung, sah auch, abgesehen von den Quetschungen und einer gewissen Blässe, gesund aus. Er war gut gepflegt, trug aber noch Windeln, da er noch nicht sauber und trocken war. Das Kind war extrem über-aktiv.

**Verhalten:** — John klammerte sich an seine Mutter und war nur gewillt zu stehen oder zu gehen, wenn er mit ihr Fingerkontakt hatte. Obwohl seine Mutter zugegen war, wiegte er sich hin und her, sprang, stampfte und schrie dauernd »Ah«. Er war äußerst unruhig und versuchte dauernd, die Stühle umzureißen. Immer wenn er Oberflächen, Aschenbecher oder andere Gegenstände untersuchen wollte, faßte er seine Mutter bei der Hand und zog sie mit zu seinen Zielen. Wollte er etwas vom Boden aufheben, mußte sich die Mutter mit ihm bücken, so daß er es erreichen konnte, ohne Kontakt mit ihr zu verlieren. Ging etwas nicht nach Wunsch, so schlug er seinen Kopf gegen den Boden oder gegen einen anderen Gegenstand oder er stürmte auf größere Dinge wie Stühle, Schreibtische usw. zu und stieß mit dem Gesäß gegen sie. Trennte man ihn gewaltsam von seiner Mutter, so erstarrte er entweder wie im Opisthotonus und schlug mit dem Kopf sehr hart auf, oder er klappte zusammen wie ein Taschenmesser und kollabierte — selbst wenn seine Mutter nur ein paar Zentimeter außer Greifweite war. Sein höchst gestörtes Verhalten bedeutete offenbar eine äußerste Strapaze für seine Mutter, die jetzt in seiner Ablehnung Zuflucht suchte, indem sie ihn zum Beispiel ins Gitterbett steckte.

**Sprechen:** — An seinem Alter gemessen war Johns Sprechweise deutlich retardiert; gewisse Wortwendungen verrieten aber ein weit höheres intellektuelles Potential, als seine Verhaltensweisen vermuten lassen würden. Er redete eintönig, in hoher Tonlage, weinerlich und ohne Klangvariationen. Obwohl er sachbezogen sprechen könnte, wiederholte er eintönig gewisse Phrasen in einer Manier, die seine Mutter als höchst irritierend empfand. Zum Beispiel, »Will ins Bett gehen«, oder »Will zum Telephon«, oder »Will Oma besuchen«. Er hatte noch andere Kommunikationsformen, zumeist Ausdrücke positiver Behauptung, oder des Zorns; zum Beispiel schrie er »Ah«, wenn er zornig war oder etwas wollte. Sonst rannte er, wenn er sich frustriert fühlte, einfach los und stieß gegen Möbelstücke in der Nähe der betreffenden Person.

**Empfänglichkeit und Ansprechbarkeit:** — Zweifellos könnte John auf seine Mutter, auf andere Menschen und auf die Realitätssituation ansprechen. Er war aber so intensiv negativistisch, daß seine Reaktionen meist in Form einer Verweigerung der Zusammenarbeit und sichtlichen Zorns, erfolgten. Er konnte auf alle Sinnesmodalitäten reagieren, doch schienen die durch das Kopf-anschlagen verursachten Schmerzen an ihm abzuprallen; er reagierte oft nicht auf das gesprochene Wort und manchmal zeigte er eine charakteristische Vermeidung des Blickkontakts, indem er an der ihn anredenden Person knapp links vorbeisah. Auf andere Kinder reagierte er überhaupt nicht, und auf Erwachsene, abgesehen von seiner Mutter, nur in sehr beschränktem Maße, manchmal lächelte er normal, aber zumeist schien sein Lächeln imitativ und vermittelte kein Glücksgefühl.

**Spiel und Verhalten:** — John war zu zerstreut und über-aktiv, als daß er mit irgend etwas hätte ordentlich spielen können. Er hantierte mit allerlei Sachen im Zimmer, zerrte und riß an Papieren, warf Aschenbecher um, griff tollpatschig und nur für einen Augenblick nach allem und jedem. Wollte man seinem störenden Verhalten Einhalt tun, so wurde er zornig und zeigte die verschiedenen oben beschriebenen negativistischen Reaktionen. Aber er hatte keine eindeutigen, vollentwickelten Rituale.

**Stimmung:** — John war sichtlich angespannt und unglücklich. Der einzige Gefühlsausdruck, dessen er fähig blieb, war Zorn. Obwohl sich ein Großteil seiner Wut gegen sich selbst richtete, hauptsächlich in Form des Kopfschlagens, konnte er seinen Zorn auch gegen Fremde und gegen seine Mutter zum Ausdruck bringen. Er versuchte z. B. seine Nägel in Andere zu krallen, sie zu kneifen, ihnen mit Fingern in die Augen zu fahren oder sie zu beißen. Ihre Bemühungen, eine Beziehung aufrechtzuerhalten, die ihr gar keine Freude brachte, empfand die Mutter als totale Niederlage. Sie scheute sich nicht, sein unbefriedigendes Verhalten in Johns Anwesenheit zu beschreiben, und John selbst murmelte sehr oft, »John ist ein böser Bub'«.

In den vier Monaten seit Johns Aufnahme in die Anstalt hat sich sein Verhalten dramatisch geändert. Anfangs pflegte er immer noch oft seinen Kopf gegen den Boden zu schlagen und wollte nicht gehen, wenn ihn nicht eine bestimmte Pflegerin bei der Hand führte. Er geriet auch in Wutausbrüche und wollte nicht essen, dabei verschüttete er sein Essen meist über andere Kinder und auf den Boden. Anfangs bereiteten diese Symptome den Mitarbeitern fast so viel Kummer wie seiner Mutter; aber er begann sich zu bessern, nachdem man ihm einen Kopfschutz anpassen ließ und das Pflegepersonal instruiert hatte, sein Kopfschlagen und seine Wutausbrüche zu ignorieren. Schwierig war die Bewältigung des Problems seiner Ernährung. (Wie man sieht, hatte er die beiden Symptome gewählt, die mehr als alle andere geeignet sind, Besorgnis zu verursachen, weil sie

beide die Gesundheit des Kindes gefährden.) Aber zum Glück war es damals sehr heiß, und John war nicht geneigt, sich die schlimmste Strafe, Durst, aufzuerlegen und Getränke zu verweigern. War er durstig, bekam er nichts als Milch oder ein hochkonzentriertes Nährpräparat zu trinken; so erhielt er genug Flüssigkeit und genügend Nahrung.
Man konnte es ignorieren, wenn er sich weigerte, zu essen, und wenn er anfing, mit Essen um sich zu werfen, wurde er aus dem Speisesaal entfernt. Nach einigen Wochen aß er ganz brav. Mit der Besserung seiner Symptome fiel es nun auch seiner Mutter bei ihren Besuchen leichter, ihn anzunehmen, und die Dauer ihrer Besuche konnte langsam erhöht werden. Sein Negativismus hat sich stark reduziert und er fängt an, Fortschritte in jeder Hinsicht zu machen; aber er verkörpert natürlich immer noch ein ernstes Problem.

Die Fälle Johns und Julies sind natürlich extreme Beispiele eines schweren Negativismus. Aber negativistische Züge finden sich bei den meisten Kindern; besonders häufig kommen sie bei schwer gestörten, vor allem bei autistischen Kindern vor. Was einer Behandlung in den meisten Fällen im Wege steht, ist vor allem das zwingende Verlangen des Kindes, die Absichten seiner Eltern und anderer Erwachsener zu vereiteln, indem es sich weigert, durch Lernen, geistige Anstrengungen und normales, zweckentsprechendes Verhalten seinen Teil beizutragen.
In den oben geschilderten Fällen sind natürlich Elemente des echten Rückzugs enthalten, denn, wie gesagt, jedermann benützt Rückzug in gewissem Ausmaß, und so steht zu erwarten, daß diese Kinder umso eher nach diesem Mechanismus greifen, falls sie es gewohnt sind, die Symptome des Rückzugs anzuwenden. Fraglich ist vielleicht, auf welcher Ebene des Bewußtseins der Rückzug stattfindet. Manche Kinder scheinen sich im Säuglingsalter nie mit der Realität eingelassen zu haben – man kann nicht behaupten, sie hätten sich, selbst im Bereich des Unbewußten, zum Rückzug entschlossen. Ältere Kinder, die sich zurückziehen, entschließen sich nicht bewußt dazu; der Impuls zum Rückzug (oder das Fehlen des Impulses zur Beteiligung, zum aktiven Anteilnehmen an der Welt) ist ein völlig unbewußter Prozeß. Aber bei pseudo-schizophrenen Kindern findet der Rückzug auf nahezu bewußter Ebene statt. Ein Kind kann wirklich im Rückzug stecken, oder es kann sich »nichts wissen machen«; und diese Zustände sind die beiden Endstationen eines Kontinuums, zwischen denen alle Schattierungen des bewußten und des unbewußten (obgleich zielgerichteten) Rückzugs liegen.
In *Gansers* Syndrom scheint der Erwachsene ein psychotische Krankheit gewissermaßen hysterisch auf sich zu nehmen, der Patient »gebärdet sich verrückt«, aber seine Motivation liegt auf einem unbewußten Niveau. Dieser Zustand liegt zwischen dem des wirklich Schizophrenen einerseits und dem des Simulanten andererseits. Ebenso ist

der Zustand des pseudo-schizophrenen Negativismus zu betrachten: als ein Zustand zwischen dem des Kindes, das so tut, als merke es nichts (oder das »verrückt spielt«), und dem des wahrlich im Rückzug befindlichen oder unbeteiligten Kindes. Ebenso liegt wahrscheinlich ein gut Teil bewußter oder halb-bewußter Übertreibung der psychotischen Symptome bei Kindern vor, die wirklich teilweise zurückgezogen sind, die aber gleichzeitig mit Menschen und mit der Realität in einem genügenden Bezug stehen, um das Verlangen zu haben, sie zu beeindrucken oder zu beeinflussen.

## 8. KAPITEL
# Behandlung, Schulung und Erziehung

Es ist äußerst schwierig, autistische Kinder zu behandeln und sie zu erziehen. Vielleicht rührt das daher, daß es so schwer ist, zu verstehen, warum sie autistisch geworden sind, denn die Behandlung muß logischerweise mit der Verursachung in Beziehung stehen. Wie wir an das Kind herangehen, und die Methoden, die wir in der Behandlung und Schulung anwenden, das soll womöglich auf unserem Konzept von der Natur, vom Wesen des Krankheitsprozesses beruhen. Weil uns klare Vorstellungen über die Ursachen fehlten, waren unsere Bemühungen in der Vergangenheit im großen und ganzen empirisch, und im großen und ganzen nicht sehr erfolgreich. Konventionelle Behandlungsmethoden und orthodoxe Lehrmethoden wurden versucht und als unzulänglich erkannt; Spieltherapie und Psychoanalyse, Verhaltenstraining und intensive individuelle Schulung führten sehr oft zu Enttäuschung und Ernüchterung; und wenn das Kind nach endlosen Stunden der Behandlung keine Besserung erkennen läßt, neigt der behandelnde Therapeut oder Lehrer, der das nicht als ein Versagen der eigenen Persönlichkeit oder des eigenen Fachkönnens hinzunehmen imstande ist, dazu, das Kind als unbehandelbar und unbelehrbar zu betrachten, und sich weniger unfruchtbaren Gefilden seiner Arbeit zuzuwenden. Je gewissenhafter und idealistischer man ist, desto niederschmetternder empfindet man das Versagen des Kindes, auf die Behandlung anzusprechen.

Schließlich werden Schulungsversuche zum größten Teil aufgegeben und physikalische Behandlungsmethoden eingesetzt — Elektroschock, Tranquillizer, Dauernarkosen, Insulin und andere Hormonpräparate. Mit ihnen kann man gewisse symptomatische Besserungen erreichen und Ärzte sehen sich wohl zu ihnen genötigt, weil die für die Betreuung des Kindes verantwortliche Person fordert, daß etwas geschehen muß, um das Kind lenkbarer, weniger laut, weniger selbstzerstörerisch zu machen. Aber all solche Methoden scheinen den Krankheitsprozeß nicht zum Stillstand gebracht, noch viel weniger zur Rückbildung gebracht zu haben. Mit vielen dieser Kinder geht es ständig bergab, bis sie schließlich nur mehr in einem Asyl für Schwachsinnige oder in einer Nervenheilanstalt unterzubringen sind.

Es wäre daher vielleicht angezeigt, unsere Behandlungs- und Erziehungsmethoden im Licht der vorhergegangenen Erörterungen über die Natur des Autismus und an Hand der Fallgeschichten von Kindern, bei denen eine Verbesserung oder ein Verfall eintrat, neu zu überdenken. Aus solch einem Überblick ließen sich vielleicht versuchsweise einige allgemeine Grundsätze ableiten.

## 1. Frühbehandlung

Wir müssen die Behandlung der autistischen Kinder so früh wie möglich aufnehmen, denn hat sich die autistische Lebensform erst einmal einige Jahre oder selbst nur einige Monate lang eingenistet, so ist es beim gegenwärtigen Stand unseres Wissens außerordentlich schwierig, sie auch nur teilweise rückgängig zu machen. Frühdiagnose und Frühbehandlung sind daher von entscheidender Bedeutung.

## 2. Behandlung körperlicher Schäden

Wir müssen jede hintergründige körperliche Schädigung, die als prädisponierender oder auslösender Faktor wirken könnte, zu erkennen und zu behandeln suchen, vorausgesetzt wir können es vermeiden, daß die Behandlung so unangenehm wirkt, daß sie zum zusätzlichen Motiv für den Rückzug des Kindes wird. Die Behandlung muß den Versuch einschließen, eventuell gegenwärtige metabolische oder hormonale Fehlfunktionen zu bereinigen, und angemessene physikalische Methoden zur Verbesserung des körperlichen Funktionierens müssen angewandt werden: So kann selbst bei Kindern, deren sensorische Schwächen ein bedeutendes »funktionales« oder emotionales Element zu enthalten scheinen, die Verwendung eines Hörgeräts, Brillenkorrektur des Schielens, die Verbesserung des Gangs oder der Körperhaltung versucht werden; doch Vorsicht ist geboten; man darf nicht riskieren, dem Kind das Leben so unangenehm zu machen, daß man damit einen weiteren Rückzug provoziert.

## 3. Medikamentöse Behandlung

Die Suche nach symptommildernden Drogen muß fortgesetzt werden. Bisher verwendete Medikamente, selbst solche, die sich bei erwachsenen Schizophrenen sehr gut bewährten, haben bei autistischen Kindern enttäuschende Ergebnisse erbracht — außer in schwerst fortgeschrittenen Fällen, bei denen sie bei Anwendung in massiven Dosen symptomatische Linderung brachten. Der Autor und seine Kollegen haben seit

Jahren bei autistischen Kindern die Wirkung von Medikamenten erprobt, die als erfolgversprechend empfohlen worden waren, doch keine von ihnen erbrachten mehr als zeitweise symptomatische Linderung. Massive Dosen von Phenothiazin-Derivaten können manchmal ein gestörtes Kind beruhigen, doch die Wirkung scheint bei längerdauernder Anwendung auszubleiben. In einigen Fällen wurden hyperkinetische Symptome durch Amphetamine gelindert, diese könnten wohl in all solchen Fällen angewendet werden.

Interessanterweise sind die Pflegerinnen, die die Kinder unmittelbar betreuen, gegen die Verwendung von Beruhigungsmitteln und zwar anscheinend mit der Begründung, daß diese Medikamente die Kinder noch unzugänglicher machen. Das ist ja eigentlich nicht überraschend, denn diese Drogen verringern zumeist die Wirklichkeitsbezogenheit der Patienten. Was wir tatsächlich brauchen sind nicht Tranquillizer, sondern eine Droge, die das Bewußtsein des Patienten für die emotionalen Bedürfnisse anderer Menschen erhöht und ihn befähigt, sich mit ihnen zu identifizieren und ihnen entgegenzukommen — ein Medikament, das unseren heutigen Pharmazeuten so unerreichbar bleibt, wie das Lebenselixier und der Liebestrank den Alchemisten des Mittelalters.

## 4. Elektroschockbehandlung

Sie hat tatsächlich einen festen Platz in unserem therapeutischen Rüstzeug besonders als Mittel zur Unterbrechung einer Episode akuter Störung. Wie *Bender* betont, sind wir in Zeitnot und müssen den raschen Verfall vermeiden, der eintritt, wenn solch eine Episode lang anhält. In den Händen mancher Therapeuten ist der Elektroschock offensichtlich häufig sehr nützlich, aber der Behandlungskurs muß intensiv und lang sein. Vier bis fünf Behandlungen wöchentlich für vier oder sogar fünf Wochen sind bisweilen nötig. Natürlich muß die Physiotherapie und individuelle Betreuung des Kindes unbedingt noch intensiviert und nicht vermindert werden, während es unter Elektroschockbehandlung steht. Der Autor macht es sich zur Regel, diese Behandlung nur während akut gestörter Phasen und nur bei älteren (jugendlichen) Patienten anzuwenden.

## 5. Psychotherapie und Familie

Die psychotherapeutische Behandlung autistischer Kinder schließt zwei von einander abhängige Prozesse ein — *die Behandlung der Familie und die Behandlung des Kindes selbst.*

Ist die Mutter-Kind-Beziehung ernstlich gestört, oder besteht eine Unvereinbarkeit zwischen dem Kind und der Familie, oder ist die emotionelle Situation in der Familie unbefriedigend, so müssen wir versuchen, der Mutter und vielleicht den übrigen Mitgliedern der Familie zu helfen, sie zu beraten und wenn nötig sie auch zu behandeln. Wenn irgend möglich, versuchen wir, das Kind daheim zu behandeln, tun unser Äußerstes in der Beratung, die möglicherweise in den Familien entstandenen Spannungen zu beheben, das Kind in einem Kindergarten, einer Tagesheim-Heilstätte, einem Schulungszentrum oder einer Sonderschule unterzubringen und Eltern wie Lehrkräfte zur Behandlung und Schulung des Kindes nach den weiter unten zu besprechenden Grundsätzen zu beraten. Aber die Erfahrung vieler Jahre lehrt, daß sich die Eltern früher oder später genötigt sehen, um Aufnahme des Kindes in eine Heilanstalt zu ersuchen — um der übrigen Familie willen. Insbesondere in den Fällen, in denen der Teufelskreis sich zu drehen begonnen hat, wenn nämlich die Krankheit des Kindes es der Familie schwerer macht, es anzunehmen, so daß es dazu neigt, sich weiter zurückzuziehen und tiefer in seine Krankheit zu versinken, ist es oft angezeigt, es aus der unverträglichen Familiensituation zu lösen und es bei anderen Verwandten, oder in der Heilanstalt unterzubringen.

Unsere Erfahrungen bestätigen, daß erfolgversprechende Fälle ausschließlich unter denen zu finden waren, in denen der Autismus früh diagnostiziert wurde, die Hospitalisierung früh erfolgte, eine enge Verbindung mit der Familie hergestellt, die Eltern intensiv beraten und das Kind zum frühest möglichen Zeitpunkt wieder in die Familie eingegliedert wurden, gefolgt von einer intensiven Nachbehandlung im Ambulatorium und Beaufsichtigung in der Schule. Aber auch hier sei betont, daß die Entfernung aus dem Schoß der Familie nicht so erfolgen darf, daß damit wieder ein schweres Trauma entsteht. Sie muß Schritt um Schritt erfolgen, ein völliger Kontaktverlust mit der Mutter ist fast immer unerwünscht. Soll das Kind hospitalisiert werden, so soll die Aufnahme in die Anstalt über eine Reihe von immer länger werdenden Besuchen erfolgen. Wenn möglich soll die Mutter mit dem Kind aufgenommen werden und sich nur schrittweise vom Kind lösen, nachdem es sich in die Gruppe, in die es sich einleben soll, gewöhnt hat. Im Smith-Spital gibt es eine Eltern-Herberge, wo das Kind mit seiner Mutter — oder nötigenfalls mit der ganzen Familie — diese Einführungsperiode in der Anstalt verbringen kann. Anschließend sind regelmäßige und immer häufiger werdende Besuche der Mutter ratsam. Es empfiehlt sich aber gewöhnlich, nach der langsamen Einführung des Kindes in die Anstalt eine Pause einzuschalten, in der sich Mutter und Kind voneinander ausruhen können, ehe die Mutter wieder anfängt, es mit steigender Häufigkeit zu besuchen. In manchen Fällen ist die Mutter-Kind-Beziehung so zerrüttet, daß es auf eine totale gegenseitige Ablehnung und Zurückweisung hinausläuft. Ist das der Fall, so mag es nötig sein, zeitweilig einen totalen körperlichen Bruch der Beziehung zu bewerkstelligen und später zu versuchen, die Beziehung auf neuer Grundlage wieder aufzubauen.

## 6. Mutterersatzfiguren

Zur Zeit, da die Beziehung zur Mutter unterbrochen wird, muß man dem Kind Gelegenheit geben, eine mutterähnliche Beziehung mit einer Ersatzmutter einzugehen, sei es mit einer Verwandten oder mit einem Mitglied des Pflegepersonals. Solche Beziehungen sind nicht so eng wie die zwischen dem Kind und der eigenen Mutter, selbst wo diese Beziehung gestört ist, und es ist relativ leicht, diese Beziehung zu lösen, wenn die Zeit dafür reif ist. Natürlich neigen manche Mütter dazu, es übelzunehmen, wenn ihr Kind, selbst für eine Weile, von einer anderen Frau übernommen wird. Das stellt große Anforderungen an das Verständnis, die Geschicklichkeit und den Takt der Betreuerin. Alle Mütter geistig abnormaler oder behinderter Kinder neigen zu oft ganz unlogischen und fast völlig unbewußten Schuldgefühlen. Oft quälen sie sich mit Grübeleien, was sie wohl falsch gemacht haben könnten. Andere verwandeln ihre Schuldgefühle in Abneigung gegen die Menschen, die ihr Kind behandeln und betreuen, und es ist immer sehr leicht für die Mutter, diese feindseligen Gefühle zu rechtfertigen. Schließlich kann niemand ihr Kind so lieben, wie sie, und es ist für eine Pflegerin, die eine Gruppe von Kindern betreut, kaum je möglich, dem einzelnen Kind ein gleiches Maß an körperlicher Betreuung zuzuwenden wie die Mutter, die fast all ihre Energien und all ihr Denken ihrem Kind widmet. Eine Mutter, deren ganzes Sein sich auf ihr Bestreben konzentriert hatte, für ihr Kind zu sorgen, kann sich schrecklich verloren fühlen, wenn ihr Kind in die Heilanstalt gebracht wird; bessert sich der Zustand des Kindes zufällig, so verstärkt das womöglich ihr Gefühl des Versagens und der Frustration.

Kritik an der Anstalt ist daher zu erwarten. Erfahrungsgemäß läßt sich das vermeiden oder besänftigen, indem man die Mutter in die Arbeit der Anstalt und die Betreuung ihres eigenen Kindes und vielleicht auch einiger anderer Kinder mit einbezieht, und zwar so bald wie möglich. So gewinnt die Mutter das Gefühl, ein Teil des Teams zu sein, das sich bemüht, ihrem Kind zu helfen. Dieses Gefühl wird sehr verstärkt und ausgebaut, wenn sie in der Anstalt häufigen Kontakt mit Müttern anderer Kinder hat. Daher bilden Elterngruppen und Zusammenkünfte mit Betreuerinnen, Lehrerinnen und anderen Mitarbeitern einen höchst wichtigen Teil des Behandlungsprogramms.

Die intensive Arbeit der Psychiater und des psychiatrischen Heimpersonals mit der Mutter, dem Vater und manchmal mit der ganzen Familie sollte während der ganzen Dauer des Anstaltsaufenthalts des Kindes fortgesetzt werden. Die ergänzende und unterstützende Arbeit mit der Mutter ist eine der schwierigsten und höchste Anforderungen an Takt stellenden Aufgaben, die zu der Behandlung ihres Kindes gehören. Diese Aufgabe fällt hauptsächlich in den Bereich des psychiatrischen Fürsorgepersonals, aber der Psychiater muß unter Umständen viele geduldige Anstrengungen auf diesen Bereich konzentrieren. Die wesentliche Aufgabe besteht darin, die Besorgnisse der Mutter zu zerstreuen und sie zu der Einsicht zu bringen, daß ihre Schuldgefühle zwar real und verständlich, aber völlig fehl am Platz sind. »Unvereinbarkeit« ist der abfälligste Ausdruck, den man eventuell verwenden darf, und es wäre ganz fehl am Platz und auch sehr unklug, von »Kälte« oder »falsch anpacken« oder »Übergenauigkeit« zu sprechen. Leider ist ein gewisses Maß bewußter oder unbewußter Ablehnung seitens der Mutter unvermeidlich, einfach weil die Krankheit des Kindes es mit sich bringt, daß es seine Mutter effektiv ablehnt; je mehr die Mutter sich bemüht, das Kind zu lieben, desto größer ist ihre Frustration, wenn es ihr keine Gegenliebe entgegenbringen kann. Überdies bedeutet die Zerrüttung des Familienlebens, daß die Mutter ihre ganze Lebensaufgabe gefährdet sieht. Ihre Beziehungen zu ihrem Mann und zu den anderen Kindern werden unter Umständen zerstört und die Ansprüche ihres autistischen Kindes haben die Mutter vielleicht seit Jahren verhindert, ein Eigenleben zu führen. Man muß daher die verzweifelten Nöte der Eltern verstehen und ihre ungerechtfertigten Schuldgefühle besänftigen. Geschieht das nicht, so kann die Mutter-Kind-Beziehung unmöglich befriedigend neu aufgebaut werden und der Fortschritt des Kindes wird dadurch behindert.

In manchen, aber keineswegs in allen Fällen liegt eine echte emotionelle Störung der Mutter vor, die aber in manchen Fällen tief verborgen liegen mag. In seltenen Fällen ist die Mutter depressiv oder offen schizophren. Häufiger ist sie ernstlich besorgt und hat vielleicht ein schweres, aber verborgenes eigenes Persönlichkeitsproblem; es können Probleme mit dem Ehemann oder mit ihrer eigenen Mutter vorliegen, die das Kind indirekt berühren. In solchen Fällen muß der Psychiater die emotionellen Probleme erkennen und behandeln. Versäumt er das, so hat das Kind wenig Aussicht auf wirkliche Besserung.

Mit zunehmender Häufigkeit der Besuche der Mutter in der Anstalt wird ihr in wachsendem Maß die Behandlung des Kindes übertragen. Auch die Besuche des Kindes zu Hause werden häufiger, und der Kontakt mit der Familie wird während der ganzen Dauer des Aufenthalts des Kindes in der Anstalt, und auch danach, eng aufrechterhalten. Die Mitarbeiter werden die Mutter in die bei ihrem Kind angewandten Schulungsmethoden einbeziehen und es ist zu hoffen, daß die gleichen Methoden fortgesetzt werden, wenn das Kind die Anstalt verläßt. Eine der großen Schwierigkeiten, denen wir hier begegnen, ist die Gefahr, daß das Kind sich weigert, für seine Mutter zu tun, was es für andere Leute zu tun bereit ist; das ist natürlich eine weitere Quelle des Kummers. Daher ist es besser, der Mutter nicht für 24 Stunden am Tag die Betreuung des Kindes zu übertragen, das gleiche gilt natürlich auch für die Betreuerinnen und das Lehrpersonal. Die Versorgung solcher Kinder ist eine übermäßig beanspruchende Aufgabe. Leider gibt es nie genügend Pflegepersonal, und eine der größten Schwierigkeiten in der Führung einer solchen Anstalt besteht darin, die für die Finanzierung zuständigen Stellen von der Notwendigkeit der sehr hohen Verhältniszahl von Personal zu Patienten zu überzeugen.

In jedem Stadium müssen die Mutter und die übrige Familie sich unbedingt des Niveaus der Aktivitäten bewußt sein, die das Kind an der Anstalt erreicht hat. Es ist ganz wesentlich, daß das Kind, wenn es entweder im Krankensaal der Anstalt oder auch daheim mit seiner Mutter beisammen ist, nicht auf die Verhaltensstufe zurückfallen darf, die es vor Aufnahme in die Anstalt gezeigt hat. Hat es zum Beispiel in der Anstalt gelernt, sich selbst zu kleiden und das nach einer bestimmten Routine zu tun, so muß unbedingt darauf bestanden werden, daß die Mutter es nicht etwa selbst anzieht, sei es dem Kind zuliebe, oder weil sie in Eile ist und das Kind rascher angezogen zu sehen wünscht. Das gleiche gilt fürs Essen; hat das Kind gelernt, mit Messer und Gabel zu essen, so darf man ihm nicht gestatten, zu Löffel und Schieber zurückzukehren oder mit den Fingern zu essen. Darf es in der Anstalt während der Mahlzeit nicht vom Sessel springen und herumlaufen, so ist es wichtig, daß man ihm das auch daheim nicht durchgehen läßt. Darf es in der Anstalt nicht mit Papierfetzen spielen, oder keine Blätter von Bäumen reißen, so ist es unerläßlich, daß es das auch daheim nicht tun darf. In der Anstalt erhält es sein Frühstück erst, nachdem es seine morgendlichen häuslichen Pflichten erledigt hat, etwa zur Toilette gehen, sich waschen und ankleiden, den Besen nehmen und um sein Bett herum kehren. Es ist wichtig, daß es daheim der gleichen Routine folgt, und darauf die gleiche Belohnung erhält. Die Schwierigkeit besteht natürlich darin, der Mutter klarzumachen, daß dem Kind zu helfen, es zu seinen alten Gewohnheiten Zuflucht suchen oder in seine infantilen Verhaltensmuster zurückverfallen zu lassen, tatsächlich bedeuten würde, daß man es verhindert, Fortschritte zu machen. Aus ihrem Schuldgefühl und aus ihrer Liebe zu dem Kind neigt die Mutter dazu, Dinge für es zu tun, die es sehr wohl selbst tun kann. Hat das Kind einmal gelernt, seine Schnürsenkel selber zu binden, so soll das nie wieder von einer anderen Person für es getan werden. Paradoxerweise gehört es zu den schwierigsten Aufgaben des Pflegepersonals und der Fürsorgerinnen, die Annahme dieser Grundsätze und Praktiken seitens der Eltern sicherzustellen. Offenbar hat die Mutter das Gefühl, sie müsse mehr für das Kind tun, als die Anstalt. Überdies neigen die Mütter zur Verzweiflung, zur Resignation. Auf die Frage, ob sie sich noch bemühe, ihr Kind auf den Topf zu trainieren, antwortete eine Mutter, »Nein. Im Schulungszentrum versuchen sie, ihm das beizubringen, aber zu Hause habe ich's einfach aufgegeben und säuberte ihn, wenn er sich beschmutzt. Nun ja, ich denke, das ist doch das mindeste, das ich für ihn tun kann ...« Ist die Mutter erst einmal in solch eine verzweifelte Haltung versunken, dann ist es schwer, sie genügend zu ermutigen, daß sie sich daraus aufrafft. Eigentlich nimmt sie es sogar übel, daß die Anstalt das Kind weiter bringen und ihn Fertigkeiten lehren konnte, die es in ihrer Obhut nicht gelernt hat. Das ist eine unglückliche, aber sehr verständliche Tatsache, wenn man im Gespräch mit den Müttern bedenkt, wie verzweifelt sie sich bemüht hatten und wie bitter das Gefühl ihres Versagens auf ihnen lastet. Oft ist es noch viel schwerer, den Vater und den Rest der Familie zu überzeugen, daß Hoffnung für das Kind besteht. In manchen Fällen gibt es Widerstand gegen die Vorstellung, das Kind könnte Fortschritte machen, weil sich die Familie so lang und so intensiv bemüht hat, und von den Mißerfolgen so enttäuscht ist, daß sie, wenn das Kind erst einmal in die Anstalt kommt, von ihm genug haben und nicht mehr bereit sind, eine beschämende, ihnen unerträglich gewordene und scheinbar hoffnungslose Aufgabe weiter auf sich zu nehmen. Manche Eltern (und selbst manche Pflegerinnen, Fürsorgerinnen und Psychiater) müssen in der Überzeugung Zuflucht suchen, daß das Kind an einer irreversiblen »organischen« Krankheit leidet, einfach weil sie es in gekränkter Selbstachtung unerträglich finden, daß das Kind in ihren Händen keine Fortschritte macht. Man muß aber selbst in solchen Fällen darauf bestehen, daß, was auch immer die Ursachen des Leidens des Kindes sein mögen, Versuche unternommen werden müssen, seine Verhaltensweisen zu verbessern; das kann nur gelingen, wenn man fortschrittliche und konsequent einheitliche Behandlungs- und Schulungsmethoden in Anstalt, Schule und Elternhaus anwendet. Ist das Kind aus der Anstalt heimgekehrt (vorausgesetzt, es hat inzwischen die Heimkehr rechtfertigende Fortschritte gemacht), und in den Fällen, die es angezeigt erscheinen lassen, das Kind daheim zu belassen, muß die eifrige unterstützende Arbeit mit der Familie weitergehen. Auch mit den Lehrern, die das Kind betreuen, muß ein enger Kontakt gepflegt werden; es ist auch unumgänglich notwendig, den

Hausarzt zur Mitarbeit heranzuziehen — sonst könnte es geschehen, daß Psychiater, Hausarzt und Lehrer getrennte Behandlungswege einschlagen und die Verwirrung der Eltern verschlimmern, was um jeden Preis vermieden werden muß.

## 7. Vorschultraining

Ein erster Schritt muß der Versuch sein, dem Kind eine vorschulische Ausbildung angedeihen zu lassen. Falls das Kind nicht in die Anstalt aufgenommen wurde, so wird dieses Stadium der Schulung, je nach Alter des Kindes und je nach dem Grad der Erkrankung in einem Kindergarten, einer Jugendausbildungsstätte oder auch in einer Sonderbetreuungsstelle erfolgen. Wiederholt hat es schon einige erfolgreiche Beispiele von losen Elternvereinigungen zur Schaffung eigener vorschulischer Trainingsstellen für autistische Kinder gegeben, aber solche Initiativen sind nur in größeren Ballungszentren möglich und nur so lange nötig, bis die Gemeinde- oder Landesbehörde die notwendigen Einrichtungen zur Verfügung stellt. Es ist ganz wesentlich, daß dieses vorschulische Training so früh wie nur möglich einsetzt und daß es so selten wie möglich unterbrochen wird, selbst wenn die Kinder längere Zeit hindurch keine Fortschritte zu machen scheinen; denn die Erfahrung hat gezeigt, daß die Kinder auch in diesen Zeiträumen sehr viel mehr lernen können, als im Moment erkennbar wird. Die Arbeit der Mutter, der Betreuerin, des Lehrpersonals, des Psychologen, der psychiatrischen Fürsorge und des Hausarztes sind innig auf einander bezogen und die engste Zusammenarbeit rundum ist ständig erforderlich.

Was die in der Heilanstalt untergebrachten Kinder betrifft, so braucht die einführende Schulung natürlich nicht ausschließlich von den Betreuerinnen durchgeführt zu werden; ja, es gibt gewisse Anzeichen dafür, daß die Ausbildung einer Krankenpflegerin und ihre Haltung den Patienten gegenüber sie nicht ideal für diese Aufgabe des vorschulischen Trainings und vorschulischer Erziehung geeignet erscheinen läßt. In den Krankensälen der Krankenhäuser werden Krankenschwestern darauf trainiert, zu verwöhnen und zu behüten. Ist der Patient so weit, daß er anfangen kann, sich selbst zu helfen, kommt er mehr und mehr in die Obhut anderer, wie Physiotherapeuten und Beschäftigungstherapeuten. Die Ausbildung der psychiatrischen Pflegerin ist von dieser Tradition beeinflußt; auch sie wurde ausgebildet, zu verwöhnen, zu trösten und zu beschützen. Sie wurde nicht, oder in den meisten Fällen nicht genügend darauf trainiert, zu stimulieren, anzuregen, zu beschäftigen, zu schulen und die Patienten leben zu lehren.

Daher besteht die Gefahr, daß die Pflegeschwester, die eine Gruppe autistischer Kinder betreut, sich wundervoll um ihr körperliches Wohl bemüht, sie sauber und ihre Kleidung in Ordnung hält, daß sie aber ihre Schulung anderen überläßt — oder nun leider niemandem. Nun ist aber die Pflegeschwester der Mutterersatz in der Heilanstalt; und es ist üblicherweise die Mutter, die die Schulung und Erziehung des Kindes einleitet. Die psychiatrische Pflegerin muß diese Aufgabe erfüllen lernen und muß dabei vom Psychiater, vom Psychologen, Lehrer und Beschäftigungstherapeuten lernen. Sie ist es, welche die meiste Gelegenheit dazu hat, denn wie die Mutter daheim, so ist in der Anstalt sie die meiste Zeit mit dem Kind beisammen. Überdies ist sie, im Gegensatz zum Lehrer, nicht über das Wochenende und über die langen Ferien weg. Zweifellos sind lange Schulferien ein Verhängnis für die Schulung psychotischer Kinder, was immer ihre Wirkung für die Erziehung der normalen Kinder haben mag. Die Pflegeschwestern sind immer da, und man muß sie lehren, die Erziehung oder Beschäftigung oder Schulung des Kindes fortzusetzen (oder einzuleiten), wenn die anderen Mitarbeiter nicht da sind. Stehen Pflegeschwestern nicht zur Verfügung, so müßte man besonders ausgebildete Kinderbetreuerinnen anstellen, wie das in steigendem Maß in den USA praktiziert wird.

## 8. Die Anfänge der Erziehung

Erstes Grundprinzip der Schulung und Erziehung autistischer Kinder ist es, daß die Pflegerin oder Lehrerin irgendwie eine Beziehung mit dem Kind herstellen muß, wobei sie jede Tätigkeit, zu der sich das Kind bequemt, als Brücke benützen wird, um davon ausgehend Schritt für Schritt zu versuchen, seine ziellosen und gekünstelten Aktivitäten in etwas überzuleiten, das sich einer zweckhaften und schließlich einer erzieherischen Tätigkeit oder Fertigkeit nähert.

Es wurde schon darauf verwiesen, daß in allen Fällen von Kindheits-Autismus, die dem Autor je vorkamen, eine Störung in der Beziehung zwischen Kind und Mutter oder Mutterersatz bestand. Da die Fähigkeit des Kindes, mit anderen Menschen Beziehungen einzugehen, weitgehend vom Erfolg dieser ersten Beziehung mit Mutter oder Mutterersatz abhängt, und da jede erfolgreiche Beziehung das Kind ermutigt, weitere und tiefere Beziehungen einzugehen, ist klar, daß der erste und unentbehrliche Schritt der Behandlung in der Herstellung einer echten Beziehung der Mutterfigur mit dem Kind und des Kindes mit ihr besteht. Daher müssen wir der Mutter und dem Kind jede nur mögliche Hilfe zur Herstellung oder Wiederherstellung dieser Beziehung geben. Wird das Kind erst einmal zur Behandlung gebracht, so hat sich (was immer die ursprünglichen Gründe dafür waren) eine Situation entwickelt, in der die Unfähigkeit des Patienten, sich auf seine Mutter zu beziehen, zur Folge hat, daß die Mutter keine Rückmeldung erhält, keine Belohnung für ihre Liebesbemühungen einheimst. Weil sie keine Reaktion erzielt, werden sich ihre Neigung und ihr Wille, ihre liebevollen Bemühungen fortzusetzen, immer mehr abschwächen. Man kann nicht ewig versuchen, jemand liebzuhaben, der die ihm erwiesene Liebe nicht erwidern kann. So nützt sich die Beziehung der Mutter zum Kind ab; und wenn das Kind weniger von der Mutter empfängt, verringert sich seine Reaktion noch weiter. So beginnt der Teufelskreis sich zu drehen, und in den schlimmsten Fällen fehlt nicht nur jede positive Beziehung, sondern es entwickelt sich eine aktive Ablehnung von einer Seite oder von beiden Seiten.

Hat das Kind nicht gelernt, sich auf seine Mutter zu beziehen, so verringert sich damit natürlich seine Fähigkeit, Beziehungen mit anderen menschlichen Wesen herzustellen. Ärger noch — kann das Kind keine befriedigende Beziehung zur Mutter haben, so tendiert es dazu, ihre Beziehungen zu anderen Menschen, insbesondere zu seinen Geschwistern übelzunehmen; und kann es die echte und tiefe Zuneigung, die es von seiner Mutter braucht, nicht erhalten, so versucht es, zumindest ihre Zeit und Aufmerksamkeit zu monopolisieren, und das auf Kosten aller anderen Menschen, die auch Anspruch auf sie haben; und sehr rasch wird es übermäßig anspruchsvoll und gleichzeitig fundamental zurückgezogen. So haben wir also vor uns ein Kind, das keine richtige Beziehung zu seiner Mutter hat; das daher mit keinem anderen Menschen, insbesondere mit keinem Kind eine richtige Beziehung eingehen kann; und das dazu neigt, alle Zeit und Aufmerksamkeit, die die Mutter anderen Mitgliedern der Familie zuteil werden läßt, zum Ärgernis nimmt. Die Familie wird nun ihrerseits keine innige Beziehung zu dem Kind eingehen oder wird es sogar ablehnen, und das schädigt weiter die Fähigkeit des Kindes, zwischenmenschliche Beziehungen zu schließen. Daher besteht die erste Aufgabe in der Behandlung darin, auf irgend eine Art eine Beziehung mit dem Kind herzustellen. Um das zu erreichen, muß man bereit sein, lange, ununterbrochene Zeitspannen ausschließlich diesem Kind zu widmen. Während dieser Perioden müssen alle anderen Personen und Interessen ausgeschaltet werden und es ist besser, verhältnismäßig kürzere Perioden ausschließlich dem Kind zu widmen als zu versuchen, sich gleichzeitig mit ihm und mit noch einem anderen Kind zu befassen oder gleichzeitig anderen Tätigkeiten — etwa Haushaltspflichten — nachzugehen, an denen das Kind nicht interessiert ist.

Die nächste Frage ist, mit welchen Tätigkeiten soll man sich zusammen mit dem Patienten zu beschäftigen versuchen? Selbstverständlich will man seine Energien und sein Interesse von seinen ziellosen Beschäftigungen und Allüren und stereotypen Verhaltensformen auf irgend eine zielgerichtete und wenn möglich nützliche und erzieherische oder zumindest annehmbare Tätigkeit ablenken. Anfangs scheint das oft eine unlösbare Aufgabe, denn das Kind lehnt es ab, sich für irgend etwas außer seinen stereotypen Neigungen zu interessieren. Es wird möglicherweise mit Wutanfällen oder durch Flucht Widerstand leisten, zeitweise »blind« oder »taub« werden, indem es Blick- und Hörkontakt vermeidet, »Puddingfinger« oder »Geleebeine« entwickeln, Schreikonzerte veranstaltet, die Kontrolle über Blase und Darm wieder verlieren und so jede sinnvolle Tätigkeit des Erwachsenen zu vereiteln wissen.

Meist muß man sich an eine Aktivität halten, an der das Kind schon, wenn auch in rudimentärer Form, interessiert ist, und versuchen, darauf aufzubauen. So gibt es zum Beispiel autistische Kinder, deren hauptsächliche und fast ausschließliche Tätigkeiten Wiegen und Schaukeln sind. Nützt alles andere nichts, so entschließt man sich, mit dem Kind zu schaukeln; man wiegt es erst in den Armen, dann auf einem Schaukelstuhl; danach auf einer Wippe, dann auf einer Schaukel; oder an einem Kletterseil und auf einer Strickleiter und vielleicht auf einem Trampolin; dann geht man zum Umhertollen im Garten über, oder im Idealfall zum Spielen in einem Turnsaal mit einer Menge stabiler Turngeräte. Die ganze Zeit wird sich der Erwachsene am Tun des Kindes beteiligen und sich vorsichtig weitertasten, ohne das Kind in eine Aktivität zu stoßen, die es ängstigen könnte oder die vorläufig zu heftig ist. Daheim ist das alles natürlich viel schwerer, weil die Mutter auch andere Sorgen und Pflichten hat; sie muß zum Beispiel auch ihre Haushaltsarbeiten erledigen. Aber auch da kann man einiges tun, um das Kind in die Tätigkeiten der Mutter hineinzuziehen und umgekehrt. Nun, die meisten Kinder pantschen gern; besonders lieben sie es, in Seifenwasser zu planschen. Wenn nun die Mutter Geschirr abwäscht und das Kind danebensteht und mit dem Seifenschaum im Spülbecken oder mit dem Geschirrlappen spielt, kann die Mutter versuchen, die Hand des Kindes zu lenken, so daß es ihr hilft, die Teller zu reinigen und dann auf das Trockengestell zu lehnen. Vielleicht kann das Kind dann dazu verlockt werden, zwei oder drei Teller selbst abzuwaschen, während die Mutter bewundernd danebensteht. So können Spiel und sinnvolle Handlung in einander übergehen. Natürlich muß die Mutter die Arbeit als Spiel erscheinen lassen; das Kind darf nicht merken, daß sie darauf bedacht ist, daß es diese Tätigkeit ausführen soll – denn sonst wird sein Negativismus, der ein so wichtiges Element der Krankheit des Kindes ist, es daran hindern, mitzutun.

Die Tätigkeit des Geschirrspülens kann dann langsam ausgebaut, Tisch abdecken und nachher Geschirr wegräumen kann mit einbezogen werden. Die Erweiterung der Tätigkeit in beiden Richtungen muß sehr langsam erfolgen und so hofft man, die Reichweite der Aufmerksamkeit, die charakteristisch beschränkt für sein Alter ist, langsam auszuweiten. Wird das Kind daheim betreut, so sind diese Haushaltspflichten vermutlich eine bessere Methode, die Aufmerksamkeit und das Interesse des Kindes zu fesseln, als Zeichnen und Malen, obwohl auch diese ihren Platz haben. Auch Kochen ist erstaunlich erfolgreich bei autistischen Kindern. Man beginnt damit, sie mit Teig spielen zu lassen (ein besonders geeignetes Spielzeug, weil es, im Gegensatz zu vielen anderen Materialien, nichts macht, wenn das Kind davon ißt). Dann geht man dazu über, den Teig zu rollen und zu formen, ihn schließlich in den Ofen zu tun, und — das ist besonders wichtig — dann herauszunehmen und zu essen. Das Produkt verzehren dürfen, das ist die Belohnung für die beendete Aktivität, und darum ist kochen so wertvoll.

## 9. Verhaltenstherapeutische Maßnahmen

Diese kommen jetzt immer mehr in Mode, doch sei betont, daß es sich dabei um keine grundlegend neuen Konzepte handelt. Man könnte eigentlich sagen, daß jedes Üben auf einer Verhaltensbasis beruht. Das Grundprinzip besagt einfach, daß jedes erwünschte Verhalten sofort belohnt, jedes unerwünschte Verhalten sofort bestraft wird. Nach diesem Prinzip hat man natürlich schon immer Tiere abgerichtet, und mit Abwandlungen fand es Anwendung bei der Schulung menschlicher Wesen. Bei höheren Tieren, besonders bei Hunden und bei Anthropoiden, kann man die gleiche Wirkung erreichen, ohne unmittelbar nach der verlangten Handlung zu belohnen, sondern man gibt ein Signal, oder sogar eine komplizierte Serie von Signalen, von denen das Tier weiß, daß sie schließlich in der Gabe der Belohnung gipfeln werden. Auf höchster Stufe, beim Menschen, kann schließlich die erwünschte Reaktion durch ein bloßes Versprechen, daß die Belohnung auf die Vollendung der Tätigkeit folgen werde, erreicht werden; oder umgekehrt, daß Strafe folgen werde, falls die Tätigkeit nicht zufriedenstellend beendet wird. Dieser Prozeß mißlingt natürlich bei einem autistischen Kind, weil es dem Versprechen oder der Drohung nicht zuhören wird; oder weil es Belohnung und Strafe ignorieren, sich von ihnen »dissoziieren« kann. Ist es so zurückgezogen, daß es an der Belohnung desinteressiert ist und den Schmerzreiz der Bestrafung »abschalten« kann, so wird es vermutlich nicht reagieren. Es gibt noch einen weiteren Anreiz, den wir bei der Abrichtung von Tieren verwenden: das

Tier wird dazu gebracht, seinen Trainer zu »lieben«, so daß es die Tätigkeit auf Befehl des Trainers, aber nicht auf Verlangen eines anderen ausführt — und die Belohnung ist dann natürlich nur ein Tätscheln, oder eine mit dem geliebten »*Herrn*« gemeinsam unternommene Tätigkeit. Wie weit dieser Ansporn funktioniert, ist nach Arten unterschiedlich; bei Hunden ist er sehr hoch, und bei Menschen ist es vermutlich der allerwichtigste motivierende Faktor. *Freud* hat darauf verwiesen, daß wir die meisten Dinge aus Liebe tun.

Aber auch hier steht der Autistische abseits; denn er liebt niemanden in normalem Ausmaß, so daß er nicht daran interessiert ist, Dinge zu tun, um anderen Freude zu bereiten. Daher fehlt dieser wertvolle Anreiz, er ist nicht einmal als zusätzlicher Anreiz zu einer Tätigkeit um einer Belohnung willen wirksam.

Im Grund sind es diese Faktoren, die die Erziehung und das Training autistischer Kinder so erschweren, und wie zu erwarten sind die Anwendungsmöglichkeiten von Konditionierungsverfahren bei ihnen sehr beschränkt. Aber zweifellos kann man sie unter Anwendung dieser Methoden dazu schulen, Zusammenlegspiele zu spielen, Farben abzustimmen oder einfache Hantierungen in ihrer Körperpflege usw. zu verrichten und sogar zu reden. Nur haben leider diese Fertigkeiten an sich gar nichts zu bedeuten. Erst wenn sie als Brücke dienen, über die das Kind zu einem anderen Menschen in Beziehung tritt, oder wenn sie es veranlassen, mehr Interesse an der Realität als solcher zu nehmen, können auf ihnen weitere Tätigkeiten als Teil einer mehr oder weniger normalen Lebensweise aufgebaut werden. Überdies sind die zur Verfügung stehenden negativen Reize oder Abschreckungsmittel sehr beschränkt; in gewissen Anstalten in den USA wurden zum Beispiel Elektroschocks als Strafe für unbefriedigendes Verhalten verwendet; weniger wissenschaftsbeflissene Leute haben Prügel als negativen Reiz verwendet, auch kalte Bäder und den Entzug von Mahlzeiten; aber bei all solchen Methoden ist es schwer, zu entscheiden, wo die wissenschaftliche Prozedur aufhört und die Grausamkeit beginnt. Solche Grausamkeiten bestialisieren überdies die ganze Atmosphäre. Das autistische Kind lernt ohnehin rasch, zu dissoziieren, oder es gewöhnt sich, es wird gegen die mit der Strafe verbundenen Schmerzen abgehärtet (und seine Tendenz zum Rückzug wird verstärkt). Nach Meinung des Autors hat Grausamkeit, wie auch immer bemäntelt, keinen Platz in der Schulung autistischer — oder auch anderer — Kinder.

Immerhin ist es nicht unmöglich, diese Kinder in gewissem Maß mit Hilfe sofortiger Belohnung zu schulen. Man droht weder, noch verspricht man, man erweckt einfach in ihnen ein Wohlbehagen, indem man ihnen die Belohnung in dem Moment anbietet, in dem sie die Tätigkeit vollendet haben, so daß der Patient die Ausführung der Aktivität mit dem Wohlbehagen assoziiert. Im allgemeinen gibt es drei Arten von

Belohnungen, die man verwenden kann: Erstens, die unmittelbare Belohnung mit einer angenehmen Sinneswahrnehmung, etwa eine Weintraube, ein Bonbon, oder ein Sprung auf dem Trampolin, oder man wirbelt ihn im Kreis, oder es gibt eine Spazierfahrt; zweitens, die Belohnung, die in der Befriedigung des Patienten an der Übung als einer erworbenen Fertigkeit besteht; und drittens — wir hoffen es wenigstens — das Vergnügen, getätschelt, umarmt, geküßt zu werden oder ein lobendes Wort von einem Menschen, mit dem der Patient durch die gemeinsam ausgeführte Aktivität nun in einer, wenn auch noch so geringen Beziehung steht. Diese letztere Belohnung wird erst nach langer, harter Arbeit wirksam, und nur dann, wenn die erwachsene Person für das Kind auch wirklich Zuneigung empfindet; aber das ist natürlich der wichtigste Teil der ganzen Methode; denn erst wenn das Kind auch nur teilweise von irgend einer Art von Zuneigung, auch nur minimalsten Ausmaßes, zu einem anderen Menschen motiviert ist, tut es den ersten Schritt auf dem Weg zur Besserung.

Selbstverständlich müssen Konditionierungsprozesse in allen Stadien benützt werden, und das Prinzip, daß eine nicht akzeptable Aktivität nie belohnt werden darf, daß aber eine annehmbare Aktivität immer belohnt werden muß, muß strikt befolgt werden. Es ist natürlich am besten, die Belohnung nicht zu versprechen, weil das Kind sonst imstande ist, sowohl die Aktivität als auch die Belohnung abzulehnen — als wollte es sagen, »ich lass' mich nicht mit Bestechungen kaufen oder nach deinem Willen biegen, ich verzichte lieber auf deine Belohnung«. Die Belohnung soll daher wohlüberlegt gewählt und in der Regel unauffällig gegeben werden.

Wenn möglich noch wichtiger als die regelmäßige Belohnung annehmbaren Verhaltens ist es, die Belohnung unannehmbaren Verhaltens unbedingt zu vermeiden. Wenn das Kind sich wiegt, oder sich beschmutzt oder onaniert, und die Mutter reagiert darauf mit Kummer oder mit Ärger, so kann das paradoxerweise als Belohnung wirken, denn das Kind hat ja damit nicht nur die Aufmerksamkeit der Mutter auf sich gezogen, sondern auch eine Reaktion provoziert, die das Kind in seinem Negativismus willkommen heißen mag. In solch einer Situation muß die Reaktion der erwachsenen Person darin bestehen, sich nichts merken zu lassen, oder seine Aufmerksamkeit unmerklich vom Kind abzuwenden. So war zum Beispiel ein Kind in der Anstalt, das man nicht heimschicken konnte, denn sowie es zu Hause war, ließ es dauernd im ganzen Haus seinem Stuhlgang freien Lauf. Es riß sich seine Windeln ab und zerstörte weiter Einrichtung und Seelenfrieden der ganzen Familie mit seiner besonders abscheulichen Gewohnheit. Der Lohn des Kindes in diesem Fall war die besondere Verzweiflung der Mutter, und die erfolgreiche Ablenkung ihrer Aufmerksamkeit vom kleinen Geschwisterchen. Das

Kind strafte die Mutter für ihre Ablehnung, und die Ablehnung wurde natürlich durch die Methode, sie zu strafen und zu provozieren, noch sehr bestärkt. In der Anstalt führte sich das Kind nicht so auf, weil dort keine emotionelle Reaktion erfolgte, vielmehr wurde das Kind gebadet und dann in den Garten ausgesperrt, was es nicht als vergnüglich empfand. Ließ die Mutter den Säugling daheim und kam zum Besuch unseres Patienten in die Elternherberge, wo sie ihre ganze Zeit und Aufmerksamkeit dem Kind zuwendete, war von Beschmutzung keine Rede.

Eines der Merkmale des Verhaltens schwer gestörter und autistischer Kinder ist ihre Tendenz, sich selbst und den Menschen in ihrer Umgebung Rituale aufzuzwingen. Das scheint, wie bereits erwähnt, ein Schutzmechanismus gegen die unberechenbare und daher störende und bedrohliche Umwelt zu sein. Dieses Bedürfnis nach einem feststehenden Ritual muß in der Beschäftigung und Schulung des autistischen Kindes genutzt werden. Im Prinzip hält sich das Kind tagtäglich an den gleichen Verhaltensablauf, aber dieser Ablauf, das Verhaltensmuster soll langsam und kontinuierlich erweitert und ausgebaut werden, so daß immer weniger Zeit für unbefriedigendes Verhalten und psychotische Maniriertheiten übrig bleibt. In Wirklichkeit ergeht sich der Patient in seinen Maniriertheiten und stereotypen Gewohnheiten nur in Ermangelung eines Besseren, es ist ihm egal, ob er auf dem Trampolin auf- und abschnellt, oder ob er auf einem Felsblock sitzt; er spielt genauso gern mit Teig, wie mit seinen Exkrementen. Aber in der Anstalt kann man die Kinder zusammen in den Turnsaal führen und sie zu einem einfachen Hindernisrennen ermuntern; man kann sie dazu bringen, Rollschuh zu laufen; einen Ball zu werfen; und es gibt ähnliche Fertigkeiten, die man sie in Haus und Garten lehren kann.

Hat es einmal eine Fertigkeit erlernt, so wird das Kind, zumindest eine Zeitlang mehr Vergnügen daran finden, dieser nachzugehen (das kann man bei den autistischen Kindern beobachten, die unter Anweisung irgend eine komplizierte Fertigkeit erlernt haben, wie etwa Jonglieren mit verschiedenen Gegenständen; oder das Ablösen von Kacheln von einer Wand). Es wird dann dieser Tätigkeit um ihrer selbst Willen nachgehen. (Die Erfahrung mit Lehrapparaten hat gezeigt, daß der wichtigste Ansporn für autistische Kinder — ebenso wie für normale Kinder — das Vergnügen ist, das sie an der Anwendung einer erlernten Fertigkeit gewinnen.) Diese Art Ansporn müssen wir maximal ausnützen.

## 10. Gewöhnung (»Dressur«)

So versuchen wir, das Kind in eine sich Schritt um Schritt ausweitende Routine fortwährender Schulung hineinzuziehen. Etwa so: Morgens steht der Patient auf und geht sofort zur Toilette, dann unter die Dusche, die seine Mutter für ihn angedreht und temperiert hat (aber später wird er lernen, die Wassertemperatur selbst einzustellen); er trocknet sich, wenn nötig, mit Mutters Hilfe und darauf macht er sein Bett, auch mit Mutters Hilfe. Dann geht er ins Eßzimmer und deckt den Tisch, während die Mutter das Frühstück bereitet. Dieses wird ihm nun sofort vorgesetzt, als Belohnung für die Vollendung seiner ersten morgendlichen Aufgaben. All das klingt so einfach und selbstverständlich, daß es kaum erwähnenswert scheint. Aber es verlangt von der Mutter wahrscheinlich sorgfältiges Planen und Vorbereitungen, die sie abends zuvor treffen muß, ein früheres Aufstehen, als sonst nötig wäre, und für den Vater die Aufgabe, während dieser Zeit die Betreuung der anderen Kinder zu übernehmen. Von der Mutter verlangt es grenzenlose Geduld und stilles Beharren mit endlosen Wiederholungen zur Erfüllung der morgendlichen Routine. Aber es ist möglich, das autistische Kind zu lehren, genau wie man ein normales Kind lehren kann. Der einzige Unterschied — es verlangt unendlich viel mehr Zeit, Geduld und Ausdauer. Es wäre natürlich viel schneller und leichter, alle diese Dinge für das Kind zu tun, als es zu lehren, sie selbst zu tun; hat es aber erst einmal seine Routine erlernt, so wird es sie wahrscheinlich ruhig ausführen und so der Mutter genügend Freiheit lassen, sich nun um die übrige Familie zu kümmern, was es ihr wieder ermöglichen wird, später im Lauf des Tages ihre individuelle Aufmerksamkeit dem autistischen Kind zuzuwenden und es eine neue Aufgabe zu lehren.

Das gleiche Prinzip gilt natürlich für die Pflegeschwestern, die in der Heilanstalt oder im Ausbildungsheim eine Gruppe von Kindern betreuen. Der Vorgang ist genau der gleiche, wie die in den Krankensälen für chronische Fälle in den alten Irrenhäusern eingeführte »Gewöhnung«, mit der man solch bemerkenswerte äußere und emotionale Veränderungen in der Atmosphäre der Säle und in der Stimmung der Patienten erzielt hat. Ein einzelner Patient erlernt einen bestimmten Teilabschnitt der Routine und die Pflegerinnen konzentrieren ihre Aufmerksamkeit auf diesen einen Patienten, bis er sie verläßlich beherrscht. Dann konzentrieren sie sich auf den nächsten Patienten, und so reihum, bis die ganze Gruppe an der Routine beteiligt ist. Bei den autistischen Kindern wird diese Schulungsmethode nicht nur auf Sauberkeit, Hygiene, Körperpflege usw. angewendet, sondern auf eine ständig erweiterte Reihe von Betätigungen, die mit der Zeit einen großen Teil des Tages füllen. So werden die Pflegerinnen freigesetzt und können sich neuen Patienten widmen und ihnen die individuelle Schulung geben, die im Anfangsstadium unerläßlich ist.

Diese Methode ermöglicht es der Betreuerin (oder Mutter) nicht nur, sich gleichzeitig um mehrere Kinder zu kümmern und auch noch Arbeiten im Haushalt zu erledigen, während die Kinder mit routinemäßigen Tätigkeiten beschäftigt sind, sondern es zieht auch die Kinder zum Funktionieren als Teil einer Gruppe heran. In solch eine Gruppe können schließlich auch gemeinsame Tätigkeiten eingeführt werden, was allerdings größte Geschicklichkeit und Geduld seitens der Erwachsenen erfordert. Die Geschicklichkeit liegt natürlich darin, erstens die Aktivitäten als Spiel und nicht als »Pflicht« erscheinen zu lassen, und zweitens, das Kind für die Vollendung der Aufgabe zu belohnen, womöglich ohne daß es merkt, daß es belohnt wird.

Natürlich kann eine einzelne Person unmöglich den ganzen Tag das Kind beschwatzen und verlocken und in seinen Routinen beaufsichtigen. Das ist eine der großen Schwierigkeiten dieser Mütter, daß so ein Kind achtzehn Stunden täglich, sieben Tage wöchentlich, Woche um Woche dauernd Aufsicht und Aufmerksamkeit braucht. Schwerlich ließe sich etwas vorstellen, das geeigneter wäre, die Mutter schließlich zur Ablehnung des Kindes zu provozieren. Daher ist es unbedingt nötig, daß mehr als eine Person sich um das Kind kümmert. Man muß für das Kind ein Tagesheim, ein Schulungs-Zentrum, eine Spielgruppe oder eine Schule finden und es soll so früh wie möglich in die Gruppe eingeführt werden. Selbst bei einem Dreijährigen wird die Mutter die Möglichkeit haben müssen, das Kind wenigstens für einen Teil des Tages aus den Händen geben zu können. Und die Mutter, die Pflegerin, die Lehrerin werden natürlich dauernd unterstützt und ermutigt werden müssen; denn sie mühen sich mit der zweifellos schwierigsten Aufgabe in der Welt — ein unbelehrbares Kind zu lehren, eine Beziehung mit einem Kind herzustellen, das beziehungslos ist, das »abgedankt hat« und wortwörtlich »nichts wissen will«. Die Frustration endloser, scheinbar vergeblicher Bemühungen, diese Patienten zu schulen, kann schließlich die entschlossenste und hingebungsvollste Mutter oder Pflegerin an den Rand der Verzweiflung treiben. Vielleicht neigen die unmittelbar mit der Betreuung dieser Kinder Beschäftigten deshalb so oft zu »organismischen« Theorien über die Unvermeidlichkeit der Krankheitsverläufe und die allgemeine Unerziehbarkeit der Kinder. Ihre Aufgabe ist so mühsam, daß der Mensch, der ihr gegenübersteht, manchmal einfach einen Ausweg braucht. Schließlich müssen wir es hinnehmen, daß manche Fälle Anforderungen stellen, die zu schwierig sind, so daß wir sie bei dem gegenwärtigen Stand unseres Wissens nicht zufriedenstellend lösen können. In ihnen müssen wir uns mit kleinsten Fortschritten und beschränkten Zielsetzungen begnügen. Nichtsdestoweniger ist es in jedem einzelnen Fall möglich, etwas zu tun, um das Kind einem gewissen Maß an Unabhängigkeit und der Möglichkeit eines einigermaßen normalen Lebens näherzubringen.

## 11. Gruppenbeschäftigung — Gemeinsamkeit (»Teilen«)

Autistische Kinder gehen keine adäquaten Beziehungen mit Erwachsenen ein, und schon gar nicht mit anderen Kindern, welche sie eigentlich von unbelebten Gegenständen ihrer Umwelt kaum unterscheiden. Sie neigen zum Beispiel dazu, »durch sie hindurch« oder »über sie darüber« zu gehen, anstatt um sie herum. Auf einem Photo einer Gruppe autistischer Kinder wird man stets jedes für sich in selbst auferlegter Isolierung stehen oder sitzen sehen. Sehen sie aber, daß sich die erwachsene Aufsichtsperson mit einem der Kinder beschäftigt, so will sich jedes andere dazwischendrängen. Wendet sich der Erwachsene dem Eindringling zu, so wird das erste Kind Widerstand leisten und versuchen, die Aufmerksamkeit des Erwachsenen zu erhalten, oder es wird sich noch vollständiger zurückziehen und so die dürftige Beziehung, die sich mit dem Erwachsenen angesponnen hat, vorläufig abbrechen. Man muß also von vorneherein dafür sorgen, daß man dem Kind für einen Teil jedes Tages ungeteilte Aufmerksamkeit widmen kann. Unsere Patienten sind nicht imstande, dreiseitige Beziehungen zu dulden, geschweige denn vierseitige. Sie brauchen eine individuelle Beziehung von Mensch zu Mensch, und in dieser Beziehung müssen sie sich sicher fühlen, bevor sie es ertragen können, Erwachsene auch nur für Augenblicke mit anderen Kindern zu teilen. Haben sie erst einmal eine feste Basis im Angenommensein durch eine erwachsene Person, dann sind sie vielleicht einigermaßen imstande, zur Aufnahme von Beziehungen mit Anderen überzugehen. Doch auch das werden sie ganz vorsichtig und anfangs nur für kurze Zeit tun. Andererseits können einige Fortschritte durch gemeinsame Betätigungen erzielt werden, zum Beispiel auf der Wippe, die ja nur funktioniert, wenn jemand auf dem anderen Balkenende sitzt. Auch für das Anspritzen im Planschbecken braucht man das Mitspiel eines Anderen. Das gleiche gilt für »Ringelreihen«, »Katz' und Maus«, »Abschlagen« und viele Auszählspiele. Hat das Kind gelernt, Fußball zu spielen und fängt es an, daran Freude zu empfinden, so braucht es einen anderen, der den Ball zurückschießt. Davon ausgehend müssen wir langsam und behutsam aufbauen, und mit der Zeit — hoffentlich — so weit kommen, daß das Kind schließlich imstande ist, bei einem Fußballspiel mitzumachen — und das natürlich und notwendigerweise gemeinsam mit anderen Kindern. Es scheint also, daß wir zur infantilen Situation zurückgehen müssen, in der das Kind das Monopol der Aufmerksamkeit seiner Mutter genießt. Wir müssen versuchen, ihn in dieser Frühbeziehung mit einer Person abzusichern, und danach mit einer Reihe nichts von ihm fordernder und nicht mit ihm im Wettbewerb stehender Personen, bis er sich sicher genug fühlt, um sich in die reale Welt und ihre Beziehungen vorzuwagen.

All diese Kinder zeigen sich interessiert, oft in beängstigendem Maß ausschließlich interessiert, an ihrem eigenen Körper. Wir müssen versuchen, dem Kind zu zeigen, wie es seinen Körper auf neue und befriedigende Weisen verwenden kann. Wir müssen zum Beispiel mit fröhlichem Jagen und Fangenspiel zum Wettlauf überleiten und damit das Element des Wetteiferns einführen, das notwendigerweise die Anerkennung der Existenz und der Nützlichkeit anderer Kinder bedingt. Ein immer wiederkehrendes Problem ist die Tendenz des Kindes, auf einem bestimmten Niveau »klebenzubleiben«. So ist es oft sehr schwer, über das Stadium des Zusammenlegspiels, des »Puzzles«, hinweg Fortschritte zu machen, und lange, lange wird es nur immer größere und kompliziertere Puzzles schneller und schneller bewältigen. Das entspricht natürlich durchaus der Tendenz normaler Kinder, auf einem bestimmten Niveau stekkenzubleiben — eine Tendenz, die das Können und den Einfallsreichtum aller Lehrer auf eine harte Probe stellt. Bei jedem Kind und auch bei jedem autistischen Kind muß man das Problem anders anpacken. Vielleicht kann man sein Interesse am Puzzle ausweiten und es nach Teilen, die man im Zimmer an verschiedenen Stellen versteckt hat, suchen lassen, oder wir bringen es dazu, Vorlagen nachzuzeichnen, Schablonen nachzuziehen, zu bemalen, auf Brettchen zu kleben und dann vielleicht mit der Laubsäge selbst ein Puzzlespiel auszuschneiden. Auch hier ist es vielleicht möglich, das Element des Wettbewerbs mit einem anderen Kind einzuführen; ein gangbarer Weg könnte auch über andere Zusammenlegspiele zu Baukästen und Konstruktionsspielen führen. Alles, was das Kind tut oder tun kann, muß einen Schritt zu weiteren Tätigkeiten bilden, und die Lehr- oder Pflegeperson wird bereit sein, auf ein ganz anderes Betätigungsfeld überzugehen, wenn auf einem bisher fruchtbaren Feld vorläufig ein totaler Block erreicht zu sein scheint. Ist ein Kind bereit, zu singen, aber nicht zu reden, so können wir es durch Gesang lehren; ist es nur bereit, zu kritzeln, können wir es anspornen, mit Fingern zu malen. Zu ersten Versuchen im Modellieren können wir es vielleicht bringen, wenn wir ihm zunächst erlauben, Lehm an die Wand zu patzen; aber wir dürfen es nie beim Kritzeln oder Fingermalen oder Lehm an die Wand Werfen steckenbleiben lassen, selbst wenn wir es behutsam mit Händen leiten und seine Hände zu einer fortgeschritteneren Tätigkeit führen müssen.

In der Spielgruppe oder im Schulungszentrum wird das Kind vielleicht bereit sein, Dinge zu erlernen, die daheim seine Fähigkeiten zu übersteigen scheinen; umgekehrt tut das Kind manchmal nichts für die Lehrerin, wenn es aber abends oder über das Wochenende zur Mutter heimkommt oder in die Anstalt zu seiner Betreuerin zurückkehrt, wird es dort tun, was die Lehrerin ihm gezeigt hat. Eine der Schwierigkeiten liegt darin, daß es optimale Altersabschnitte für den Erwerb gewisser Fähigkeiten gibt, und wenn das Kind dieses optimale Alter überschritten hat, fällt es immer schwerer, ihm diese Fähigkeit beizubringen. In solchen Fällen muß man sich damit abfinden und so viel wie möglich von seiner noch verbliebenen Aufnahmefähigkeit nützen.

Das alles ist natürlich kaum neu; es gehört alles zu den grundlegenden und bleibenden Prinzipien der Erziehung; aber die Anwendung der Prinzipien auf das autistische Kind ist besonders schwierig, weil das Kind »abgedankt hat«, weil es »nichts davon wissen will«, weil es »sich um nichts schert«. Die Pflegerin, Lehrer(in), Beschäftigungstherapeutin oder Hausmutter braucht unvorstellbare Geduld, ruhige Festigkeit, sie müssen imstande sein, geringste Ansporne, sofortige Belohnungen und, in seltenen Fällen, milde Strafen zu geben. Ist sie zu streng mit dem Kind, so vereitelt sie, was sie beabsichtigt hat, weil sich das Kind dann noch weiter zurückzieht. Ist sie zu nachsichtig, so tut das Kind nichts. Es muß beschwatzt, geschoben, verlockt und angeregt werden. Manchmal machen diese Kinder, wenn sie aufgeregt oder erzürnt sind, plötzliche Fortschritte; wird aber die Situation gefährlich oder bedrohlich, wenn Leute sie anschreien oder klapsen, oder verlassen, dann ziehen sie sich oft weiter denn je zurück.

Zwar wird das Kind bei Schulung und Erziehung anfangs wahrscheinlich nur in einer Beziehung von Individuum zu Individuum reagieren, aber es muß so bald wie nur irgend möglich in eine kleine Gruppe eingeführt und überredet werden, sich an einen einfachen Arbeitsplan, an ein Programm zu halten. Hat sich das Kind erst in Arbeitsplan (und Gruppe) eingegliedert, so fühlt es sich geschützt und sicher, und wird leichter imstande sein, mitzuarbeiten; denn die Unvorhersehbarkeit der Realität ist eine ihrer erschreckendsten Seiten; davor schützen sich die Kinder mit ihren Zwängen und ihren Ritualen. Das feste Rahmenwerk eines geregelten Tagesplans läßt die Rituale der Kinder überflüssig werden. In einer vorhersehbaren Umwelt fühlt es sich sicherer und auch selbstsicherer, es kann einen größeren Teil seiner Aufmerksamkeit dem widmen, was es gerade zu tun hat und braucht sich weniger bemühen, die Realität abzuwenden.

Eines der Probleme der Lehrerin besteht darin, zu wissen, wann sie die Zwänge und endlos wiederholten Fragereien des Kindes nachsichtig dulden, wann sie diese gefahrlos ignorieren oder unterbinden soll. Sie wird das erst tun können, wenn sie unnötig geworden sind, weil die regelmäßige Arbeitseinteilung und die verläßlichen und vorhersehbaren Reaktionen der Lehrerin dem Kind Sicherheit vermittelt haben. Gruppentätigkeiten auf geregelter Grundlage, gemeinsam genossene Schulfeste, Auflüge und Späße — sie alle bilden die Grundlage für eine wachsende Identifikation mit der Gruppe und verbessern die Beziehungen mit den anderen Kindern.

## 12. Kommunikation

Wohl das allergrößte Problem ist es, die Kinder zum Reden zu bringen. Man weiß schon lange, daß die Prognose jener Kinder, die mit viereinhalb bis fünf Jahren nicht sprechen, wesentlich schlechter ist, als die Aussichten derer, die einige Worte sagen; daher machen wir die größten Anstrengungen, die Kinder zum Sprechen zu bringen; und diese Anstrengungen sind vielleicht das größte Hindernis für unseren Erfolg, denn gerade auf dem Gebiet der Kommunikation, mehr als in jedem anderen Bereich ist der Negativismus, den die meisten Kinder mehr oder weniger stark ausgeprägt zeigen, fast unüberwindlich. Die alten Methoden, die Kinder aufzufordern, einige Worte oder Phrasen zu sagen, sind sicherlich ganz fruchtlos, sie verstärken nur noch den Widerstand des Kindes gegen das Sprechen. Wir müssen betonen, wir haben es mit einer Abneigung gegen das Sprechen, nicht mit der Unfähigkeit zu sprechen, zu tun, obgleich das Kind natürlich, wenn es Sprechen nicht zur angebrachten Zeit erlernt hat, später größere Schwierigkeiten im Erlernen des Sprechens haben wird, selbst wenn es den Willen dazu hat — wie man ja auch schwerer mit Sechzig Schlittschuhlaufen oder Schwimmen lernt, als mit Sechs. Aber es besteht kein Zweifel, daß die meisten Kinder sprechen *können*, und viele autistische und für gewöhnlich stumme Kinder sprechen gelegentlich — zum Beispiel, wenn sie sich unbelauscht glauben (etwa nachts im Bett). Von diesen Kindern wird man manchmal Sprache hören, sie ist aber nicht zur Kommunikation beabsichtigt, sondern vielmehr als Ausübung einer körperlichen Funktion, so wie Schaukeln, oder hin und her Laufen, oder Hüpfen; manchmal kann man sie dazu überreden, die Worte eines Liedes zu singen, selbst wenn sie nicht sprechen. Am ehesten werden sie Worte oder ganze Sätze oder Satzwendungen in Momenten großer Überraschung, Aufregung oder des Zorns von sich geben.

## 13. Wutabbau

Bisher schien es nicht möglich, diese Erscheinungen als eine fortschrittliche Methode des Sprechunterrichts der Kinder zu verwenden. Aber in einer von Zazlow eingeführten Methode scheinen gewisse Möglichkeiten zu stecken. *Zazlow* bezeichnet seine Behandlung als »Wutabbau«, und seine Begründung für die Wahl dieser Bezeichnung und die Überlegungen, auf denen er seine Auffassung aufbaut, sind einigermaßen umstritten; aber die Methode scheint doch große Möglichkeiten zu entfalten. Im Wesentlichen besteht sie darin, das Kind zu halten, mit ihm zu reden, seine Lippen und Glieder zu manipulieren und schließlich eine

Wutreaktion des Kindes zu provozieren (obgleich *Zazlow* diesen Ausdruck nicht gebrauchen würde). Diese Wutreaktion wird dann abgebaut, indem man das Kind weiter hält (wenn nötig mit der erforderlichen Hilfe), bis der Widerstand graduell oder plötzlich nachläßt und sich das Kind entspannt und beruhigt. Was immer die Erklärung dieses Phänomens (ob sich der Patient in seiner Wutäußerung so verausgabt hat, daß die Wut vorläufig »verraucht« ist; ob er vorläufig erschöpft ist; oder ob er fühlt, daß weitere Fluchtversuche aussichtslos sind), die Nachwirkung auf das Kind ist zweifellos die, daß es ruhiger und kooperativer wird. Mag sein, daß das wesentliche Merkmal in der »erzwungenen« Beziehung besteht, da das Kind seiner innigen körperlichen Berührung mit dem Erwachsenen trotz seiner gewaltigen Anstrengungen nicht entrinnen kann; aber selbst das schwer autistische Kind muß vermutlich unter solchen Umständen irgend einen emotionellen Kontakt aufnehmen. Besonders interessant ist es, daß das Kind bei späteren Begegnungen mit dem Therapeuten weder Angst zeigt, noch die Neigung, ihn zu vermeiden. Zwischen den Sitzungen zeigt sich zumindest in manchen Fällen eine deutliche Besserung. Manche Kinder können während der Behandlungsstunde in ihrer Wut zur Vokalisierung provoziert werden, und reden dann oft viel mehr, als sie es sonst je tun. Worüber wir uns noch nicht im reinen sind, ist, ob die Besserung nach Abschluß der Behandlungsserie weiter anhält, oder ob die Sitzungen unbegrenzt, oder über sehr lange Zeitspannen fortgesetzt werden müssen, um eine wirkliche Besserung aufrechtzuerhalten.

Die plötzliche »Kapitulation« des Kindes während dieser sogenannten »Wutabbau-Sitzungen« kann sehr dramatisch sein. (In gewisser Beziehung besteht hier vielleicht eine Parallele zur Kapitulation einer Frau vor einem übermächtigen, den sexuellen Akt erzwingenden Mann — wonach in manchen Fällen eine Art akzeptierende oder ambivalente Beziehung zwischen Mann und Frau weiterbesteht.)

Selbstverständlich ist auch diese Methode nicht ganz neu, denn es war längst ganz bekannt, daß man in der Regel mit einem autistischen Kind in einem seiner Anfälle frenetischen Brüllens oder selbstzerstörerischen Tobens oder panischer Angst, denen sie so oft unterliegen, am besten fertigwerden kann, indem man das Kind ganz fest hält und dabei ruhig und sanft mit ihm spricht, bis der Paroxysmus abklingt — und mag es Stunden oder Tage dauern. Unglücklicherweise ist das nur selten möglich, weil die Mitarbeiter meist wenig Zeit dafür haben. Eltern greifen bei normalen Kindern instinktiv zu dieser Methode; aber bei den herzzerreißenden Anfällen ihrer autistischen Kinder können sie das nur selten durchstehen. In der Regel vokalisieren die Kinder unter diesen Umständen mehr als sonst, aber was sie sagen, sind oft nur Wiederholungen, sie klingen für unsere Ohren unsinnig.

Andere Methoden, mit denen man versuchte, die Kinder reden zu lehren, haben enttäuscht. Gewisse weiter oben beschriebene Konditionierungsmethoden wurden mit einigem Erfolg angewandt. Leider neigen die Kinder dazu, nach Ende der Behandlungsreihe zurückzufallen und man hat den Eindruck, daß die Besserung dem intensiven Interesse des Therapeuten zuzuschreiben war, und seinen Bemühungen, mit denen es gelang, eine partielle Beziehung zu dem Kind herzustellen. Die Verwendung eines Tonbandgeräts während der Sprachtherapiesitzungen ist des Versuchs wert, so daß das Kind seine eigenen Vokalisierungsversuche anhören kann, aber auch da zeigt es sich, daß das Kind das Interesse am Tonbandgerät nach einiger Zeit verliert. Besonders enttäuschend ist es, wenn ein nahezu stummes Kind — fast spontan — eine ganze Phrase sprechen lernt und sie auch eine zeitlang recht häufig verwenden wird, um sie nach kurzer Zeit langsam, oder auch plötzlich wieder zu verlieren. Andererseits ist es keineswegs ungewöhnlich, daß ein autistischer Jugendlicher nach Jahren des Schweigens plötzlich einige Worte sagt, aber in diesen Fällen sind es gewöhnlich wenige Worte, sowie selten, und schlecht artikuliert.

Solange es keine verläßlichen Methoden für die Sprachproduktion gibt, kann man sich nur weiter darauf konzentrieren, die Methode zu verwenden, die man hat, nämlich die ganze Zeit, wenn man mit dem Kind allein ist, mit ihm zu sprechen und alles zu beschreiben, was es tut, und nie eine Antwort von ihm zu verlangen.

## 14. Schulerziehung

Es ist fast sicher ein Fehler, Sonderschulen ausschließlich für autistische Kinder zu führen. Es muß andere Kinder um sie geben, auf die sie sich beziehen lernen können, und daher dürfen sie nicht ausschließlich von autistischen Kindern umgeben sein. Mit anderen Kindern, die selbst nicht Kontakt aufnehmen, werden sie nie zu kommunizieren versuchen. Man kann nicht reden und zuhören lernen, wenn niemand da ist, mit dem man reden kann. Die Erfahrung lehrt, daß diese Kinder am besten weiterkommen, wenn auch andere Typen geistig behinderter oder seelisch gestörter in ungefähr gleicher Zahl dabei sind. Schulen für solche Kinder brauchen sehr viele Lehrer im Verhältnis zur Zahl der Kinder. Die Methoden müssen flexibel sein, aber immer muß man darauf achten, das Kind zu einem regelmäßigen, geordneten und progressiven Programm anzuhalten. So bald wie möglich muß das Kind vorsichtig und schrittweise in eine normale Schule eingeführt werden. Zwar wird es immer auf einem ziemlich weit unter der Norm für seine Altersgruppe liegenden Niveau funktionieren, aber es ist am besten für das Kind, in seiner eigenen Altersgruppe oder unter etwa ein Jahr jüngeren Kindern zu sein. Bei Kindern, die in die Heilanstalt aufgenommen werden müssen, sind wir bemüht, sie mindestens für ein Semester ganztags in eine normale Schule oder (wo diese zur Verfügung steht) in eine Sonderschule zu schicken, bevor sie nach Hause zurückkehren. Freilich sind in manchen Fällen die Kinder zwar so weit, daß sie ganztags in die Schule gehen, aber nicht so weit, daß sie nach Hause entlassen werden können und in solchen Fällen ist wohl eine Internatsschule der beste Platz für sie. Für daheim wie für in der Anstalt lebende Kinder ist es meist angezeigt, sie anfangs ein bis zweimal wöchentlich zur Schule zu schicken und die Häufigkeit und Länge des Schulbesuchs allmählich zu steigern. Ihre Einführung in eine Normalschule und ihr Verbleib dort ist ein äußerst schwieriger Problemkomplex und verlangt von allen Beteiligten viel Geduld, Toleranz und Hingabe. Nicht jeder Schulleiter ist imstande, diese Kinder an seiner Schule zu tolerieren, besonders wenn die Klassen groß sind, weil ja diese Kinder sehr viel individuelle Beaufsichtigung brauchen. Die Bedürfnisse der normalen Kinder können nicht auf die Dauer denen der gestörten Kinder untergeordnet werden. Weiß der Schulleiter aber, daß die Anstalt jederzeit bereit ist, wenn nötig kurzerhand einzugreifen, und wenn sich die ärztliche Seite eifrig und gewissenhaft um gute Verständigung bemüht, ist die Schule meist bereit, dem betreffenden Kind später nochmals eine Chance zu geben.

Unter allen Umständen ist ein engster Kontakt zwischen dem psychiatrischen Team und dem Lehrpersonal an der Schule unerläßlich. Ein dauernder Kontakt mit dem Elternhaus ist natürlich auch nötig — voraussichtlich für die Dauer der ganzen Jugend des Kindes.

## 15. Andere Ausbildungsformen

Beim gegenwärtigen Stand unseres Wissens und Könnens wird es bei einem großen Prozentsatz von Fällen nicht möglich sein, sie in den normalen Schulbetrieb und in ein normales Familienleben zu rehabilitieren; solche Kinder müssen unter Umständen in der Anstalt bleiben, obwohl es jetzt für eine steigende Zahl von ihnen möglich wird, im Elternhaus zu leben und unter Tags Ausbildungsheime oder Lehrwerkstätten für Schwachsinnige zu besuchen. Selbst in Fällen, bei denen eine Rehabilitierung nicht möglich ist, muß der Versuch unternommen werden, dem Kind soviel an Ausbildung zuteil werden zu lassen, als es verarbeiten kann und so viel persönliche und individuelle Pflege als nur möglich. Selbst wenn wir keine wesentliche Besserung erreichen, können wir damit zumindest ein gutes Maß der Verschlechterung verhindern, die in solchen Fällen gewöhnlich zu befürchten wäre, wenn sie nicht behandelt werden. Bei solchen Patienten wird sehr oft nach dem Ende der Pubertät eine Stabilisierung eintreten, die sie befähigt, als Schwachbegabte mittleren Grads daheim oder in der Anstalt ein halbwegs annehmbares Dasein zu führen. In der Regel neigt die psychotische Krankheit zum Erlöschen im frühen Erwachsenenstadium und dann ist es an der Zeit, weitere Rehabilitationsversuche zu unternehmen. Der Patient muß geschult werden, die ihm verbleibenden körperlichen und geistigen Fakultäten voll auszuschöpfen. Schulung und immer erneuerte Weiterschulung muß als ein dauernder und unablässiger Prozeß weitergehen.

Alles in allem wissen wir heute immer noch recht wenig über autistische Kinder. Die Erfahrungen eines Arbeitslebens mit ihnen können selbst den arrogantesten Menschen Bescheidenheit lehren. Wir müssen uns aufs äußerste bemühen, mehr über sie zu lernen — und dies nicht nur, weil wir oft fühlen, daß mit etwas mehr Glück so manche dieser Kinder zu ganz außergewöhnlichen Menschen hätten heranreifen können; sondern auch darum, weil wir im Studium ihrer Leiden und Schwächen zu einem tieferen Verständnis von allgemein gültigen Prinzipien vorstoßen könnten, welche die Entwicklung menschlicher Fähigkeiten und der menschlichen Persönlichkeit bestimmen.

# Literaturverzeichnis

zum Thema kindlicher Autismus, zusammengestellt von Gerd Biermann

*Adams, H. M. u. Glasner, P. J.* (1954): Emotional Involvements in Some Forms of Mutism. J. Speech Hear. Disorders *19*, 59
*Albrecht, H.* (1961): Zum Problem des frühkindlichen Autismus. Hommel-Festschrift. Mühlhausen/Baden (Dr. Hommels Chemische Werke)
*Allen,* et al. (1971): Intellectuality in parents of psychotic, subnormal and normal children. J. of Autism and Childhood Schizophrenia *1*, 311
*Anthony, J.* (1958): An experimental approach to the psychopathology of childhood autism. Brit. J. med. Psychol. *31*, 211
*Arieti, S.* (1959): American Handbook of Psychiatry. New York (Basic Books)
*Asperger, H.* (1952): Heilpädagogik. 5. Aufl. 1968 Wien–New York (Springer)
– (1960): Autistisches Verhalten im Kindesalter. Jahrbuch der Jugendpsychiatrie Bd. II, 53, Bern-Stuttgart (Huber)
– (1964): Diagnostische und heilpädagogische Probleme bei autistischen Kindern. Monatsschr. Kinderheilk. *112*, 206
– (1974):Formen des Autismus bei Kindern. D. Ärzteblatt *71*, 1010
*Axline, V.* (1971): Dibs. Die wunderbare Entfaltung eines menschlichen Lebens. München (Scherz)
*Bang, Cl.* (1975): Musik durchdringt die lautlose Welt. Musik + Medizin, *10*, 44 u. *11*, 29
*Basowitz, H., Persky, H., Korchin, S. J.* u. *Grinker, I. G.* (1955): Anxiety and Stress. Chikago (McGraw-Hill)
*Bastiaans, J.* (1974): Die frühkindliche Determination psychosomatischer Krankheiten. In Biermann, G. (Hrsg.): Jahrbuch der Psychohygiene, 2. Bd. München-Basel (Reinhardt)
*Benda, C. E.* (1959): Childhood schizophrenia, childhood autism and Hellers Disease. Internat. Rec. Med. *172*, 137
*Bender, L.* (1947): Childhood schizophrenia: a clinical study of 100 schizophrenic children. J. J. Orthopsychiat. *17*, 40
– (1956): Schizophrenia in childhood-its recognition, description und treatment. Amer. J. Psychiat. *26*, 499
– u. *Nichtern, S.* (1956): Chemotherapy in Child Psychiatry. N.Y.S. J. Med. *56*, 2791
–, *Faretra, G.* u. *Cobrinik, L.* (1963): Recent Advances in Biological Psychiatry Bd. V. New York (Plenum Press)
*Benenzon, R.* (1973): Musiktherapie bei infantilem Autismus. Musiktherapie 1/2
*Benett, E. L., Diamond, M. C., Kreech, D.* u. *Rosenzweig, M. R.* (1964): Environmental determinants of acetylcholinesterase and cholinetsterase activities in rat brain. Science *146*, 610
*Berg, W., Gross, H. P.* u. *Schlange, H.* (1965): Beitrag zum ätiologischen Problem des frühkindlichen Autismus. Z. Kinderheilk. *94*, 186
*Bergman, P.* u. *Escalona, S. K.* (1949): Unusual sensitivities in very young children. Psychoanalyt. Study of the child III/IV. 333
*Berna, J.* (1973): Kinder beim Analytiker. München (Piper)
*Bettelheim, B.* (1977): Die leere Festung. München (Kindler)
*Biermann, G.* (1966): Die seelische Entwicklung des Kindes im Familienmilieu Schizophrener. Schweiz. Arch. Neurol. u. Psychiat. *97*, 87
– (1968): Symbiotische Mutter-Kind-Beziehungen. Psyche *22*, 875

- (1969): Wege und Irrwege in der Kinderpsychotherapie. Fortschr. Med. *87*, 763
- (1976): Handbuch der Kinderpsychotherapie, 3. Bde. München-Basel (Reinhardt)

Boer, A. P. (1968): Application of a simple recording system to the analysis of free-play behavior in autistic children. J. appl. Behav. Anal. *1*, 335

Bosch, G. (1962): Der frühkindliche Autismus. Berlin-Göttingen-Heidelberg (Springer)

Bowlby, J. (1951): Mutterliebe und kindliche Entwicklung. München-Basel (Reinhardt) 1972
- (1959): Über das Wesen der Mutter-Kind-Bindung. Psyche *13*, 415
- (1961): Die Trennungsangst. Psyche *15*, 411
- (1974): Natur und Ursprung der Gefühlsbedingungen in Biermann, G. (Hrsg.): Jahrbuch der Psychohygiene. 2. Bd. München-Basel (Reinhardt)

Brune, G. G. u. *Hinwich, H. E.* (1963): Recent advances in Biological Psychiatry, Bd. 5, New York (Plenum Press)

Bucher, B. u. *King, L. W.* (1971): Generalization of punishment effects in the deviant behavior of a psychotic child. Behav. Ther. *2*, 68

Bürger-Prinz, H. u. *Schorsch, E.* (1969): Anmerkungen zum Begriff des Autismus. Nervenarzt *40*, 454

Cancel, C. A. (1968): A succesful Therapeutic „Home Program" in a Autistic Child. In Stutte, H. u. Harbauer, H. (Hrsg.): Concillium Paedopsychiatricum. Basel-New York (Karger)

Chüden, H. (1968): Zur Einbeziehung des Hörsinnes bei der autistischen Psychopathie. Praxis Kinderpsychol. *17*, 51

Cowan, P., *Hoddinott, B. A.* u. *Wright, B. A.* (1965): Compliance and resistance in the conditioning of autistic children: an exploratory study. Child Development *36*, 913

Cragg, B. G. (1967): Changes in visual cortex on first exposure of rats to light. Nature *215*, 5098

Creak, M. (1951): Psychoses in childhood. J. Ment. Sci. *97*, 545
- (1961): The Schizophrenic Syndrome in Childhood. Progress Report of a Working Party. Brit. med. J. *2*, 889
- (1963):Childhood Psychosis, A Review of 100 Cases. Brit. J. Psychiat. *109*, 84
- u. *Ini, S.* (1960): Families of Psychotic children. In: Child Psychology and Psychiatry Bd. I, 156. London (Pergamon Press)

Churchill, D. W. (1972): The relation of infantile autism and early childhood schizophrenia to developmental language disorders of childhood. J. of Autism and Childhood Schizophrenia *2*, 182

Cunningham, M. A. u. *Dixon, C.* (1961): A study of the language of an autistic child. J. Child Psychol. Psychiat. *2*, 193

Daniels, W. A. (1941): A Study of Insulin Tolerance and Glucose Tolerance Tests on Normal Infants. J. Paediat. *19*, 789

Darr, G. C. u. *Worden, F. G.* (1951): Case report 28 years after an infantile autistic disorders. Amer. J. Orthopsychiat. *21*, 559

Davison, G. C. (1964): A social learning programme with an autistic child Behav. Res. Therap. *2*, 149

Despert, J. L. (1947): The Early Recognition of Childhood Schizophrenia. Med. Clins. N. Am. *31*, 680
- (1951): Some considerations to the genesis of autism behaviour in children. Amer. J. of Orthopsychiatr. *21*, 325
- u. *Sherwin, A. C.* (1958): Further examination of diagnostic criteria in schizophrenic illness and psychoses of infancy and early childhood. Amer. J. Psychiat. *114*, 784

Dolto-Marette, F. (1969): Psychoanalytische Kinderbehandlung mit der „Blumenpuppe". In Biermann, G. (Hrsg.): Handbuch der Kinderpsychotherapie, Bd. I, 379. München-Basel (Reinhard), 4. Aufl. 1976

*Dreikurs, R.* (1969): Musiktherapie mit psychotischen Kindern. In Biermann, G. (Hrsg.): Handbuch der Kinderpsychotherapie, Bd. I, 493. München-Basel (Reinhardt) 4. Aufl. 1976
*Eggers, Ch.* (1973): Verlaufsweisen kindlicher und praepuberaler Schizophrenien. Berlin-Heidelberg-New York (Springer)
*Eisenberg, L.* (1956): The autistic child in adolescence. Amer. J. Psychiat. *112*, 607
– u. *Kanner, L.* (1956): Early infantile autism (1943–1955). Amer. J. Orthopsychiatr. 26, 556
*Ekstein, R.* (Hrsg.) (1966): Children of Time and Space, of Action and Impulse. New York (Appleton Century Crofts)
– u. *Motto, L.* (1969): From Learning for Love to Love of Learning. New York (Brunner-Mazel)
– (Hrsg.) (1971): The challenge: Despair and hope. In the Conquest of Inner Space. New York (Brunner/Mazel) – London (Butterworth)
– (Hrsg.) (1973): Grenzfallkinder. Klinische Studien über die psychoanalytische Behandlung von schwer gestörten Kindern. München-Basel (Reinhardt)
– (Hrsg.) (1976): In Search of Love and Competence. Los Angeles (Reiss Davis child study Center)
*Escalona, S.* (1964): Some Considerations Regarding Psychotherapy with Psychotic Cildren. In Haworth, M. (Hrsg.): Child-Psychotherapy. New York-London (Basic Books)
*Faretra, G.* u. *Bender, L.* (1964): Autonomic Nervous System Responses in Hospitalised Children Treated with LSD and UML. In: Recent Advances in Biological Psychiatry Bd. VII New York (Plenum Press)
*Fenichel, C.* (1963): Educating the Severely Disturbed Child. Pathways in Child Guidance 5, März
*Fischer, E.* (1965): Der frühkindliche Autismus (Kanner). Jahrbuch d. Jugendpsychiatrie Bd. IV. Bern-Stuttgart (Huber)
– (1966): Zur Frage der Intelligenzentwicklung der autistischen Kinder. In Förster, E. u. Wewetzer, K. J. (Hrsg.): Jugendpsychiatrie und Psychologische Diagnostik. Bern-Stuttgart (Huber)
*Fish, B.* (1960): Involvement of the Central Nervous System in Infants with Schizophrenia. A. M. A. Arch. Neurol. Chikago 2, 115
*Freud, A.* (1968): Wege und Irrwege in der Kinderentwicklung. Klett (Stuttgart)
– u. *Burlingham, D.* (1944): Heimatlose Kinder. Frankfurt (S. Fischer) 1971
*Friedemann, A.* (1960): Sollen wir Kinder als „autistische Psychopathen" (H. Asperger) bzw. als „autistic" (L. Kanner) bezeichnen? (Diskuss. Bemerk.). Jahrbuch der Jugendpsychiatrie Bd. II. Bern-Stuttgart (Huber)
*Friedhoff, A. J.* u. *van Winkle, E.* (1962): The Charakteristics of an Amine Found in the Urine of Schizophrenic Patients. J. nerv. ment. Dis. *135*, 550
*Frijling-Schreuder, E.* (1969): Borderline States in Children. Psychoanal. Study of the Child 24, 307
– (1976): Über die Psychotherapie psychotischer Kinder. In Biermann, G. (Hrsg.): Handbuch der Kinderpsychotherapie, Ergänzungsband. München-Basel (Reinhardt)
*Frostig, Marianne* (1973): Bewegungserziehung. München-Basel (Reinhardt)
– u. *Horne, D.* (1976): Eine kombinierte heilpädagogisch-psychotherapeutische Behandlung emotional schwer gestörter Kinder und ihre Ergebnisse. In Biermann, G. (Hrsg.): Handbuch der Kinderpsychotherapie, Ergänzungsband. München-Basel (Reinhardt)
*Frye, I. B. M.* (1968): Fremde unter uns. Autisten, ihre Erziehung, ihr Lebenslauf. Meppel (Holland) (Boom u. Zoon)
*Furer, M.* (1964): The Development of a Preschool Symbiotic Psychotic Boy. Psycholanal. Study of the child *(19.* 448
*Gault, C.* et al. (1975): Interêt de la thérapie du comportement dans les formes graves d'autisme chez l'enfant. In Poustka u. Spiel, W. (Hrsg.): Therapie in der Kinder- und Jugendpsychiatrie Bd. II, 237

*Geleerd, E.* (1946): A Contribution to the Problem of Psychosis in Childhood. Psychoanal. Study of the Child *2*, 271
- (1949): The psychoanalysis of a psychotic child. The psychoanalytic study of the child III/IV, 311
- (1958): Borderline States in Childhood and Adolescence. Psychoanal. Study of the Child, *13*, 279, Psyche *20*, 821

*Gjessing, R.* (1938): Disturbance of Somatic Function in Catatonic Periodic Courses and their Compensation. J. Ment. Sci. *84* / Arch. Psychiatr. Nervenkrankenh. *109*, 525 (1969)

*Goldfarb, W.* (1961): Childhood Schizophrenia. Cambridge/Mass. (Harvard Univers. Press)
- (1964): An Investigation of Childhood Schizophrenia. Arch. Gen. Psychiat. *2*, 620

*Gottwald, P.* u. *Redlin, W.* (1972): Grundlagen und Ergebnisse und Probleme der Verhaltenstherapie retardierter, autistischer und schizophrener Kinder, Göttingen (Hogrefe)
- et al. (1973): Verhaltenstherapeutische Sprachaufbau- und Sozialisierungsversuche mit einem schizophrenen Kinde. Z. klin. Psychol. *2*, 1

*Grey-Walter, W.* (1964): Report of Neurophysiological Correlates of Apparent Defects of Sensori-motor Integration in Autistic Children. Mental Health Research Fund.

*Hartmann, K.* (1964): Zum Problem des kindlichen Autismus und der psychiatrischen Nosologie. Praxis Kinderpsychol. *13*, 21 u. 131

*Haub, B. M.* (1970): Zur Psychotherapie des kindlichen Autismus. Dynam. Psychiat. *3*, 159

*Harlow, H. P.* u. *M. K.* (1967): Reifungsfaktoren im sozialen Verhalten. Psyche *21*, 193

*Heller, T.* (1930): Über Dementia infantilis. Z. Kinderforsch. *73*, 611

*Hermelin, B.* u. *O'Connor, N.* (1970): Psychological experiments with autistic children. Oxford (Pergamon)

*Hill, D.* (1948): Relationship between Epilepsy and Schizophrenia. EEG-Studies. Folia psychiat. neurol. neurochir. neel. *51*, 95

*Hirai, N.* (1975): Über die Therapie autistischer Kinder und die Beratung für ihre Mutter. In Poustka u. Spiel (Hrsg.): Therapie in der Kinder- und Jugendpsychiatrie (Kongressbericht) Wien (Egermann) Bd. I, 453

*Hoagland, H.* et al. (1962): Ann. N. Y. Acad. Sci. *96*, 469

*Homburger, A.* (1926): Psychopathologie des Kindesalters. Berlin (Springer), Darmstadt (Wissensch. Buchgesellschaft) 1967

*Howett, F. M.* (1965): Teaching speech to an autistic child through operant conditioning. Amer. J. Orthopsychit. *35*, 927

*Ingram, T. T. S.* (1965): The Neurology of Psychosis in Childhood. The Working Party in Childhood Schizophrenia (siehe Creak, 1961)

*Itard, J.* (1965): Victor, das Wildkind von Aveyron. Zürich-Stuttgart (Rotapfel)

*Jensen, D. G.* u. *Womack, M. G.* (1967): Operant conditioning techniques applied in the treatment of an autistic child. Amer. J. Orthopsychiat. *37*, 30

*Kallman, F. J.* u. *Roth, B.* (1956): Genetics Aspects of Pre-Adolescent Schizophrenia. Amer. J. Psyiat. *112*, 599

*Kamp, L.* (1976): Psychotherapie junger psychotischer Kinder und ihrer Eltern. In Biermann, G. (Hrsg.): Handbuch der Kinderpsychotherapie, Ergänzungsband. München-Basel (Reinhardt)

*Kanner, L.* (1943): Autistic disturbance of affective contact. Nerv. Child *2*, 217. Acta Paedopsychiatr. *35*, 98 (1968)
- (1944): Early infantile Autism. J. Pediat. *25*, 211
- (1946): Irrelevant and metaphorical language in early infantile Autism. Amer. J. Psychiat. *103*, 242
- (1949): Problems of nosology ans psychodynamics of early infantile autism. Amer. J. of Orthopsychiat. *19*, 416

- (1951): The conception of wholes and parts in early infantile autism. Amer. J. Psychiat. *108*, 23
- u. *Eisenberg, L.* (1955): Notes on the follow-up studies of autistic children. In Hoch, P. H. u. Zubin, J. (Hrsg.): Psychopathology of childhood. New York-London (Grune a. Stratton)
- (1958): The specific of early infantile autism. Acta paedo-psychiat. *25*, 108
- (1962): Child Psychiatry. Springfield (Thomas)
- (1968): Autistic disturbances of affective contact. Acta Paedo-psychiatr. *35*, 98

*Kaplan, M.* (1950): An Approach to Psychiatric Problems in Childhood. Amer. J. Dis. Child. *79*, 791

*Kay, D. W.* u. *Roth, M.* (1961): Environmental and Hereditary Factors in the Schizophrenias of Old Age („Late Paraphrenia") and their Bearing on the General Problem of Causation of Schizophrenia. J. ment. Sci. *107*, 649

*Kehrer, H. E.* u. *Körber, H. P.* (1971): Sprachbehandlung durch Verhaltenstherapie bei autistisch mutistischen Kindern. Acta Paedopsychiat. *38*, 2

*Kestemberg, J.* (1960): Die Geschichte eines „autistischen" Kindes. Praxis Kinderpsychol. *9*, 117, 161 u. 201

*Klein, M.* (1932): Die Psychoanalyse des Kindes, 2. Aufl. 1971. München-Basel (Reinhardt)
- (1962): Das Seelenleben des Kleinkindes. Stuttgart (Klett)

*Klinberg, O.* (1935): Negro intelligence and selective migration. New York (Columbia Univerity Press)

*Koegler, R. R., Colbert, E. G.* u. *Eiduson, S.* (1961): Wanted: A Biochemical Test for Schizophrenia. Calif. Med. *94*, 26

*Kramer, E.* (1975): Kunst als Therapie mit Kindern. München-Basel (Reinhardt)

*Krevelen, A. v.* (1952): Early infantile autism. Z. f. Kinderpsychiat. *19*, 91
- (1958): Zur Problematik des Autismus. Praxis Kinderpsychol. *7*, 87
- (1960): Autismus infantum. Acta Paedo-psychiat. *27*, 97
- (1963): On the relationship between early infantile autism and autistic psychopathy. Acta Paedo-psychiat. *30*, 303

*Lebovici, S.* (1956): Die Aspekte der frühen Objektbeziehungen. Psyche *10*, 82
- u. *McDougall, J.* (1960): Un cas de Psychose infantile. Paris (Presses universit. de France)

*Lee, E. S.* (1951): Negro Intelligence and selective migration. Amer. Social Rev. *16*, 227

*Lovaas, O. I.* (1971): Considerations in the development of a behavioral treatment program for a psychotic child. In: Churchill, Alpern u. De Myer (Hrsg.) Infantile Autism Springfield/Ill. (Thomas)

*Lempp, R.* (1967): Eine Pathologie der psychischen Entwicklung. Bern-Stuttgart-Wien (Huber)

*Lidz, Th.* et al. (1959): Zur Familienumwelt des Schizophrenen. Stuttgart (Klett)

*Lotter, V.* (1967): Epidemiology of autistic conditions in young children. Sozialpsychiatre *1*, 1963

*Lutz, J.* (1937): Über die Schizophrenia im Kindesalter. Schweiz. Arch. Neurol. Psychiat. *39*, 335 u. *40*, 141
- (1945): Einige Bemerkungen zur Frage der kindlichen Schizophrenie. Z. f. Kinderpsychiat. *9*

*Mahler, M.* (1967): Über Psychose und Schizophrenie im Kindesalter. Autistische und symbotische frühkindliche Psychosen. Psyche *21*, 895
- (1972): Symbiose und Individuation. Psychosen im frühen Kindesalter. Stuttgart (Klett)

*Makita, K.* (1964): Early infantile autism, autism Infantum and Pseudo-Autism. Fol. Psychiatr. et Neurol. *18*, 97

*Mannoni, M.* (1972): Das zurückgebliebene Kind und seine Mutter. Olten-Freiburg/Br. (Walter)

*Matthys, H. P.* (1966): Katamnestische Untersuchungen bei autistischen Kindern, unter spezieller Berücksichtigung des Rorschachtestes. Praxis Kinderpsychol. *15*, 84 u. 123
*Menolascino, F. J.* (1965): Autistic children in early childhood. J. Child Psychiat. *6*, 203
*Moncrieff, A. A.*, et al. (1964): Lead Poisioning in Children. Arch. Dis. Childh. *39*, 1
*Mosse, H.* (1959): Der Missbrauch der Schizophreniediagnose im Kindesalter. Jahrbuch der Jugendpsychiatrie, Bd. II, Bern-Stuttgart (Huber)
*Müller-Wiedemann, H.* (1970): Die verstellte Welt – Zum geisteswissenschaftlichen Verständnis des frühkindlichen Autismus. Deggenhausen (Lehenhof)
*Müssig, R.* (1976): Ein Modell automatischer Regelsysteme psychischer Prozesse, angewandt auf die nicht-deutende Spieltherapie. In Biermann, G. (Hrsg.): Handbuch der Kinderpsychotherapie, Ergänzungsband. München-Basel (Reinhardt)
*Nissen, G.* (1963): Zum frühkindlichen Autismus (Kasuistik). Arch. Psychiatr. u. Neurol. *204*, 531
– (1971): Zur Klassifikation autistischer Syndrome im Kindesalter. Nervenarzt *42*
– (1971): Der kindliche Autismus. In Harbauer, H., Nissen, G. et al. (Hrsg.): Lehrbuch der Kinder- und Jugendpsychiatrie. Berlin-Heidelberg-New York (Springer)
– (1974): Autistische Syndrome im Kindesalter. Pädiatr. u. Pädol. *9*. 319
*Nordhoff, P. u. Robbins, C.* (1975): Musik als Therapie für behinderte Kinder. Stuttgart (Klett)
*Norman, E.* (1954): Reality Relationship in Schizophrenic Children. Brit. J. Med. Psychol. *27*, 126
*Nouailha, F.* (1960): Schizophrenia in Children, Early Neurological Aspects. Fr. méd. *23*, 414
*O'Gorman, G.* (1954): Psychosis as a Cause of Mental Defect. J. Ment. Sci. *100*, 934
– (1968): The relationship of severe emotional disorders including psychosis, with intellectuel deterioration. Montpellier (Internat. Assoc. für die Scientific Study of Mental Deficiency)
*Oliver, B. E. u. O'Gorman, G.* (1966): Blood Lead and Pica in Psychotic Children. Develop. Med. Child. Neurol.
*Osmond, H. u. Smithies, J.* (1952): J. ment. Sci. *98*, 309
*Ounsted, C.* (1961): persönl. Mitteil.
*Park, Cl. C.* (1973): Eine Seele lernt leben. Bern-München (Scherz)
*Pearson, G.* (1968): Handbuch der Kinder-Psychoanalyse. München (Kindler)
*Pitfield, M. u. Oppenheim, A. N.* (1964): Child rearing attitudes of mothers of psychotic children. J. Child Psychol. Psychiat. *5*, 51
*Pollin W., Cardon, P. V. u. Ketz, S. S.* (1953): Science *204*, 403
*Popella, E.* (1955): Zum Krankheitsbild des frühkindlichen Autismus. Nervenarzt *26*, 268
*Quastel, J. H. u. D. M. J.* (1962): The Chemistry of Brain Metabolism in Health and Disease. Springfield/Ill. (Thomas)
*Rabinovitch, R. D.* et al. (1965): Childhood Schizophrenia: Evolution to Adulthood. Annual Meeting of the American Orthpsychiat. Assn.
*Reca, T.* (1962): Behandlung eines sechsjährigen Kindes mit schizophrener Psychose. Psyche *16*, 197
*Reichler, R. J. u. Schopler, E.* (1971): Observation on the nature of human relatedness. J. o. Autism and Childhood Schizophrenia *1*, 283
*Rimland, B.* (1962): Infantile Autism. New York (Meredith)
– (1968): On the objective diagnosis of infantile autism. Acta paedopsychiat. *35, 146*
*Ritvo et al.* (1971): Social class factors in autism. J. of Autism and Childhood Schizophrenia *1*, 297
*Robertson, J.* (1974): Kinder im Krankenhaus. München-Basel (Reinhardt)

Roiphe, H. (1973): Some Thoughts on Childhood Psychosis. Self and Object. Psychoanal. Study of the child 28, 131
Rosow, L. W. (1976): Identity formation in the treatment of an autistic child. In Ekstein, R. (Hrsg.): In Search of Love and Competence
Ross, A. O. (1967): Das Sonderkind. Problemkinder in ihrer Umgebung. Stuttgart (Hippokrates)
Rümke, C. (1968): Probleme in der Behandlung und Erziehung schwachsinniger blinder Kinder. In Stutte, H. u. Harbauer, H. (Hrsg.): Concilium Paedopsychiatricum. Basel-New York (Karger)
Rutno, S. u. Provences, S. (1953): Form Perception and Imitation in Some Autistic Children: Diagnostic Findings and their Contextual Interpretation. Psychoanal. Study of the Child 8, 155
Rutter, M. (1965): Speech disorders in a series of autistic children. In Franklin, A. W. (Hrsg.): Children with Communication Problems. London (Pitman)
– (1965): The Influence of Organic and Emotional Factors on the Original Nature and Outcome of Childhood Psychosis. Develop. Med. Child Neurol. 7, 518
– (1968): Concepts of autism: A review of research. J. of Child Psychol. Psychiatr. 9, 1
– (Hrsg.) (1971): Infantile autism: Concepts, characteristics and treatment. London (Churchill)
Schachter, M. (1958): Contribution à l'étude de l'autisme infantile précoce de Kanner. Pédiatrie 13, 175
Schell, R. E., Stark, J. u. Giddan, J. J. (1967): Development of language behavior in an autistic child. J. Speach Hear. Disord. 32, 51
Schneider, H. (1964): Über den Autismus. Berlin-Göttingen-Heidelberg (Springer)
Schneider, R. (1974): Das Borderline Syndrom des Kindes. Dynam. Psychiatr. 7, 109
– (1976): Die Technik der Simultantherapie bei Grenzfallkindern. In Biermann, G. (Hrsg.): Handbuch der Kinderpsychotherapie, Ergänzungsband. München-Basel (Reinhardt)
Schönfelder, Th. (1964): Über frühkindliche Antriebsstörungen. Acta paedopsychiat. 31, 112
Schumann, W. (1966): Zur Problematik des kindlichen Autismus und der psychologischen Nosologie. Praxis Kinderpsychol. 15, 168
Sechehaye, M. A. (1955): Die symbolische Wunscherfüllung. Bern-Stuttgart (Huber)
Simon, G. B. u. Gillies, W. M. (1964): Some Physical Characteristics of a Group of Psychotic Children. Brit. J. Psychiat. 110, 104
Singer, M. T. u. Wynne, L. C. (1963): Differentiating characteristics of parents of childhood schizophrenics, childhood neurotics and young adult schizophrenics. Amer. J. Psychiatr. 120, 234
Späth, L. (1972): Frühkindlicher Autismus. Fortschr. Med. 90, 1191
Spiel, W. (1961): Die endogenen Psychosen im Kindes- und Jugendalter. Basel (Karger)
– (1967): Schizophrenie im Kindesalter. Pädiatr. Praxis 6, 183
Spitz, R. A. (1967): Vom Säugling zum Kleinkind. Stuttgart (Klett)
– (1974): Der adaptive Gesichtspunkt: Seine Rolle beim Autismus und in der Kinderpsychiatrie. In Biermann, G. (Hrsg.): Jahrbuch der Psychohygiene, 2 Bd., München-Basel (Reinhardt)
– (1975): Vom Dialog. Stuttgart (Klett)
Stern, E. (1952): A propos d'un cas d'autisme chez un jeune enfant. Arch. France Pediat. 9, 157
– (1956): Praeschizophrene Zustände. Praxis Kinderpsychol. 5, 273
– u. Schachter, M. (1953): Zum Problem des frühkindlichen Autismus. Praxis Kinderpsychol. 2, 113

*Stockert, G. v.* (1956): Psychosen im Kindesalter (Übersichtsreferat). Jahrbuch der Jugendpsychiatrie Bd. I. Bern-Stuttgart (Huber)
*Stroh, G.* u. *Buick, D.* (1964): Perceptual development and childhood psychosis. Brit. J. med. Psychol. 37, 291
*Stutte, H.* (1960): Frühkindlicher Autismus. In Gruhle et al. (Hrsg.): Psychiatrie der Gegenwart, Bd. II. Berlin-Göttingen-Heidelberg (Springer)
– (1962): Zustände psychischer Vorentwicklung im Kindesalter. Nervenarzt 33, 337
– (1969): Psychosen des Kindesalters. In Opitz, H. u. Schmid, F. (Hrsg.): Handbuch der Kinderheilkunde, Bd. VIII. Berlin-Heidelberg-New York (Springer)
*Sutton, H. E.* u. *Read, J. H.* (1958): Abnormal Amino Acid Metabolism in a Case Suggesting Autism. A. M. A. J. Dis. Child., 96, 23
*Thieme, G.* (1971): Leben mit unserem autistischen Kind. Lüdenscheid (Selbstverlag).
*Tincolni Giliberti, V., Toschi, P., Rinne, L.*: Identification et autisme. In Poustka u. Spiel, W. (Hrsg.): Therapie in der Kinder- und Jugendpsychiatrie (Kongressbericht 7, Bd. I, 465. Wien (Egermann)
*Tischler, S.* (1971): Clinical work with the parents of psychotic children. Psychiat. Neurol. Neurochirurg. (Amst.) 74, 225
*Tarnow, G.* (1966): Autismus in der Reifezeit als differentialdiagnostisches Problem. Fortschr. Med. 17, 674
*Tramer, M.* (1934): Elektiver Mutismus im Kindesalter. Z. Kinderpsychiat. 1, 30
– (1949): Lehrbuch der Allgemeinen Kinderpsychiatrie. Basel (Schwabe), 4. Aufl., 1968
*Vogel, E. F.* u. *Bell, N. W.* (1960): Das gefühlsgestörte Kind als Sündenbock der Familie, in Bateson, G. et al.: Schizophrenie und Familie. Frankfurt (Suhrkamp) 1970
*Waal, N.* (1955): A Special Technique of Psychotherapy with an Autistic Child. In Caplan, C. (Hrsg.): Emotional Problems of Early Childhood. New York (Basic Books)
*Walder, H.* (1951): Observations on the Psychopathology of schizophrenia in childhood, Monatsschr. f. Psychiatr. u. Neurol. 122, 296
*Wassing, H. E.* u. *Krevelen, A. v.* (1968): Zur Frage der Intelligenz zeichenbegabter autistischer Kinder. Acta paedopsychiat. 35, 215
*Ward, T. F.* u. *Hoddinott, B. A.* (1968): The development of speech in an autistic child. Acta Paedo-psychiat. 35, 199
*Weakland, J. H.* (1960): „Double Bind Hypothese und Dreier-Beziehung. In Bateson, G. et al.: Schizophrenie und Familie. Frankfurt (Suhrkamp) 1970
*Weber, D.* (1966): Zur Aetiologie autistischer Syndrome des Kindesalters. Prax. Kinderpsychol. 15, 12
– (1970): Der frühkindliche Autismus, unter dem Aspekt der Entwicklung. Bern-Stuttgart (Huber)
*Weiland, H.* u. *Rudnik, R.* (1961): Considerations of the Development and Treatment of Autistic Childhood. Psychoanal. Study of the child 16, 549
*Wetzel, R. J., Baker, J., Roneg, M.* u. *Martin, M.* (1966): Out-patient treatment of autistic behavior. Behav. Res. Therap. 4, 169
*Wieck, Ch.* (1966): Schizophrenie im Kindesalter. Leipzig (Hirzel)
*Williams, M.* (1966): Persönl. Mitteil.
*Wing, J. K.* (Hrsg.) (1973): Frühkindlicher Autismus. Weinheim-Basel (Beltz)
*Wing, L.* 1969): The handicaps of autistic children – a comparative study. J. Child Psychol. Psychiat. 10, 1
– (1973): Das autistische Kind. Ravensburg (Maier)
*Winnicott, D. W.* (1953): Psychosis and Child Care. Br. J. Med. Psychol. 26, 68
– (1969): Übergangsobjekte und Übergangsphänomene. Psyche 23, 666
– (1974): Reifungsprozesse und fördernde Umwelt. München (Kindler)

*Wolfensberger-Hässig, Ch.* (1969): Soziale Instinkte des Menschen und ihre Beziehung zum Autismus infantum. Kanner, Schweiz. ed. Wochenschr. *99*, 360

*Wynne, L.* et al. (1958): Pseudo-Gemeinschaft in den Familienbeziehungen von Schizophrenen. In Bateson, G. et al.: Schizophrenie und Familie. Frankfurt (Suhrkamp) 1970

–, *Day, J.* u. *Ryckhoff, I. M.* (1959): Die Verteidigung stereotyper Rollen in den Familien von Schizophrenen. In Bateson, G. et al.: Schizophrenie und Familie. Frankfurt (Suhrkamp) 1970

*Yakolev, P., Weinberger, M.* u. *Chipman, C.* (1948): Heller's Syndrome as a Pattern of Schizophrenic Behaviour Disturbance in Early Childhood. Amer. J. men. Def. *55*, 318

*Young, J. Z.* (1965): In Studies in physiology. (Hrsg. Eccles). Berlin (Springer)

*Yahalon, I.* u. *Kehrmann, R.* (1971): Das Erscheinen des Selbstbildes in den Zeichnungen schizophrener Kinder. Psyche *25*, 616

*Zulliger, H.* (1961): Kinderfehler im Frühalter. Zürich-Stuttgart (Classen)

# Sachverzeichnis

Ablehnung des autistischen Kindes 112
Abwehrmechanismen gegen die Wirklichkeit (Realität) 29–47
Agnosie, senorische (s. Hörtaubheit)
„Allüren" (s. Maniriertheit)
Ansprechbarkeit des autistischen Kindes 109
Aetiologie des Autismus 48–69
   biochemische Störungen 55
   elektro-physiologische Ergebnisse 60
   emotionale Faktoren 60
   konstitutionelle Prädispositionen 49
   Metabolismus (Stoffwechsel) 55
   Mutter-Kind-Beziehung 63
   psychodynamische Mechanismen 63
   Rückzug, partieller 66
      selektiver 68
   Theorien 46
   Verzögerte Reifung (Retardierung) 58
Aggression 78
Angst 14, 18
Arzneimittel (medikamentöse Behandlung)
   bei Autismus 113
   bei Schizophrenie 22
Autismus (s. auch unter anderen Stichworten – klinische Merkmale, Rückzug, usw.)
   als Krankheit 43
   Definition 9
   körperliche Gesundheit bei – 113
   das Wesen des – 93–95
   Verhältnis zur Epilepsie 54
Autopsie 54

Behandlung des Autismus 112–120
   Elektroschock- 113
   Früh- 113
   medikamentöse – 113
   Mutterersatz 116
   Psychotherapie 114
Benachteiligtes Kind 96
   Depressionen bei dem -n- 67, 96
Betreuerin, Rolle der –, in Schulung und Erziehung 120, 128
Bewegungsanomalien 86
   bei Schizophrenie 15, 19, 22
Bewegungslosigkeit (s. Immobilität)

Biochemische Störungen bei Autismus 50
Bleikonzentrationen im Blut 57
Blickkontakt(s), Vermeiden des 79

Demenz 21, 83
Depressionen bei benachteiligten Kindern 67
Diabetes insipidus 91
3-4-Dimthoxyphenyläthylamin 56
Dissoziation 93
Distanziertheit (s. auch Rückzug) 14, 15
„Dressur" (Gewöhnung) 127
Dysfunktion 16, 58

Echolalie 17, 42
EEG (Elektroenzephalogramm, -graphie) 33, 35, 37, 55, 60, 78
Elektroschockbehandlung
   bei Autismus 114
   bei Schizophrenie 22
Emotionale Faktoren in der Aetiologie des Autismus 60
Emotionale Beziehungen,
   Herstellung von -n 121
      durch Gruppenaktivitäten 130
   Rückzug, selektiver, von – 68
   „symbiotische" 67, 102
   Versagen der,
      bei Schizophrenie 14, 18, 19, 22
      Fallgeschichte
   zu anderen Kindern 67
   zur Mutter (s. Mutter-Kind-Beziehung)
Empfänglichkeit (s. Ansprechbarkeit)
endokrinologische Basis des Autismus 56
Energieentladung 87
Entwicklung
   der Intelligenz 84
   Rolle der Reize bei – 83, 84
Entwicklungsstörungen 58, 65
Entsetzen (s. Schreck)
Epilepsie 35, 38, 54, 73
   Autismus und – 54
Erbanlage 50
Erziehung, Schulung und – 121–136
   Anfang der 121

Beschäftigung, Tätigkeiten 123
"Dressur" (Gewöhnung) 127
durch Belohnung 124
Grupenaktivitäten 130
Kommunikation 133
Rituale, Nutzbarmachung der – 127
Rolle der Betreuerin 120, 128
Schulerziehung 135
verhaltenstherapeutische Maßnahmen 124
vorschulische 120
Essen (s. Nähren)

Fallgeschichte 9, 11, 23, 26, 31, 33, 36, 41, 52, 59, 73, 76, 89, 98, 103, 107
Familie
Belastung der – durch das autistische Kind 65
Psychotherapie mit 114
Familiengeschichte
Autismus 23
Schizophrenie 26
"Fratzen schneiden" 88
Frühgeburt
Rolle der – in der Aetiologie des Autismus 64
Funktionsstörung (s. Dysfunktion)

Gansers Syndrom 111
genetische Faktoren 50
Gesundheit, körperliche
bei Autismus 113
bei Schizophrenie 54
Gewöhnung ("Dressur") 127
Grimassen (s. "Fratzen schneiden")
Gruppenaktivitäten 130

Halluzinationen
bei Autismus 30, 39
bei Kindheitsschizophrenie 21
Haltung, fehlerhafte 88
Hebephrenie 45
Hinken 90
Hippursäure 56
Hirnschäden
bei Autismus 54
durch Sauerstoffmangel 52
Hörtaubheit 71, 80
Hyperkinese bei Schizophrenie 15, 19
Hyperpädiophilie ("Affenliebe", übertriebene Kinderliebe) 102
Hypophysen-Nebennierensystem 57
Hypothalamus 57, 80

Identitätsbewußtsein, fehlendes, bei Schizophrenie 14
Illusionen (Wahnvorstellungen) bei Autismus 39
Immobilität bei Katatonie 11, 18

Insulintoleranz 57, 59
Intelligenz
Auswirkungen des Rückzugs auf – 83
elterliche, bei Autismus 50
Entwicklung der 51, 84
verzögerte (Retardierung) 83–86
bei Schizophrenie 19, 21
Fallgeschichte 33, 59

Jugendirrsinn (s. Hebephrenie)

Klinische Merkmale des Autismus 70–92
"Allüren", Maniriertheit, sonderbare Gewohnheiten 86, 101
Bewegungsanomalien 86
Blickkontakt(s), Vermeiden des 79
Hörtaubheit 71, 79
Hypothese – Versuch einer Erklärung 46
Intelligenzentwicklung, verzögerte (Retardierung) 83–85
Objekte(n), Interesse an 87
psychosomatische 89
Reizreaktionen, fehlende 82
Sprache, Sprechen 70
Kopf "bumsen" 88
Körperbewußtsein, gestörtes 16

Läsionen im ZNS 54
Laufen 88
Lernen, Rückzug vom 68
Lernplastizität 84
Lipidose 54

Maniriertheit ("Allüren", sonderliche Gewohnheiten) 86, 101
Mescalin 56
Metabolismus, gestörter
bei Autismus 91
in Schizophrenie 55
Musik 84
Mutismus (Stummheit bei intaktem Sprechvermögen) 74, 75
selektiver – 68, 83
Mutter
geistige Gesundheit der – 63
Kinderpflege, Ausbildung der – in der 116
Mutter-Kind-Beziehung
in der Aetiologie des Autismus 63
Negativismus in der 101, 103–105, 108
teilweiser Rückzug von der – 66
Blickkontakt in der – 81
bei pseudo-schizophrenen Zwillingen 100
Wiederherstellung der – 121
Mutterersatz

Nähren, Nährschwierigkeiten 64
„Neun Punkte" des schizophrenen
  Syndroms 13

Paranoia 44
PEG (Pneumenzephalogramm) 52, 60
Phantasie, bei Autismus 30, 39
Phenothiazinderivate 114
Phenylketonurie 52
Polydipsie 91
Prädisposition, konstitutionelle 49
Prognose 62, 63
Pseudo-schizophrenes Syndrom 96–111
  Fallgeschichte 98, 103, 107
  Negativismus bei 101
  Zwillingen, bei 97
Psychosen 12
Psychosomatische Symptome bei Autismus 89
Psychotherapie bei Autismus 114

Realität
  Beziehung zur, gewandelte – 46
  Meisterung der 29
    abnormale Versuche zur 33
  Rückzug von der (s. Rückzug)
  unerträgliche –, Abwehrmechanismen
    gegen die 29–42
  Verzerrung der – 30, 39
„Reaktionstypen" 43
Reife
  verzögerte 51, 58
  Rolle der Reize in der Entwicklung
    zur – 84
Reize, Nichtreagieren auf 82, 93
Retardierung 83–86
  Fallgeschichte 33, 59
  Schizophrenie, bei 18, 19
Rituale 31
  Bewältigung der Realität, zur 33
  Nutzbarmachung der – in der Erziehung 127
  Sinn und Zweck der 29–30
Rückzug 18
  Alter bei Einsetzen des -s 44
  Ausmaß des 45
  Auswirkungen auf Intelligenz 83
  benachteiligten Kindes, des 96
  Besserung 62
  Diagnose 46
  Dissoziation und – 93
  Fallgeschichte 31, 33
  Kommunikation, von der 71
  Lernen, vom 68
  normaler 94
  partieller 66, 94, 95
  Pseudo-Schizophrenie, bei 110

Realität, von der 40
  Fallgeschichte 41
Schizophrenie, bei 14, 15, 18, 19, 22
  selektiver 68, 94, 95
  auf geistigem Gebiet 85
  Ursachen für 29
  verstärkter 140

Schaukeln (Wiegen) 123
Schielen 92, 100, 105
Schizophrenes Syndrom 13–20,
  21–28
  Beziehung zum Autismus 23, 27
  biochemische Basis 55
  Definition 21
  Diagnose 14, 44
  Erwachsenen, bei 21
    Diagnose 22
    klinisches Bild 28
    Verzerrung der Realität bei 39
  Fallgeschichte 23
  Familiengeschichte, bei Autismus 23
  genetische Basis 49
  Gesundheit, körperliche, bei 54
  Hörvermögen, fehlendes 71
  Hypothese 46
  Klassifikation 43
  Krankheit, als 43
  medikamentöse Behandlung 22
  „Neun Punkte" 13
  organische Erkrankungen des ZNS
    bei 52
  Sprechvermögen, fehlendes, bei 70
Schlucken (Schluckunfähigkeit) 89
Schreck (Entsetzen, Panik) 22
Schreien 89, 98, 99
Schulunterricht 135
Sehvermögen des Kleinkindes 81
Selbsttäuschung 30
Selbstverletzung 14
Sensorische Funktionsstörung
  (s. Dysfunktion)
Spiele, Spielsachen 87
Spielgruppen 131
Sprache
  Eigenheiten im Tonfall 23, 34, 70
Sprechen
  lernen 71, 133
Sprechvermögen, fehlendes 70
Stoffwechselstörungen
  bei Autismus 91
  bei Schizophrenie 55
Subnormalität, geistige 23, 86

Tagesheimstätten 120
Tagträume 39
Taubheit, selektive 68, 71
Training (s. Erziehung)

Tranquillizer (s. Beruhigungsmittel) 114
Trinken, übermäßiges 91
Umwelt
 -bedingte Schwierigkeiten als Ursache des Autismus 48
 als Ursache psychischer Störungen 43
 Widerstand gegen Veränderungen in der –, bei Schizophrenie 14, 19

Veränderungen, Widerstand gegen 14, 19
Verhalten,
 abnormales 35, 59
 bei pseudo-schizophrenem Syndrom 98–99, 103 f., 107 f.

„Verrückt spielen" 111
Vorschulerziehung des Kindes 120
 Rolle der Pflegerin 120

Wachstumsstörungen 91
Wahnvorstellungen 21, 40
Wahnsinn (Demenz) 21, 83
Wahrnehmungserfahrung, abnormale 14
Wiegen, Schaukeln 123
Wutabbau 133

ZNS, Schädigungen im 48, 52
Zwangshandlungen 87
Zwillinge(n)
 Autismus bei 49
 Pseudo-Schizophrenie bei 97

EBERSOLE, M. / KEPHART, N. C. / EBERSOLE, J. B.

**Lernen Schritt für Schritt**

Unterrichtspraxis bei lernbehinderten Kindern im Elementar- und Primarbereich

174 Seiten. 92 Abb. Pbck. DM 24,80

Dem Lehrplan liegt Kepharts Lerntheorie, erläutert im einleitenden Kapitel, zugrunde. Die Theorie ist angelegt auf zielgerechte, systematische Lehrmethoden unter Berücksichtigung eines wirkungsvollen Unterrichts, angepaßt an den Einzelfall. Der Lehrplan bietet exakt beschriebene Lernschritte, wobei der Notwendigkeit Rechnung getragen wird, das Lernmaterial dem Kind über verschiedene Wahrnehmungswege (Gesichts-, Gehör- und Tastsinn) nahe zu bringen. Für Lehrer, Therapeuten, Ärzte, Studenten und Eltern.

SCHMITZ, Edgar E.

**Elternprogramm für behinderte Kinder**

214 Seiten. 7 Abb. Pbck. DM 26,80

Für Eltern und Erzieher gibt dieses einzigartige Buch im deutschen Sprachraum präzise Anleitungen zum Erlernen des Ankleidens, der Reinlichkeitsfunktionen und der Sprachanbahnung. Damit bietet der Autor aus seiner mehrjährigen Arbeit am Kinderzentrum in München ein für die Praxis geschriebenes Übungsprogramm zur Selbsthilfe. Beigegebene Vordrucke zur Eintragung der Übungen dienen der Erfolgskontrolle.

LENHOFF, F. G.

**Problem-Kinder.** Aus der Arbeit einer Therapie-Heimschule mit emotional gestörten Kindern und Jugendlichen

227 Seiten. Leinen DM 18,—

Das Buch ist geistreich geschrieben und der Umgang mit den neurotischen und milieugeschädigten Kindern wird anschaulich geschildert. Man bekommt eine Fülle von Anregungen, auch hinsichtlich spezieller Probleme (Heimatmosphäre, Ausreißen, Lügen und Stehlen, Bettnässen).

Blätter für Wohlfahrtspflege

MÜLLER, RICHARD G. E.

**Verhaltensstörungen bei Schulkindern**

3. überarb. u. erw. Aufl. 202 Seiten. Pbck. DM 23,80

Die Arbeit ist außerordentlich gründlich und wissenschaftlich sauber fundiert. Sie vermittelt dem Studierenden ausführliches Fundamentalwissen und kann für den an der Thematik Interessierten Pädagogen eine echte Hilfe sein.

Baseler Schulblatt

NIGEL HUNT

**Die Welt des Nigel Hunt**

Tagebuch eines mongoloiden Jungen

Vorwort von Prof. Dr. O. Speck. 75 Seiten. Pbck. DM 7,50

Das Buch besitzt höchstes Interesse für Lehrer, Psychologen, Psychotherapeuten, Ärzte — und nicht zuletzt für betroffene Eltern.

ERNST REINHARDT VERLAG MÜNCHEN BASEL

# BEITRÄGE ZUR KINDERPSYCHOTHERAPIE
Herausgeber: Prof. Dr. Gerd Biermann

1. **Anna Freud, Einführung in die Technik der Kinderanalyse**
   6. Auflage, 80 Seiten, Kt. DM 7,50
3. **Alice Bálint, Psychoanalyse der frühen Lebensjahre**
   3. Auflage, 119 Seiten, Pbck. DM 11,—
4. **Nelly Wolffheim, Psychoanalyse und Kindergarten**
   und andere Arbeiten zur Kinderpsychologie
   2. Auflage, 282 Seiten, Pbck. DM 19,50, Ln. DM 24,—
5. **Dr. W. Winnicott, Kind, Familie und Umwelt**
   234 Seiten, Ln. DM 19,50
6. **Madeleine L. Rambert, Das Puppenspiel in der Kinderpsychotherapie**
   194 Seiten, 25 Abb., Ln. DM 19,50
7. **August Aichhorn, Psychoanalyse und Erziehungsberatung**
   126 Seiten, Kt. DM 9,50
8. **Gerd Biermann, Die psychosoziale Entwicklung d. Kindes i. unserer Zeit**
   2. Auflage, 170 Seiten mit 21 Abb., Pbck. DM 18,—
9. **Rudolf Ekstein, Grenzfallkinder**
   Klinische Studien über die psychoanalytische Behandlung von schwergestörten Kindern. 286 Seiten, Pbck. DM 26,50
10. **Melanie Klein, Die Psychoanalyse des Kindes**
    2. Auflage, 323 Seiten, Ln. DM 24,—
11. **Virginia M. Axline, Kinderspieltherapie im nichtdirektiven Verfahren**
    4. Auflage, 342 Seiten, Pbck. DM 29,50
12. **Julia Schwarzmann, Die Verwahrlosung der weiblichen Jugendlichen**
    Entstehung und Behandlungsmöglichkeiten
    2. Auflage, 123 Seiten, Kt. DM 14,80
13. **John Bowlby, Mutterliebe und kindliche Entwicklung**
    218 Seiten, Pbck. DM 18,—, Ln. DM 22,—
14. **Michael Fordham, Das Kind als Individuum**
    Kinderpsychotherapie aus der Sicht der Analytischen Psychologie C. G. Jungs. 171 Seiten, 12 Abb., Pbck. DM 19,50
15. **Edith Kramer, Kunst als Therapie mit Kindern**
    212 Seiten, 49 Abb. und 16 Farbbilder, Pbck. DM 22,50
16. **Marianne Frostig, Bewegungs-Erziehung**
    Neue Wege der Heilpädagogik
    2. Aufl., 262 Seiten, 43 Abb., Pbck. DM 25,—, Ln. DM 29,50
17. **Heinrich Meng, Psychoanalytische Pädagogik des Kleinkindes**
    290 Seiten, Pbck. DM 24,50
18. **Heinrich Meng, Psychoanalytische Pädagogik des Schulkindes**
    306 Seiten, Pbck. DM 24,50
21. **Gerd Biermann, Autogenes Training mit Kindern und Jugendlichen**
    127 Seiten, Pbck. DM 14,80
22. **Gerd Biermann, Familie und Kind in der Gesellschaft unserer Zeit**
    179 Seiten, Pbck. DM 16,50
20. **Serge Lebovici, Arbeiten zur Kinderpsychotherapie**
    Erscheint 1977 (in Vorbereitung)

ERNST REINHARDT VERLAG MÜNCHEN BASEL